Bernd Faulenbach, Markus Meckel, Hermann Weber (Hg.)

Die Partei hatte immer recht – Aufarbeitung von Geschichte und Folgen der SED-Diktatur

1. Auflage September 1994
Satz und Gestaltung: Klartext
Druck: Pressedruck, Augsburg

ISBN 3-88474-209-4

Klartext

Inhalt

Vorwort

Der vorliegende Band enthält Beiträge, die sich mit der Aufarbeitung von Geschichte und Folgen der SED-Diktatur auseinandersetzen. Sie sind überwiegend aus der Arbeit der Enquete-Kommission des Deutschen Bundestages oder deren kritischer Begleitung entstanden.

Die Autoren kommen aus den alten und den neuen Bundesländern, sie sind Abgeordnete oder Wissenschaftler und entsprechen damit der Zusammensetzung der Enquete-Kommission, die versucht hat, Spannungen zwischen den verschiedenen Perspektiven produktiv zu machen.

Im Vordergrund des Buches stehen in die Gegenwart hineinreichenden Phänomene der DDR-Vergangenheit und ihre Bewältigung in den verschiedenen politisch-gesellschaftlich-kulturellen Feldern. Dabei finden gerade kontroverse Themen besonderes Interesse.

In einem ersten Teil werden wichtige Aspekte der DDR und ihrer Hinterlassenschaft thematisiert. Dazu gehören die Stasi-Problematik und die Blockparteien ebenso wie psychosoziale Folgen und Hilfen für Opfer. Die Beiträge im zweiten Teil greifen Fragen der Ost- und Deutschlandpolitik von der Nachkriegszeit bis in die Gegenwart auf, über die heute wieder gestritten wird. In einem dritten Teil werden Aufgaben von Wissenschaft, politischer Bildung und Politik im Prozeß der Aufarbeitung der Geschichte der SED-Diktatur und der Erfahrungen dieser Zeit umrissen.

Das Buch versucht, eine Zwischenbilanz zu ziehen und die weitere Diskussion anzuregen. Bei allen Unterschieden der Positionen und Perspektivik ist den Autoren die Intention gemeinsam, den Aufarbeitungsprozeß voranzutreiben. Selbstverständlich ist jeder Autor für seinen Text selbst verantwortlich.

Die Herausgeber danken Ingrun Drechsler und Ludger Claßen, ohne deren Engagement der Band nicht zustande gekommen wäre.

Bernd Faulenbach Markus Meckel Hermann Weber

Bochum / Berlin / Mannheim im Juni 1994

Bernd Faulenbach

Bewahrung der Erinnerung

Bedeutung und Probleme der „Aufarbeitung" von Vergangenheit heute

„Was bedeutet Aufarbeitung der Vergangenheit?", so fragte Theodor W. Adorno vor mehr als dreißig Jahren im Hinblick auf die gesellschaftliche Auseinandersetzung mit der NS-Vergangenheit.[1] Die gleiche Frage scheint sich heute im Hinblick auf die DDR-Vergangenheit zu stellen, ohne daß die Frage nach unserem Verhältnis zur NS-Vergangenheit zur Ruhe gekommen ist (und wohl auf absehbare Zeit nicht zur Ruhe kommen wird). So erörtern wir die Frage „Was bedeutet Aufarbeitung der DDR-Vergangenheit?" zwangsläufig auf der Folie des – unabgeschlossenen – Prozesses der Aufarbeitung der NS-Vergangenheit und damit gegebener Erfahrungen und Einsichten.

Doch – so ist zu fragen – können Erfahrungen der Auseinandersetzung mit der NS-Vergangenheit einfach übertragen werden auf die Verarbeitung der DDR-Vergangenheit? Gibt es strukturelle Entsprechungen beider Epochen? Und ist die Konstellation seit 1989 mit der nach 1945 ohne weiteres vergleichbar? Schon diese Fragen legen nahe, die Spezifika der jeweiligen Aufarbeitungsprozesse zu betonen und eine Gleichsetzung abzulehnen, gleichwohl aber bestimmte Erfahrungen zu reflektieren.

Fragen mag man auch, wie sich die Auseinandersetzung mit der DDR-Problematik auf unser Verhältnis zur NS-Vergangenheit auswirkt. Außerdem ist zu erörtern, was die „doppelte Vergangenheitsbewältigung" für die gegenwärtige deutsche politische Kultur bedeutet.

In dieser Skizze soll versucht werden, einige Aspekte und Probleme der Aufarbeitung der Vergangenheit zu thematisieren und nach der gesellschaftlichen und politischen Relevanz dieser Auseinandersetzung zu fragen. Es handelt sich dabei um Beobachtungen und Reflexionen, die teils aus wissenschaftlicher Arbeit, teils aus der Mitwirkung in der Enquete-Kommission des Deutschen Bundestages „Aufarbeitung der Geschichte und Folgen der SED-Diktatur in Deutschland" resultieren.

I

Gewiß gibt es wie nach 1945 heute in den neuen Bundesländern – zumal angesichts dominanter Alltagsprobleme – viel Verdrängung der Vergangenheit. Und doch: sowohl im Vergleich mit der frühen Nachkriegszeit als auch mit dem Spanien der Nach-Franco-Ära oder den früheren kommunistischen Ländern Ost- und Südosteuropas ist die Auseinandersetzung mit der jüngsten Vergangenheit, mit Struktur und Geschichte der SED-Diktatur in Deutschland breit und vielfältig.

Mit der friedlichen Revolution, den Wahlen im März 1990 und der Vereinigung im Oktober des gleichen Jahres hat faktisch ein Austausch der politischen, militärischen und ökonomischen Eliten stattgefunden; trotz des Wirkens mancher alter Seilschaften in Bürokratie und Wirtschaft gilt es diesen Tatbestand festzuhalten. Weniger vollständig ist der Austausch im Bereich von Justiz und Kultur. Insgesamt gesehen geht er weiter als in den Westzonen und in der Bundesrepublik in der frühen Nachkriegszeit.

In Angriff genommen wurde die strafrechtliche Aufarbeitung mit dem Versuch, Verantwortliche des Systems mit rechtstaatlichen Mitteln zur Verantwortung zu ziehen, Regierungskriminalität zu ahnden und Mauerschützen zur Rechenschaft zu ziehen – mit gewiß für viele unbefriedigenden Ergebnissen. Begonnen hat auch der Versuch, Unrecht wieder gut zu machen; der Bundestag hat zwei „Unrechtsbereinigungsgesetze" verabschiedet. Die Gerichte werden zudem von Restitutionsansprüchen überschwemmt; SBZ- und DDR-Flüchtlinge bzw. deren Erben möchten ihr früheres Eigentum (das sie im Grunde längst verloren gegeben hatten) zurückbekommen. Der in juristischen Formen ablaufende Aufarbeitungsprozeß ist mithin auf breiter Front im Gange. Abgesehen von den unter alliierter Oberhoheit veranstalteten Nürnberger Prozessen setzte die straf rechtliche Verfolgung von NS-Verbrechen durch deutsche Gerichte später ein als jetzt die Verfolgung von Unrecht der SED-Diktatur.

Auch die öffentliche Debatte ist breit. Besonders intensiv ist die Debatte über führende Schriftsteller des SED-Staates. Gegenstand der Debatte sind insbesondere auch frühere reale oder vermeintliche „Inoffizielle Mitarbeiter" des DDR-Staatssicherheitsdienstes: Schnur, de Maizière u.a. Der „Fall Stolpe" beschäftigt einen Untersuchungsausschuß in Brandenburg. Gegen den brandenburgischen Ministerpräsidenten laufen geradezu Kampagnen, um ihn wegen seiner Vergangenheit zu stürzen – wobei Interessen der Medien, parteipolitische Interessen und der Rigorismus von Teilen der früheren Bürgerrechtsbewegung sich vermischen.

Eine besondere Rolle spielt die Enquete-Kommission des Deutschen Bundestages, die in der deutschen Parlamentsgeschichte lediglich im Untersuchungsausschuß des Reichstages zum Ersten Weltkrieg während der Weimarer Republik eine Parallele hat.[2] Der Kommission ist es gelungen, die Auseinandersetzung mit der DDR-Vergangenheit zu verstetigen und zu systematisieren. Den Prozeß der Aufarbeitung anzuregen, darin lag ihre Hauptaufgabe, während der von ihr zu schreibende Bericht angesichts des riesigen Forschungsfeldes und einer dieser nicht angemessenen Arbeitsweise zwangsläufig weit hinter den Erwartungen zurückbleiben, geradezu scheitern mußte, zumal ein Teil der Politiker an der Sache selbst kaum interessiert war.

Enorm angewachsen ist die wissenschaftliche Auseinandersetzung mit der DDR-Vergangenheit, die durch die Zugänglichkeit riesiger Quellenbestände und das öffentliche Interesse gefördert wird. Eine vom Mannheimer Zentrum für Sozialforschung im Auftrag der Enquete-Kommission durchgeführte – sicherlich unvollständige – Erhebung weist 759 Forschungsprojekte aus (die freilich im Umfang stark differieren)[3].

Die DDR-Vergangenheit ist im übrigen nicht nur ein bedeutsames Thema des akademischen Lehrbetriebes, sondern auch von Akademien und nicht zuletzt Schulen. Auch das Bildungssystem des Westens kann an der Problematik der SED-Diktatur und der Geschichte der beiden deutschen Staaten nicht vorüber gehen.

Schwer zu sagen ist, wie intensiv die individuelle Auseinandersetzung mit der Vergangenheit ist und wie sie verläuft. Tausende haben inzwischen Einsicht in ihre Stasi-Akten genommen. Doch wie die anderen sich mit „ihrer" Geschichte auseinandersetzen, entzieht sich dem Beobachter. Tendenzen zu einer DDR-Nostalgie sind nicht zu verkennen – sie widersprechen einer kritischen Auseinandersetzung mit der Vergangenheit.

Deutlich ist, daß die Auseinandersetzung mit der DDR-Vergangenheit, ihre Durcharbeitung ein vieldimensionales kompliziertes Geschehen ist. Viel spricht dafür, daß es sich um einen Prozeß handelt, in dem die verschiedenen Ebenen sich gegenseitig beeinflussen, was teilweise auch zu Fehlentwicklungen und Blockaden führen kann. So hat die strafrechtliche Aufarbeitung mit ihren Problemen teilweise die Bereitschaft, sich mit der Vergangenheit auf anderen Ebenen auseinanderzusetzen, beeinträchtigt; scheint sie den einen als manifeste Tendenz zur Kriminalisierung der gesamten DDR-Vergangenheit, so den anderen als Ausdruck einer inkonsequenten, dem Prinzip der Realisierung von Gerechtigkeit nicht dienenden Aufarbeitung. Auch nährt ein bestimmter Journalismus den Verdacht, es gehe gar nicht um Aufarbeitung der Vergangenheit, sondern um Sensationsbefriedigung und ökonomische Interessen, mit der Folge, daß die Beschäftigung mit der Vergangenheit überhaupt diskreditiert wird.

Versucht man den Kern des Bemühens um Aufarbeitung der Vergangenheit zu bestimmen, so geht es vorrangig um Klärung von Verantwortlichkeiten. Mit Richard Schröder kann man im Hinblick auf die Verantwortung im SED-Staat unterscheiden zwischen der moralischen Verantwortung (vor Gott und dem eigenen Gewissen), der politischen Verantwortung vor den Bürgern und der strafrechtlichen Verantwortung (vor dem Richter).[4] Der Aufarbeitungsprozeß ist demnach ein individueller („privater"), ein strafrechtlicher und ein politischer Prozeß. Außerdem ist er ein kultureller und wissenschaftlicher Prozeß. Es geht um Aufarbeitung persönlicher Schuld, um Schuld im strafrechtlichen Sinne, um Klärung politischer Verantwortlichkeit und um öffentlich ausgetragene moralische und politische Verständigung sowie um methodisch durchgeführte Erweiterung und Sicherung des Wissens über die Vergangenheit.

II

Theodor W. Adorno forderte im Hinblick auf die Auseinandersetzung mit der NS-Zeit „schonungslose Reflexion einer kränkenden Vergangenheit, die uns mit einem anderen selbst konfrontiert als dem, was wir glauben und sein möchten".[5] Diese Reflexion könne jedoch nur heilen, wenn sie nicht als Waffe von außen gegen uns eingesetzt wird, sondern von innen als Selbstreflexion wirksam wird: „Was propagandistisch geschieht, bleibt zweideutig"[6]. – Gemessen an diesen Überlegungen gibt es erhebliche Probleme im derzeitigen Aufarbeitungsprozeß, weil er von den Betroffenen teilweise als von außen kommend aufgefaßt wird. Der Aufarbeitungsprozeß ist in erheblichem Maße medial geprägt. Und was vielleicht noch bedeutsamer ist: er findet in einem vereinigten Deutschland statt, in dem nur ein Teil existentiell betroffen ist.

Sicherlich wird auch über die westdeutsche Politik, über westdeutsches Verhalten, über die DDR-Politik der verschiedenen Bundesregierungen, über die Rolle der westlichen Medien etc. kritisch diskutiert. Dennoch ist festzustellen, daß der Aufarbeitungsprozeß eine asymmetrische Struktur aufweist. Die unmittelbar betroffenen ehemaligen DDR-Bürger diskutieren nicht alleine, die Diskussion läßt sich nicht isolieren, die „Wessis" mischen sich ein, die Aufarbeitung der DDR-Vergangenheit gilt als eine gesamtdeutsche Aufgabe. Die öffentliche Debatte wird in erheblichem Maße durch die „West"-Medien bestimmt, mit offensichtlich schwerwiegenden sozialpsychologischen Folgen. Die „Aufarbeitung" wird teilweise in den neuen Bundesländern als vom Westen her fremdbestimmt angesehen – was nach Adorno gerade zu vermeiden wäre.

Diese Asymmetrie schafft die Möglichkeit auszuweichen, sie führt zu Blockaden und Protesten. Auch ist nicht zu verkennen, daß die mediale Aufarbeitung den Erfahrungen der Masse der ehemaligen DDR-Bürger nur bedingt gerecht wird. Gewiß sind in diesem öffentlichen Diskussionsprozeß auch Teile der ehemaligen Bürgerbewegung nach wie vor präsent, auch wenn sie – wie etwa Jürgen Fuchs – behauptet, Wissenschaft und Publizistik des Westens hätten den Aufarbeitungsprozeß usurpiert.[7] Nicht selten gibt es geradezu ein Zusammenspiel zwischen bestimmten Medien und Repräsentanten der Bürgerbewegung. Doch mindert dieser Tatbestand anscheinend den Eindruck der Fremdbestimmung des Aufarbeitungsprozesses nicht wirklich, zumal die Urteile unter den früheren DDR-Bürgern stark differieren und viele den Rigorismus des Urteils mancher Bürgerrechtler nicht teilen.

So empfinden sich viele Bürger im östlichen Deutschland als Teil einer gescheiterten Geschichte, als Menschen mit gebrochenen Biographien, als Deklassierte, zumal sie mit enormen Gegenwartsproblemen zu kämpfen haben. Und sie sehen sich selbst und ihre Geschichte im Kontrast zu den Menschen der alten Bundesrepublik. Diese den Aufarbeitungsprozeß störende Asymmetrie macht einen wesentlichen Unterschied zur Zeit nach 1945 wie zu den osteuropäischen Staaten heute aus.

Die westdeutsche Dominanz im Vereinigungsprozeß ist struktureller Art, die DDR implodierte, teils aus Schwäche, teils unter dem Druck einer Volksbewegung. Was jetzt abläuft, ist – so hat Karl Otto Hondrich formuliert – keine Kolonisierung: „Im Gegensatz zur Kolonisierung zerstört sie keine tradierte Kultur, sondern haucht ihr wieder Leben ein.“[8] Gleichwohl ist zu fragen, ob die Beteiligung des Westens an diesem Aufarbeitungsprozeß immer hinreichend sensibel war und ist. Überheblichkeit ist nicht nur nicht angebracht, sie wirkt auch kontraproduktiv. Andererseits aber kann vom Westen nicht verlangt werden, daß er – um irgendwelcher Symmetrien willen – die zivile politische Kultur der Bundesrepublik in irgendeiner Weise zur Disposition gestellt sieht, wie Jürgen Habermas jüngst zu Recht betont hat.[9]

Der Aufarbeitungsprozeß nach dem Zweiten Weltkrieg wurde zunächst in erheblichem Maße durch die Alliierten angeregt, teilweise auch gesteuert, was wohl zwangsläufig war, doch zu seinem Mißerfolg beitrug, weil er lediglich zu äußerlicher Anpassung führte. Dies gibt auch im Hinblick auf die DDR zu denken. Der Aufarbeitungsprozeß heute droht die deutsche Teilung zu perpetuieren.

III

Aufarbeitung der Vergangenheit bedeutet zunächst, dem Ziel der Gerechtigkeit Geltung zu verschaffen. Dies erfordert, Täter, die sich Verbrechen schuldig gemacht haben, zur Verantwortung zu ziehen.

Die Verbrechen des SED-Systems sind andere als die des NS-Systems. Die politische Kriminalität ist in beiden Fällen in Größenordnung und Art ganz unterschiedlich. Die DDR hat nicht wie das NS-System Massenmorde in der Form industrialisierter Massenvernichtung verübt, sie hat auch nicht wie dieses einen Eroberungs- und Vernichtungskrieg geführt. Und ein Teil der Verbrechen wurde im östlichen Deutschland noch unter dem sowjetischen Besatzungsregime verübt. Dennoch: auch das stalinistische und poststalinistische System hat zahlreiche Verbrechen begangen: Morde und Folterungen, Todesschüsse an der Mauer, Entführungen, Zwangsadoptionen, eine systematische Post- und Telefonüberwachung u.a.

Der Rechtsstaat hat – wenn auch vielleicht mit unzureichenden Mitteln – begonnen, diese Verbrechen aufzuarbeiten. Die strafrechtliche Aufarbeitung setzt damit zwar zeitiger ein als bei den ungleich schwerwiegenderen NS-Verbrechen, doch tut sich der Rechtsstaat – wie bei den NS-Verbrechen – dabei schwer. Die Klage aus der DDR-Bürgerrechtsbewegung, man habe Gerechtigkeit erwartet und den Rechtsstaat bekommen, ist dennoch „ungerecht"; er ist nicht selten mit dem Wunsch nach Vergeltung verknüpft. Friedrich Schorlemmer hat angemerkt: „Wer wie ich stolz auf die Gewaltlosigkeit der Revolution ist, der muß auch die Folgen tragen. Man kann nicht erwarten, daß die Justiz nachträglich für Gerechtigkeit sorgt. Wir werden die ehemals Mächtigen nicht hängen sehen ... Es darf keine politischen Prozesse geben und zur Rache taugt die Justiz schon gar nicht."[10]

Die Schwierigkeiten resultieren u.a. daraus, daß die Verbrechen nicht so offenkundig wie beim NS sind, auch die Frage nach der Verantwortlichkeit eher noch schwieriger als bei den Verbrechen des Dritten Reiches zu beantworten ist. „Staatliches Unrecht" – so konstatiert die Enquete-Kommission in ihrem Bericht – „ist häufig ein hochkomplexer, arbeitsteiliger Vorgang, an dem mehrere Stellen und Personen zusammenwirken."[11] Die personale Zuordnung der Verbrechen ist deshalb so schwierig, weil das Unrecht eher noch stärker als beim NS im Systemaspekt begründet ist, zu dem auch eine spezifische Rechtfertigungsideologie gehört. Vielfach entschied – jedenfalls formal – das Kollektiv, auf den mittleren Ebenen gab es ein System der Rückversicherungen. Insgesamt gesehen mag man von einem System „organisierter Verantwortungslosigkeit" sprechen.

Selbstverständlich wirken sich bei der strafrechtlichen Aufarbeitung auch die Vereinbarungen des Vereinigungsvertrages aus, die strafrechtliche Urteile nur zulassen, wenn die Tatbestände in der DDR strafbar waren *und* den Gesetzen der Bundesrepublik nicht widersprechen. Insgesamt gesehen ist der strafrechtliche Aufarbeitungsprozeß (zu dem auch die Auseinandersetzung mit der sog. Vereinigungskriminalität gehört) ebenso schwierig wie aus der Sicht der meisten Zeitgenossen unbefriedigend.[12]

Nicht weniger schwierig als der Umgang mit den Tätern ist der Umgang mit den Opfern. Es bedarf einer systematischen Bestimmung der Unrechts- und Schadenstatbestände. Für die aus politischen Gründen Inhaftierten, Gefolterten, Getöteten liegen die Tatbestände auf der Hand. Doch haben viele auch berufliche Benachteiligungen erfahren. Sind nicht in einem weiten Sinne die meisten DDR-Bürger Opfer, weil sie – im Vergleich zum Westen – geringere Lebenschancen hatten? Zu den Leistungen der Enquete-Kommission gehört es, systematisch Schädigungen erfaßt und die Frage aufgeworfen zu haben, was heute getan werden kann.[13] Zur Realisierung von Gerechtigkeit gehört, daß nicht nur die Täter bestraft, sondern auch die Opfer entschädigt werden. Dies ist teilweise nur unzureichend, teilweise gar nicht möglich: verlorene Lebenschancen lassen sich nicht ohne weiteres erneuern ...

Allerdings ist noch einmal genauer zu erwägen, ob es nicht gezielte Hilfen geben kann – etwa durch die Aufhebung bei Altersgrenzen im Hinblick auf bestimmte Karrieren. Auch geht es nicht zuletzt um Rehabilitierung der Opfer, um ihre moralische Anerkennung als Opfer im gesellschaftlichen Bewußtsein. Unverkennbar bleiben die Möglichkeiten, mit Hilfe des Strafrechts und mit Wiedergutmachungsleistungen Gerechtigkeit realisieren zu wollen, begrenzt.

IV

Die gesellschaftliche Realität des NS-Staates – so hat die Forschung gezeigt – polarisierte sich nicht in Opfer und Täter. Ähnliches läßt sich für die DDR sagen. Faßt man die Begriffe nicht zu weit (was zwangsläufig zu einem erheblichen Überschneidungsbereich von Tätern und Opfern führen würde), so wird man neben diesen auch die Mehrheit zu berücksichtigen haben, insbesondere die überzeugten Mitträger des Systems, die nicht per se „Täter" waren, und vor allem die große Masse der Bevölkerung, die sich irgendwie angepaßt hat.[14]

Zweifellos haben diejenigen, die das System mitgetragen haben, ihre Haltungen zu überdenken. Für viele ist eine Welt zusammengebrochen, sie sind in ein Vakuum gefallen, aus dem sie sich nur mühsam befreien können. Andere versuchen trutzig, an bisherigen Positionen festzuhalten, meinen, daß die Erfahrungen im vereinigten Deutschland ihre Welt-Anschauung bestätigen, weigern sich, in eine kritische Aufarbeitung einzutreten oder stilisieren sich zu Märtyrern – selbst Christa Wolf u.a. sehen sich als Verfolgte und versteigen sich dazu, sich mit den NS-Opfern gleichzusetzen. Der Prozeß kritischer Aufarbeitung ist – so wird man etwa im Hinblick auf die SED-Nachfolge-Partei sagen können – noch nicht sehr weit vorangeschritten; Tendenzen zur Apologetik sind unübersehbar. Keine Frage, daß es diesen Prozeß zu fördern gilt.

Die große Mehrheit der Bürger der DDR hatte sich arrangiert – angesichts der langen Dauer des SED-Systems und des weitgehenden Fehlens einer Perspektive auf seine Überwindung eine verständliche Haltung; heldischer Widerstand ist wohl zu allen Zeiten nur die Sache einer Minderheit. Die Formen des sich Arrangierens differierten gewiß, teilweise mögen sie bedenklicher Art gewesen sein. Dennoch wird man den Begriff der Kollaboration, der die Zusammenarbeit mit einem Besatzungsregime, einem äußeren Feind meint, nicht einfach zur Charakterisierung dieser Haltung verwenden können. Richard Schröder hat bezogen auf die DDR-Bevölkerung formuliert: „Wir haben nicht unter verhaßten Besatzern grimmig gelitten, sondern uns so oder so in den Verhältnissen eingerichtet.“[15] Dennoch bedarf auch die Form des Arrangements der Reflexion. Sehr kritisch meint Friedrich Schorlemmer: „Viele Menschen haben sich zu DDR-Zeiten kaufen lassen. Wer die ehemals Herrschenden anklagt, sollte auch daran denken, daß sie von achtundneunzig Prozent der Bürger durch Kriecherei gedeckt worden sind.“[16] Allerdings gab es doch zugleich auch vielfältige Verweigerung trotz gleichzeitigem Mittun.

Die eigene Rolle zu reflektieren haben mithin letzlich alle, bis hin zu den Dissidenten und der Opposition, auch zu denen, die aus der DDR in die Bundesrepublik übersiedelten und damit – mittelbar – die potentielle Opposition in der DDR schwächten. Warum gab es im Vergleich etwa zu Polen weniger widerständiges, dissidentes oder oppositionelles Verhalten? An welche Voraussetzungen war dieses abweichende Verhalten gebunden, in welchen Formen hat es sich artikulieren können?

Daß die kritische Reflexion nicht zuletzt die Rolle der Westdeutschen im Hinblick auf die DDR umfassen muß, liegt auf der Hand. Zu fragen ist: Warum hat die Öffentlichkeit des Westens die Schattenseiten des DDR-Systems nach Abklingen des Kalten Krieges, in dem umgekehrt eine Schwarz-Weiß-Sicht vorherrschte, so wenig beleuchtet, warum haben Wissenschaftler und Publizisten – von einer Minderheit abgesehen – sich nicht genauer umgeschaut? Warum haben sich viele Westdeutsche nicht nur mit der deutschen Teilung und der Zweistaatlichkeit, sondern auch mit den Menschenrechtsverletzungen mehr oder weniger abgefunden? Inwieweit hat die bundesdeutsche Politik zu einer positiven Veränderung der Verhältnisse beigetragen?

Im Aufarbeitungsprozeß geht es nicht ausschließlich, ja nicht einmal primär um moralische Fragen, vielmehr um (selbstkritische) Analyse und Reflexion des eigenen Verhaltens. Dabei gilt es die – nicht zuletzt generationell bedingte – Unterschiedlichkeit der Handlungsbedingungen, die Kontextualität des Handelns, zu berücksichtigen. Daß der Verlauf des Prozesses u.a. von der politisch-gesellschaftlichen Entwicklung und der durch diese geprägten Atmosphäre abhängt, sollte nicht vergessen werden.

V

Analog zur NS-Zeit bedarf es im Hinblick auf die DDR-Vergangenheit vor allem auch der politischen Auseinandersetzung mit dem SED-System, seinen Ansprüchen und seiner Realität. In der öffentlichen Diskussion wird über der Beschäftigung mit dem Verhalten mehr oder weniger prominenter Einzelner die Analyse der politischen Strukturen und Prozesse vernachlässigt. Es gilt diese zu beleuchten und transparent zu machen mit dem Ziel, sie begreifbar zu machen, Illusionen abzubauen und Tendenzen zur politischen Nostalgie bei Verdrängung wichtiger Teile der Realität entgegenzuwirken.

Vielfach läßt sich in der ehemaligen DDR noch die Meinung antreffen, das Scheitern „des Sozialismus“ sei auf das moralische Versagen der SED-Führungsgruppe, der Spitzengenossen von Wandlitz, zurückzuführen; die Ideen „des Sozialismus“ seien damit nicht tangiert, vieles sei in der alten DDR doch positiv zu sehen. Christa Wolf etwa sieht als „wirklich Schuldige“ „die Ehrgeizlinge, Feiglinge und Arschkriecher, die, die sich zielbewußt von Stufe zu Stufe hochgedient haben“.[17]

So wichtig die Analyse subjektiver Faktoren – der Einstellungs- und Verhaltensmuster, Mentalitäten wie auch konkreter Handlungen – ist, so sind doch zugleich die objektiven Strukturen und Prozesse zu untersuchen. Zu analysieren sind die formelle und informelle Rolle der verschiedenen Ebenen des Politbüros, des ZK's, des ZK-Apparates, der Bezirksleitungen usw., des MfS, der verschiedenen Ebenen der Staatssicherheit, der Justiz etc., wobei es nicht zuletzt um das Gefüge des Systems, um die Aufhellung der Mechanismen der Diktatur und um die Klärung der Frage der Verantwortlichkeit geht. Die Funktionsweise des „Systems organisierter Verantwortungslosigkeit“ ist für die verschiedenen Phasen der DDR-Entwicklung aufzuarbeiten. Die Enquete-Kommission hat dazu einen ersten Versuch unternommen. Intensive wissenschaftliche Studien sind nötig.

Besonderes Augenmerk ist auf die Wechselbeziehungen von objektiven Strukturen und subjektiven Verhaltensmustern zu richten: das Verhalten der Menschen, der Funktionäre wie der anderen, wurde – wenn auch in recht unterschiedlicher Weise – vom System mitgeprägt, von ihm ausgebeutet, die Menschen wurden instrumentalisiert. Die Strukturen gingen gleichsam durch die Menschen hindurch. In diesem Zusammenhang sind u.a. die Rolle des Marxismus-Leninismus, des Antifaschismus, des Erziehungs- und Bildungssystems, auch Gewohnheiten und Mentalitäten genauer zu bestimmen, wozu eine größere Zahl empirischer Studien nötig sein wird.

Selbstverständlich sind im Aufarbeitungsprozeß auch problematische Nachwirkungen zu untersuchen. Dazu gehören Fragen wie:

- In welcher Weise wirkt das Wahrheitsmonopol der SED in den Denkstrukturen früherer Funktionäre und anderer in der DDR Erzogener nach?
- Wie kommt die pluralistische, parteienstaatliche Demokratie aus der Perspektive von in der DDR sozialisierter Menschen in den Blick?
- Wie wirkt sich der obrigkeitsstaatliche, vormundschaftliche Charakter des SED-Systems auf die Erwartungshaltung der Menschen und ihre Bereitschaft zum Engagement aus?
- Wirkt die Tendenz zur Moralisierung politischer Fragen durch die SED noch nach?

Insgesamt gesehen sind die Strukturen komplizierter als im Fall des NS-Systems. Der Systemcharakter des Geschehens in der DDR macht die Beurteilung des Verhaltens der Einzelnen, insbesondere die moralische Betrachtung, so schwierig. Bei Vernachlässigung dieses Charakters wird man vielen einzelnen Unrecht tun; eine überstarke Akzentuierung des Systemcharakters, der Verblendungsmechanismen der Ideologie usw., freilich tendiert dazu, die Frage der Verantwortlichkeit zu eskamotieren, was ebenfalls als unbefriedigend und ungerecht zu kennzeichnen wäre. Das System kam eben nicht ohne Subjekte, ohne Gläubige und Angepaßte aus.

Im Hinblick auf diesen Fragenzusammenhang gibt es Diskussions- und Forschungsbedarf, gerade auch auf der Folie des NS-

Systems, bei dessen Aufarbeitung die Klärung der Frage der Verantwortlichkeit ebenfalls zentral war. Erinnert sei nur, daß anfangs der Hitler-Mythos geradezu umgedreht wurde: an allem war Hitler schuld. Auch die Totalitarismustheorie besaß eine entlastende Funktion. Erst in einem längeren Prozeß konnte die Frage der Verantwortlichkeit konkreter im Hinblick auf die verschiedenen Bereiche und Gruppen beantwortet werden, ohne daß es freilich jemals zu einer „endgültigen" Antwort kam. Auch im Hinblick auf die DDR-Vergangenheit hat dieser Prozeß eben erst begonnen. Seine Weiterführung ist wohl Voraussetzung für „Versöhnung", die von manchen Seiten gefordert wird.

VI

Nach 1989 hat ungleich intensiver als in der frühen Nachkriegszeit im Hinblick auf die NS-Zeit die wissenschaftliche Aufarbeitung der DDR-Vergangenheit eingesetzt. Die Voraussetzungen sind dabei viel günstiger als nach 1945: riesige Quellenbestände sind zugänglich; auch kann auf der westlichen politikwissenschaftlichen und zeithistorischen Forschung über die SBZ/DDR der letzten Jahrzehnte aufgebaut werden.

Unverkennbar kommt die DDR seit 1989 in einer gegenüber der vorhergehenden Zeit veränderten Perspektive in den Blick. Das ganze Ausmaß des Stasi-Apparates und der Repressionsmechanismen wird ebenso sichtbar wie die verheerende wirtschaftliche und ökologische Misere der DDR. Das Bild der DDR hat sich inzwischen unverkennbar verdunkelt. Ob es sich auf die Dauer aufhellen wird, bleibt abzuwarten, sicherlich wird die wissenschaftliche Forschung gegenüber manchen pauschalen Urteilen Differenzierungen vornehmen.

Die DDR wird heute vielfach von ihrem Ende, von ihrem Untergang her gesehen, auf den die ganze Entwicklung gleichsam zulief. Die Kontinuitätslinie, die nach 1989 führt, steht im Vordergrund des Interesses. Thomas Nipperdey hat im Hinblick auf die Frage der Kontinuität der neueren deutschen Geschichte einmal formuliert: „Die Wirklichkeit ist nicht so eindeutig, wie es die Kontinuitätsperspektive verlangt, sondern inhomogen; sie ist widersprüchlich und ambivalent, sie ist, um ein heute verfemtes Wort zu benutzen, tragisch, d.h. von unlösbaren Widersprüchen erfüllt."[18] Auch bezogen auf die DDR-Geschichte wird man die Widersprüchlichkeiten und Paradoxien des historischen Prozesses zu untersuchen haben.

Die Kenntnis des Gesamtprozesses und seines Ergebnisses darf die historische Analyse nicht dazu verführen, retrospektiv unrealistische Maßstäbe an das Handeln der Menschen zu legen. Es gilt den jeweiligen Zeitkontext aufzusuchen und die subjektiv wahrgenommenen Handlungsspielräume zu bestimmen. Der weitere Prozeß war nicht einfach einsehbar, die Zeitgenossen handelten vor einem offenen Horizont. Allerdings ist zu bedenken, daß eine auf das „Verstehen" der Zeitgenossen hinauslaufende Sicht dazu tendiert, deren Verhalten zu entschuldigen. Umgekehrt tendiert ein von späteren Erfahrungen oder von starren Maßstäben geprägtes Urteil dazu, unhistorisch und ungerecht zu werden. Beide Gefahren sind zu reflektieren, beide sind heute nachweisbar.

Vielleicht die größere Gefahr ist gegenwärtig die ahistorische Sicht. Angesichts des Endes der DDR und der Sowjetunion erscheint retrospektiv jede Reformperspektive illusionär. Für die Zeitgenossen jedoch, die mit dem Zusammenbruch des sog. „realen Sozialismus" nicht rechnen konnten, doch sich mit den Verhältnissen nicht abfinden wollten, war die Reformperspektive nahezu alternativlos, nachdem Aufstandsversuche mit brutaler Macht niedergeschlagen worden waren. Derartige Tatbestände gilt es zu würdigen, wenn man das Handeln der Menschen erklären will.

Es ist nicht zu übersehen, daß die verschiedenen Perspektiven mit bestimmten Positionen und Interessen – jedenfalls partiell – korrelieren. Die Perspektive vom Endpunkt her bzw. ausgesprochen rigoristische Urteile über die SED-Diktatur werden insbesondere von manchen früheren Bürgerrechtlern auf der einen Seite und konsequenten, meist politisch eher „rechts" stehenden Antikommunisten vertreten, während die Notwendigkeit, das Handeln in Zeitkontexten zu sehen, nicht nur von Apologeten des SED-Systems, der PDS bzw. ihres Umfeldes, sondern auch von denjenigen betont wird, die auf eine Reform des Systems gehofft und – mehr oder weniger entschieden – versucht hatten, diese zu fördern, was für viele im Osten und für den Hauptstrom der westdeutschen Politik gilt, auch wenn manche heute anders urteilen. Selbstverständlich ist die Gefahr, die Vergangenheit mit exkulpatorischer Tendenz zu sehen, nicht zu verkennen.

Die historische Forschung wird differenziert die verschiedenen Phasen der SBZ/DDR-Geschichte zu rekonstruieren haben, dabei insbesondere auch Entwicklungsalternativen (und die Frage, warum diese nicht zum Zuge kamen) untersuchen müssen. Sie wird auch die SBZ/DDR in die deutsche und europäische Geschichte einzuordnen haben. Man kann sie u.a. in folgenden Perspektiven interpretieren:

- im Zusammenhang der kommunistischen von der Sowjetunion geführten Weltbewegung und sowjetischer imperialer Politiker (ohne die die DDR undenkbar ist);
- in die Geschichte der Arbeiterbewegung und Arbeiterkultur in Deutschland (so ist die DDR als verstaatlichte Form bestimmter Traditionen der Arbeiterkultur bezeichnet worden);
- in die deutsche Gesellschafts- und Mentalitätsgeschichte unter dem Gesichtspunkt von Kontinuität und Diskontinuität;
- in die Geschichte totalitärer Systeme, in das „Zeitalter des Totalitarismus“, wobei die Frage nach den verschiedenen Phasen auf der Hand liegt,
- in den Kontext des Ost-West-Konfliktes und der Nachkriegsgeschichte, was Vergleiche zur Bundesrepublik einerseits und zu den osteuropäischen Ländern andererseits ebenso einschließt wie eine Analyse der beziehungsgeschichtlichen Verhältnisse und ihrer Rückwirkung auf die inneren Strukturen.

Die DDR wäre demnach ein sowjetisches Protektorat, ein Geschöpf der kommunistischen Arbeiterbewegung, Ausdruck des deutschen Sonderweges, Produkt des Kalten Krieges usw. Es gilt die Plausibilität der verschiedenen Deutungsvarianten zu diskutieren, eventuell mehrere miteinander zu kombinieren, auf veränderter empirischer Grundlage zu neuen Interpretationen zu gelangen.

Der wissenschaftliche Aufarbeitungsprozeß ist im Hinblick auf die DDR mit beachtlicher Breite und Intensität im Gange. Eine Historisierung im Sinne einer distanzierten historischen Betrachtung ist jedoch für diejenigen, die die DDR erlebt und erfahren haben, deren Biographien und politische Entwicklungen involviert sind, auf absehbare Zeit nur schwer möglich. Auch im öffentlichen Bewußtsein, das durchaus in einer gewissen Spannung zur Arbeit der Geschichtswissenschaft stehen kann, werden längere Zeit moralische Urteile noch eine große Rolle spielen. Die Historiker haben freilich völlig willkürlichen Urteilen entgegenzutreten. Sie müssen warnen, wenn – wie geschehen – elementarste Regeln des Umgangs mit Quellen verletzt werden.

VII

Worin liegt die Bedeutung der Auseinandersetzung mit der Vergangenheit für die politische Kultur in Deutschland? Analog der Zeit nach 1945 geht es um De-Legitimation der Diktatur durch Aufklärung über diese, ihre Strukturen, ihre Defizite, ihre inhumanen Züge und Verbrechen. Damit verknüpft ist die Legitimation von Demokratie, die gleichsam „ex negativo" erfolgt. Demokratie erhält demnach ihre besondere Rechtfertigung durch das negative Gegenbild Diktatur.

Der Versuch der Legitimation politischer Ordnung von ihrem Gegenbild her ist nach 1945 freilich nicht nur im Westen, sondern auch in der SBZ/DDR unternommen worden. Der Antifaschismus, in dem selektive politische Erinnerung sich mit politischen Zielen verband, wurde zur Rechtfertigung des Aufbaus der SED-Diktatur herangezogen und war die ganze Zeit über ein wichtiges, vielleicht das wichtigste Legitimationsmittel der SED-Herrschaft. Der DDR-Antifaschismus läßt erkennen, daß die Negation von totalitärer Vergangenheit nicht per se der Begründung demokratischer Herrschaft dienen muß. Er zeigt in exemplarischer Weise die Problematik der politischen Instrumentalisierung von Vergangenheit.[19]

Die demokratische politische Ordnung und Kultur hat die Erinnerung an die beiden Diktaturen in Deutschland, wobei beide differenziert in ihrer Unterschiedlichkeit zu sehen sind, als wesentlichen Bestandteil kollektiver Erinnerung zu bewahren, was u.a. in Gedenkstätten für die Opfer der Diktaturen und in anderen Komponenten öffentlicher politischer Kultur seinen Ausdruck finden wird. Die Bewahrung der Erinnerung ist etwas anderes als Instrumentalisierung der Vergangenheit für politische Ziele; sie erkennt die Eigengewichtigkeit der Erinnerung an, die nicht Gegenwartsbedürfnissen geopfert werden darf. Andererseits aber kann die bewußte Pflege der Erinnerung nicht folgenlos für die gegenwärtige Gesellschaft bleiben und bildet deshalb einen wichtigen Schwerpunkt politischer Bildung, in der es die selbständige diskursive Auseinandersetzung mit der Vergangenheit anzuregen gilt.

Die Aufarbeitung diktatorischer Vergangenheit fördert auf der subjektiven Ebene die Überwindung von ideologischen Positionen und Verhaltensmustern, die mit der Diktatur verbunden waren und dient damit – jedenfalls indirekt – der Herausbildung einer demokratischen Kultur. Für diese ist ein geschichtliches Bewußtsein zentral, das sowohl die Diktaturerfahrungen verarbeitet, als auch demokratische Traditionen wach hält. Bedeutsam sind dabei die beide Komponenten verbindenden Traditionen des Widerstandes und der Opposition gegen Gewalt und Unmenschlichkeit. Widerstand und Opposition gegen die SED-Diktatur müssen ihren Platz im demokratischen Geschichtsbewußtsein erhalten.

Das demokratische Geschichtsbewußtsein kann durchaus in einer gewissen Spannung zur Geschichtswissenschaft stehen, die zwar auf dem Boden einer demokratischen Ordnung arbeitet, doch keineswegs unmittelbar legitimatorischen Interessen dient. Die in jedem Geschichtsbewußtsein zwangsläufig selektive Wahrnehmung von Vergangenheit darf die Geschichtswissenschaft gerade nicht leiten. Sie hat das Wissen über Vergangenheit durch systematische, methodisch reflektierte Arbeit zu mehren und der Gesellschaft zur Verfügung zu stellen. Zu ihrer Funktion gehört nicht zuletzt die Überwindung von Mythen und Legenden, die durchaus auch von politischer Relevanz sein können. Öffentliches Geschichtsbewußtsein hat demgegenüber kollektive Erfahrungen, die für die Gesellschaft in besonderer Weise bedeutsam sind, weiterzugeben und Traditionen zu pflegen.

Heute gibt es die Chance, den in Deutschland seit dem letzten Drittel des 19. Jahrhunderts herausgebildeten Gegensatz von nationalem Geschichtsbewußtsein und Demokratiegedanken zu überwinden.[20] Im Rahmen des demokratischen Geschichtsbewußtseins, das die Partikularität des ost- und westdeutschen Bewußtseins überwindet, spielt dabei die Erfahrung mit der NS-Diktatur und ihren Verbrechen eine herausragende, die mit der SED-Diktatur eine bedeutsame Rolle; allerdings enthält es auch zustimmungsfähige Elemente – demokratische Traditionen, an denen es auch in Deutschland nicht mangelt.

Geradezu konstitutiv für das deutsche Geschichtsbewußtsein in Ost und West bleibt die NS-Zeit. Die deutsche Verantwortlichkeit für das Dritte Reich, für den Zweiten Weltkrieg und die NS-Verbrechen, prägt heute deutsches Identitätsbewußtsein. Die SED-Diktatur war zwar anders als die NS-Diktatur von außen aufgezwungen; auch ist ihre historische Nachwirkung nicht auf der gleichen Stufe zu sehen wie die NS-Zeit. Doch ist auch sie bedeutsam für das deutsche Geschichtsbewußtsein am ausgehenden 20. Jahrhundert, das nicht zuletzt durch die Erfahrungen mit totalitärer Herrschaft bestimmt ist. Wie es um die demokratische politische Kultur in Deutschland bestellt ist, wird sich daran zeigen, ob die Gesellschaft sich als fähig erweist, ein kollektives Gedächtnis zu entwickeln, das vielfältige widersprüchliche Erinnerungen an die verschiedenen Vergangenheiten bewahrt, die Bedeutung der NS-Zeit nicht einebnet, sich mit den Erfahrungen der SED-Diktatur auseinandersetzt, doch auch widerständiges und demokratisches Handeln einschließt und die tägliche Einlösung von Menschen- und Bürgerrechten zur permanenten Aufgabe erhebt.

Anmerkungen

1 Theodor W. Adorno, Was bedeutete Aufarbeitung der Vergangenheit, in: ders. Eingriffe. Neue kritische Modelle, Frankfurt 1963, S. 125-146.

2 Vgl. Markus Meckel, Aufarbeitung der DDR-Geschichte als Aufgabe des Bundestages, in: Rück-Sicht auf Deutschland. Beiträge zur Geschichte der DDR und zur Deutschlandpolitik der SPD, Bonn 1993, S. 53-61; vgl. Bernd Faulenbach, „Aufarbeitung von Geschichte und Folgen der SED-Diktatur in Deutschland“. Zur Arbeit der Enquete-Kommission des Deutschen Bundestages, in: Geschichtsrundbrief NF. 4 1993, S. 15-19.

3 Deutscher Bundestag, Enquete-Kommission „Aufarbeitung von Geschichte und Folgen der SED-Diktatur in Deutschland“ (Hrsg.), Forschungsprojekte zur DDR-Geschichte. Ergebnisse einer Umfrage des Arbeitsbereiches DDR-Geschichte im Mannheimer Zentrum für Europäische Sozialforschung (MZES) der Universität Mannheim, bearbeitet von Thomas Hermann unter Mitarbeit von Ralf Eicher und Stefan Wortmann. 1994.

4 Richard Schröder, Deutschland schwierig Vaterland. Für eine neue politische Kultur, Freiburg, Basel, Wien 1993, S. 105 ff.

5 Formulierung von Jürgen Habermas, Bemerkungen zu einer verworrenen Diskussion. Was bedeutet „Aufarbeitung der Vergangenheit heute?“, in: Die Zeit 3. April 1992, S. 82-84, hier S. 82.

6 Adorno, Was bedeutet Aufarbeitung der Vergangenheit, S. 143.

7 Vgl. den polemischen Diskussionsbeitrag von Jürgen Fuchs im Rahmen der Anhörung der Enquete-Kommission des Bundestages am 4. Mai 1994 in Berlin; abgedruckt unter dem Titel „Das selbstsichere Reden und Besser-Wissen von heute“, in der Frankfurter Rundschau v. 11./12. Mai 94, S. 18.

8 Karl Otto Hondrich, Dominanz in Deutschland: Ein Kernproblem der Vereinigung, in: Werner Weidenfeld (Hrsg.), Deutschland. Eine Nation – doppelte Geschichte, Köln 1993, S. 97-101, hier S. 100.

9 Vgl. Jürgen Habermas Vortrag vor der Enquete-Kommission des Bundestages am 4. Mai 1994, abgedruckt in: Die Zeit vom 13. Mai 1994, S. 54 unter dem Titel „Die Last der doppelten Vergangenheit“.

10 Friedrich Schorlemmer, Interview im FAZ-Magazin v. 8. Oktober 1993, S. 70 f. Vgl. auch Friedrich Schorlemmer, Versöhnung in der Wahrheit. Nachschläge und Vorschläge eines Ostdeutschen. Berlin 1992.

11 Bericht zum Themenfeld „Recht, Justiz und Polizei im SED-Staat“.

12 Vgl. dazu den Beitrag von Margot von Renesse in diesem Band.

13 Vgl. den Beitrag von Johannes Kuppe in diesem Band.

14 Vgl. Klaus Hartung, Im Spiegelkabinett der Vereinigung. Die neue deutsche Täter-Opfer-Ordnung und die alten Fluchten aus der Realität, in: Cora Stephan (Hrsg.), Wir Kollaborateure. Der Westen und die deutschen Vergangenheiten, Reinbek bei Hamburg 1992, S. 131-156.

15 Schröder, Deutschland schwierig Vaterland, S. 102.

16 Vgl. Anmerkung 9.

17 Christa Wolf, Auf dem Weg nach Tabou. Texte 1990-1994, Köln 1994. Vgl. dazu Marcel Reich-Ranicki, in: Der Spiegel Nr. 14, 4.4.94, S. 194-197.

18 Thomas Nipperdey, Nachdenken über die deutsche Geschichte. Essays München 1986, S. 200.

19 Vgl. Bernd Faulenbach, Zur Funktion des Antifaschismus in der SBZ/DDR, in: Deutschland Archiv 26, 1993, S. 754-759.

20 Vgl. Heinrich August Winkler, Abschied von einem deutschen Sonderweg. Wider die postnationale Nostalgie, in: Die Neue Gesellschaft/Frankfurter Hefte 40, 1993, S. 633-636; Bernd Faulenbach, Den Gegensatz von Nation und Demokratie überwinden, in: Blätter für deutsche und internationale Politik 38, 1993, H. 6., S. 690-92.

I.
Die DDR-Geschichte
und
ihre Nachwirkung

Joachim Gauck

Zum Umgang mit den Stasi-Akten – eine Zwischenbilanz

Die kurze Phase der revolutionären Wende 1989 und die kurze Phase demokratischer Parlamentstätigkeit in der DDR 1990 haben dafür gesorgt, daß dem vereinten Deutschland eine neue, vorher nicht erprobte Form von Vergangenheitsbewältigung zugewachsen ist.

Erinnern wir uns zunächst daran, daß ein Schwerpunkt der Bürgerproteste des Herbstes und Winters 1989/90 der Protest gegen das Ministerium für Staatssicherheit war. Zwar war den protestierenden Bürgern der DDR klar, daß die SED-Führung verantwortlich war für das staatlicherseits als Sozialismus bezeichnete Unrecht. Dennoch eignete sich als Ziel und Schwerpunkt der öffentlichen Proteste das „Schild und Schwert" der Partei fast besser als dessen Auftraggeber. Auch der revolutionäre Wille der protestierenden Bevölkerung artikulierte sich deutlicher gegenüber dem Ministerium für Staatssicherheit als gegenüber dessen Auftraggeber: Obwohl der Dienst noch unter Waffen funktionsfähig und unter Befehl der eigenen militärischen Vorgesetzten stand, beschlossen Anfang Dezember 1989 engagierte Bürger, sich in Bezirks- und Kreisdienststellen der Stasi Eingang zu verschaffen. Eine Aktion, die am 15. Januar 1990 in der Zentrale in Berlin-Lichtenberg zu ihrem Ende gelangte. Daß sich die Bürgerbewegung trotz des unklaren Kräfteverhältnisses Anfang Dezember 1989 zu dieser Maßnahme entschloß, beruhte auf Informationen über das steigende Ausmaß von Aktenvernichtung in den Dienststellen des MfS. Durch die Besetzung sollte verhindert werden, daß das Herrschaftswissen der Mächtigen vernichtet, auch daß Strukturen, Verantwortlichkeiten, Mitarbeit im Unterdrückungsapparat auf Dauer verborgen oder verschleiert würden.

Die damals an die Türen der Macht klopften, hatten sich offensichtlich auf ihre spezifische Weise entschlossen, das ihnen während ihrer DDR-Sozialisation beigebrachte Zitat „Wissen ist Macht" auf ihre Weise revolutionär zu verstehen. Möglicherweise erschien vielen auch nur intuitiv wichtig und richtig, sich um schriftliche Hinterlassenschaft der gerade noch regierenden Diktatoren zu kümmern, während andere bereits annähernd klare Vorstellungen davon hatten, vielleich auch den von Czeslaw Milosz schon in den 50er Jahren formulierten Satz kannten, daß „die Mächtigen dieser Erde erkannt haben, daß Dinge, die man nicht schwarz auf weiß besitzt, auch in der Wirklichkeit zu existieren aufhören".

Die Staatssicherheitsmitarbeiter hatten in der Tat, dies wurde nach der Besetzung der MfS-Dienststellen deutlich, zunächst, sowohl gezielt selektiv und auf Befehl, als auch zuletzt eigeninitiativ und massenhaft Material vernichtet. Die Bürgerkomitees stießen damals schon bei der Besetzung auf riesige Mengen vernichteten Materials, später im Zuge erster Sichtungen fand man auch Befehle, die die Vernichtung eingeleitet hatten.

Daß die Stasikommandeure nicht rechtzeitig den Befehl zu einer umfassenden Vernichtung des archivierten Materials gaben, lag sicher an der Illusion, sie könnten ihre Arbeit auch unter sich ändernden Verhältnissen – zwar reformiert, aber eben doch – fortsetzen.

Zwar hatten die Massen mit ihrem Schlachtruf „Stasi in die Produktion" schon ihren politischen Willen artikuliert, künftig auf das MfS ganz zu verzichten, aber die Partei- und Staatsführung auch in der Modrow-Ära kannte sich offensichtlich bei den Interessen der Apparate besser aus als bei den Interessen der Bevölkerung. Es sei erinnert an die Gründung des „Amtes für nationale Sicherheit" (AfNS) am 17. November 1989, einer Einrichtung, die zwar verkleinert (zum MfS gehörten 1989 knapp 90.000 Hauptamtliche) und „demokratisiert", aber eben mit Personal, Akten und Know how der Stasi, weiterarbeiten sollte.

Doch dieses Amt hatte nach dem Willen der Demokratiebewegung nur ein kurzes Leben. Im Dezember schon erfolgte der Auflösungsbeschluß, und im Februar 1990 wurde ein Staatliches Komitee zur Auflösung des ehemaligen MfS/AfNS gebildet.

Das letzte, frei gewählte Parlament der DDR ist dem Stasi-Thema nicht ausgewichen. Wie der politische Protest auf den Straßen und die Besetzung der Stasi-Dienststellen Akte der Selbstbefreiung einer unterdrückten Bevölkerung sind, so hat die Volkskammer versucht, diesen Befreiungsprozeß geistig fortzusetzen, und hat durch eine entsprechende Gesetzgebung die Voraussetzungen dafür geschaffen, daß mit Hilfe der Akten für jedermann sowie für die Gesellschaft nachträgliche Selbstbefreiungsprozesse möglich wurden.

Im Gesetz vom 24. August 1990 wurde mit überwältigender Mehrheit von rechts bis links festgelegt, daß die Stasi-Unterlagen erhalten und archiviert und genutzt werden sollten für die „politische, historische und juristische Aufarbeitung" der Vergangenheit. Die Abgeordneten hatten der Versuchung widerstanden, fürsorglich gegen das Volk zu entscheiden und angeblich gefährliches Wissen über Konkreta der Repression lieber verschlossen zu halten.

Weder die Befürchtungen einiger führender Ostberliner Politiker noch die Skepsis der Bonner Verhandlungspartner haben sie an ihrem Entschluß gehindert. Den Einigungsvertrag allerdings überlebte das Gesetz nicht. Die verhandelnden Regierungen hatten sich in den Vertragsverhandlungen bereits darauf verständigt, die breiten Zugangs- und Nutzungsmöglichkeiten der Akten, die das Volkskammergesetz vorsah, einzuengen. Zusätzlich wurde ein weiteres Sicherungskonzept vorgeschlagen: das gesamte Archivgut sollte dem Bundesarchiv zugewiesen werden. Daraufhin kam es in der ostdeutschen Öffentlichkeit zu zahlreichen Protesten, u.a. auch zu einer Besetzung eines Gebäudeteils der ehemaligen Staatssicherheit in Berlin-Lichtenberg. Aber auch die Volkskammer sah ihren Willen verfälscht. Regierungsparteien wie Opposition waren sich einig, daß die Akten, die durch revolutionären Elan und später durch parlamentarische Arbeit des ersten freien Parlaments quasi zu Volkseigentum gemacht worden waren, bürgernah verwahrt, verwaltet und umfassend genutzt werden sollten. Es kam so zu Zusatzverhandlungen zu diesem Sachgebiet. Der ostdeutsche Verhandlungsführer Krause hatte dafür dem Innenminister Diestel, dem die Volkskammer in derartigen Angelegenheiten fraktionsübergreifend mißtraute, das Verhandlungsmandat entzogen. Auf diesem Wege wurde eine Kompromißlösung für die Zeit nach dem 3. Oktober gefunden: Zwar blieb es bei der Ablehnung des Gesetzes vom 24. August

1990, aber eine eingeschränkte Nutzung der Akten, organisiert und verantwortet durch den schon im Volkskammer-Gesetz vorgesehenen „Sonderbeauftragten“, blieb möglich. Außerdem formulierte eine Zusatzvereinbarung u.a., daß der gesamtdeutsche Gesetzgeber alsbald nach der Vereinigung mit der Vorarbeit zu einem entsprechenden Bundesgesetz beginnen solle, das die Grundlagen des Volkskammer-Gesetzes „umfassend“ berücksichtigen und insbesondere die politische, historische und juristische Aufarbeitung ermöglichen solle.

Die Erarbeitung dieses Gesetzes nahm zwar einige Zeit in Anspruch, was die Ungeduld und Nervosität im Osten steigerte. Aber die Abgeordneten des Deutschen Bundestages wollten nicht nur den Disput unter Juristen über verfassungs-, verwaltungs- und datenschutzrechtliche Grundsatz- und Detailprobleme. Sie hatten auch die Interessen der Sicherheitsbehörden, der Archivfachleute, der Historiker, der ehemaligen Bürgerkomitees sowie die ostdeutschen Länderinteressen zu würdigen, ein Anliegen, dessen Wichtigkeit durch eine öffentliche Anhörung im Reichstag unterstrichen wurde. Im Laufe des Jahres 1991 wurde das Gesetz erarbeitet, und am 20. Dezember 1991 war das Gesetzgebungsverfahren beendet.

Seit der Vereinigung und während des ganzen Jahres 1991 konnten die Mitarbeiter des Bundesbeauftragten die Unterlagen nur eingeschränkt, wie vom Einigungsvertrag festgelegt, bearbeiten. Falls die Nutzung der Daten „unerläßlich“ und „unaufschiebbar“ war, konnten sie u.a. für folgende Aufgaben genutzt werden: Wiedergutmachung und Rehabilitierung Betroffener, Überprüfung von Abgeordneten und Kandidaten für parlamentarische Mandate und Überprüfungen für Weiterverwendung bzw. Einstellung von Personen im Bereich des öffentlichen Dienstes sowie zur Verfolgung von Straftaten (Bereich Staatssicherheit und Postgeheimnis).

Seit Anfang 1992 kann die entsprechend den Aufgaben vergrößerte Behörde des Bundesbeauftragten nun vor allem für die Interessen der ehemaligen Opfer arbeiten. Der weite Zugang zu den Unterlagen erlaubt all jenen, die Opfer der Stasi waren, Einsicht in ihre Akten zu nehmen und Kopien zu erhalten. Mitarbeitern und inoffiziellen Helfern der Stasi steht ein eingeschränktes Einsichtsrecht zu, bei dem der Teil II (Berichtsteil) dem Antragsteller nur bei Vorliegen eines „rechtlichen Interesses“ zur Einsicht vorgelegt wird. Journalisten, Historiker sowie historisch interessierte Einzelpersonen, Gruppen oder Institute haben das Recht, Rechercheaufträge zu stellen.

Es war nötig, die Behörde wegen dieser Aufgabenfülle deutlich zu vergrößern, sie beschäftigt inzwischen mehr als 3.000 Mitarbeiter in Berlin und 14 ehemaligen DDR-Bezirksstädten. Schwerpunkte sind der Archiv- und Auskunftsbereich. Nach der Gesetzesverabschiedung war auch die Schaffung einer speziellen Abteilung „Bildung und Forschung“ möglich, an der zahlreiche Historiker Eigenpublikationen der Behörde erarbeiten sowie Zuarbeit für die wissenschaftliche Arbeit externer Antragsteller leisten. Hier werden auch öffentlichen Veranstaltungen der Behörde sowie die künftigen Dauerausstellungen über die Arbeit des MfS vorbereitet.

Mehr als 2,2 Mio. Anträge hat die Behörde bis jetzt erhalten, rund 730.000 davon sind auf Akteneinsicht. Nach Überprüfung auf rechtliche Zulässigkeit werden die Anträge äußerst gewissenhaft nach den Vorschriften des Gesetzes bearbeitet. Bei der Vorbereitung einer Akteneinsicht etwa müssen die Mitarbeiter und Mitarbeiterinnen jede Aktenseite lesen. Damit soll verhindert werden, daß schutzwürdige Interessen Dritter verletzt werden. In den Kopien werden solche Informationen (einzelne Worte, Sätze oder Aktenteile) dann anonymisiert. Allein diese Tätigkeiten: Lesen, Anonymisieren, Kopieren, erfordern immensen Zeitaufwand. Ich erwähne dies, da in der Öffentlichkeit vielfach Unzufriedenheit darüber laut wurde, daß die Wartezeiten zu lang seien.

Im Sommer 1991 wurde dem Deutschen Bundestag ein erster ausführlicher Tätigkeitsbereich vorgelegt, der von Koalition wie Opposition sehr positiv aufgenommen worden ist.

Dieser historische Rückblick erscheint mir vor allem erforderlich, weil seit einiger Zeit aus unterschiedlichen Motiven heraus immer öfter zu hören ist, es stünde „dem Westen“ nicht zu, mit einer restriktiven Gesetzgebung gegenüber „dem Osten“ eine Siegermentalität an den Tag zu legen und bestimmte Personengruppen pauschal auszugrenzen. Westliches Dominanzgebahren regiere die ostdeutsche Lebenswirklichkeit und so vertiefe sich die Kluft zwischen Ost und West.

Hier soll daran erinnert werden, daß nicht „der Westen", sondern ostdeutsche Demokraten aller politischen Lager es waren, die die Grundlagen des heutigen Stasi-Unterlagen-Gesetzes schufen. Auch haben ostdeutsche Abgeordnete des Bundestages aus Koalition und Opposition maßgeblichen Einfluß auf die Gestaltung des Gesetzes genommen. Sie wollten mittels der aufbewahrten Unterlagen nicht nur der Justiz helfen, Rehabilitierung und – wo nötig – Strafverfolgung einzuleiten, nicht nur die zeitgeschichtliche Forschung unterstützen, sondern unter der Bezeichnung „politische Aufarbeitung" den einzelnen Zugang zu den Repressionsdokumenten zu verschaffen. Außerdem sollte durch Überprüfungen des öffentlichen Dienstes, von Parlamenten, gewählten Körperschaften u.a. hervorgehobenen Positionen Erneuerung und Demokratisierung deutlich gemacht werden. Einer Bevölkerung, die im Osten seit 1933 in derartigen Positionen fast immer Vertreter antidemokratischer Ideologien erlebt hatte, sollte geholfen werden, Vertrauen in die neuen Institutionen der Demokratie zu setzen.

Wenn schon eine „Kommunistenverfolgung" nicht geplant war, man also mit zahlreichen Ex-SED-Mitgliedern im öffentlichen Dienst und gehobenen Positionen rechnen mußte, so sollten wenigstens diejenigen, die unerkannt gegen die Bevölkerung als Hauptamtliche oder inoffizielle Helfer gearbeitet hatte, aus derartigen Positionen entfernt werden. Neben den Hauptamtlichen hatte zu DDR-Zeiten ca. 1% der Bevölkerung als IM für das MfS gearbeitet. Die Überprüfungen richten sich also gegen eine Minderheit, die sich im Vergleich zu ihren Mitbürgern deutlich überangepaßt hatte. Es war nicht beabsichtigt, diese Personen quasi außergerichtlich „schuldig" zu sprechen, wohl aber zu prüfen, ob konkrete Personen für ein konkretes Amt in dieser konkreten Situation geeignet oder nicht geeignet erscheinen.

Die Aufgaben der Behörde des Bundesbeauftragten sind durch das Gesetz klar definiert. Sie hatten den Berechtigten Auskunft aus den Unterlagen zu erteilen und im Bedarfsfall Einsicht zu gewähren. Dabei prägt und bindet die Aktenlage die Auskunft. Nicht die Behörde schafft die Kategorien, die Aktenarten, sondern sie berichtet über das Vorgefundene, ggf. gibt sie fachliche Erläuterungen. Deshalb kann auch ein IM-Vorgang nicht nachträglich durch eine Behördenauskunft in eine andere Aktenart umgewidmet werden. Allerdings ist die Auskunft bei IM-Überprüfungen so detailliert (und kann im übrigen bei Bedarf durch Akteneinsicht ergänzt werden), daß differenzierte Einzelfallentscheidungen auf allen Ebenen möglich sind. Nicht jeder IM ist ein Spitzel oder Verräter. Zahlreiche IM-Akten belegen lediglich mindere Verstrickungen, gelegentlich gar Unkenntnis bei den Betroffenen, daß sie als IM geführt wurden. In diesen Fällen ist das Maß an „Grenzüberschreitung" zu bewerten, das darin bestand, Dauerkontakte mit dem MfS akzeptiert zu haben. Die Kompetenz des Bundesbeauftragten umfaßt nicht mehr eine Entscheidung bzw. Mitwirkung bei Entscheidungsfindungen in den Bereichen, in denen Überprüfte wirken.

Bei einer festgestellten Zusammenarbeit mit dem MfS sollten – so der Einigungsvertrag – Bewerber für ein öffentliches Amt als „unzumutbar" entlassen werden dürfen.

Die Kriterien, die derartigen Entscheidungen zugrunde gelegt wurden, waren jedoch nicht im Gesetz festgelegt. Jede überprüfungsberechtigte Stelle konnte sie für ihren Bereich festlegen, konnte im übrigen auch festlegen, ob und in welchem Umfang Überprüfungsanträge an den Bundesbeauftragten gerichtet würden.

Selbstverständlich war es auch Sache der Antragssteller und nicht des Bundesbeauftragten, nach Eingang der Auskünfte der Behörde zu entscheiden, ob Entlassung oder Weiterbeschäftigung das Gegebene sei. Das Verfahren hat Vor- und Nachteile. Günstig ist, daß die Kriterienbildung flexibel ist, der konkreten Situation angepaßt werden kann, daß exakte Einzelfallbewertungen möglich werden. Ungünstig ist es, daß häufig die Kriteriendebatte vernachlässigt wurde, so daß später Personalentscheidungen nicht ausreichend fundiert und damit angreifbar wurden. Außerdem gab es in verschiedenen Bundesländern unterschiedliche Handhabung, oft sogar in ein und demselbem Bundesland. Gelegentlich überlagerten parteipolitische Überlegungen o.a. aktuelle Interessen das Ernstnehmen früher festgelegter Kriterien, oder aber eine bestimmte Art der Medienrezeption schuf Unbehagen beim Thema Überprüfungen und damit gegenüber dem Thema Aufarbeitung insgesamt.

Wer im Jahr 1994 zu diesem Bereich eine Zwischenbilanz zieht, wird dennoch zu einem positiven Urteil gelangen. Über 1 Mio. Anträge allein auf Überprüfung sprechen eine deutliche Sprache. Generell hatte diese Überprüfung zur Folge, daß sich ehemalige Hauptamtliche nicht im öffentlichten Dienst festsetzen konnten, was, wenn man einen Vergleich mit anderen Oststaaten vornimmt allein schon ein wesentlicher Gewinn ist. In weit über 90% der Fälle ist auch die IM-Überprüfung ohne Kontroversen erfolgt. Leider haben die Diskussionen über einige Problemfälle in Politik, Kultur, Kirche und Sport diesen positiven Gesamteindruck etwas verwischt.

Manchen Zeitgenossen erschien der öffentliche Dissens über Verhaltensweisen in der Diktatur auch gefährlich und schädlich. Nicht nur von den Begünstigungen der alten Ostgesellschaft, auch aus dem Westen war im letzten Jahr häufiger die Forderung nach einem Schlußstrich zu vernehmen; uns begegnen Haltungen wieder, die älteren Zeitgenossen aus den Nachkriegsjahren sehr bekannt vorkommen. Den Gründen für diese Entwicklung kann ich an dieser Stelle nicht nachgehen. Bemerkenswert ist diese Entwicklung dennoch. Anders als nach dem Kieg wurde 1990 nicht damit begonnen, eine ganze Bevölkerung in mehr oder weniger Belastete einzugruppieren. Auch wurden weder von der Volkskammer noch vom Bundestag Gesetze formuliert, die sich gegen die SED bzw. deren Leitungsorgane richtete. Ehemalige Mitglieder von Führungsgremien dieser antidemokratischen Partei können heute in Parlamenten und hervorgehobenen Positionen tätig sein, ohne lästige Überprüfungen befürchten zu müssen. Es ist verständlich, daß ein IM, der nur kurzzeitig im Kontakt zur Stasi stand und der dennoch entlassen wurde, es als ungerecht empfindet, wenn die Partei, die Auftraggeber der Stasi war, in ihrer tatsächlichen Verantwortlichkeit heute so wenig „gewürdigt“ wird.

Auffallend bei der Analyse der öffentlichen Diskussion der vergangenen Jahre ist das Entstehen unterschiedlicher Abwehr- und

Verschleierungsmechanismen. Ihre Wurzeln liegen teils in politischem Kalkül, teils in der psychischen Verfaßheit ganzer Bevölkerungsgruppen, teils in der Abwehr gegen mediale Übersättigung mit einem Dauerthema.

Um Belastungen und ggf. schwierige personelle Entscheidungen zu umgehen, wurde gelegentlich das Gesamtkonzept der offenen Aufarbeitung kritisiert, da der öffentliche Dissens oder eine vorgebliche „neue Ungerechtigkeit" die positive Zuwendung zu den Gegenwartsaufgaben nur behindere. Oftmals wurden Teile der Regelung problematisiert, etwa das Recht der Presse, Informationen über Täter und Verstrickte aus den Archiven zu erhalten. Ein weiteres Diskussionsthema war die Frage, ob durch die teilweise Vernichtung von Unterlagen der Aussagewert des Gesamtmaterials nicht entscheidend beeinträchtigt sei. Noch gewichtiger gab sich die Diskussion über die Qualität der Akten. Mit oft sehr schlichter Argumentation wurde von der minderen politisch-moralischen Qualität der Verfasser der Akten auf den Wert der Akten als historische Quelle geschlossen. In der Debatte um die IM-Verstrickungen Einzelner wurden dubiose Theorien über die Entstehung von IM-Vorgängen angeboten, wonach Akten gefälscht oder im Zuge der Sollerfüllung von Stasioffizieren mittels Phantasie und Erfindung „produziert" worden seien. Auch eine Schubladentheorie entstand, derzufolge allerhand operative Aktionen gegen eine Person dazu geführt hätten, daß so Informationen gewonnen und zu einem IM-Vorgang erklärt werden seien. Dem Bundesbeauftragten und seinen Mitarbeitern wurde Aktengläubigkeit vorgeworfen, wenn sie sich kritisch mit derartigen Darstellungen und Thesen auseinandersetzten.

Wir hatten in diesem Zusammenhang früh auf die Erfahrungen der ehemaligen Stasiopfer hingewiesen, die nach der Lektüre ihrer Akten auf deren Aussagefähigkeit hingewiesen hatten. Auch galt es, daran zu erinnern, daß Akten, Daten, Informationen im geheimdienstlichen Geschäft wichtiges Handwerkszeug seien, daß es der Logik entbehre, sich mit unbrauchbarem Handwerkszeug auszustatten, in dem man Fälschungen oder Phantasieakten anlegte.

Zudem war festzuhalten, daß es in einem militärischen System wie dem MfS, in dem Befehle gegeben und ausgeführt wurden, an

Kontrollen und Kontrollinstanzen nicht fehlte. Aber weder diese Hinweise, noch die Tatsache, daß Gerichte und Staatsanwaltschaften die Akten gerade wegen ihres hohen Informationswertes sehr intensiv nutzten, daß außerdem veschiedene parlamentarische Untersuchungsausschüsse (z.B. Schalck-Golodkowski) der Aktennutzung höchstes Gewicht beimaßen, beendete die Debatte.

Heute hat sie sich, außer auf der Trivialebene, weitgehend beruhigt. Dazu mag beigetragen haben, daß die Fachleute unserer Abteilung Bildung und Forschung, angeregt durch die Enquete-Kommission des Bundestages eine Expertise über die Validität von Stasiunterlagen erstellt haben. Außerdem wurde darüber auf einer wissenschaftlichen Tagung in Berlin mit Fachkollegen gearbeitet. Zudem hatten zahlreiche Historiker darauf hingewiesen, daß Akten von Repressionsorganen seit langem für jede Forschungstätigkeit zu Diktaturen zentrale Bedeutung haben. Die zeitgeschichtliche Forschung über die Zeit der Hitlerdiktatur z.B. nutzt selbstverständlich die Gestapo- und NS-Akten, auch die Gerichts-, Gefängnis- und Lagerakten jener Zeit. Die Rechercheure erschrecken dabei geradezu vor der Genauigkeit der Buchhalter des Todes.

Generelles Interesse der Historiker gilt so auch den Dokumenten der Sicherheitsorgane der SED-Diktatur. Sie belegen Wandel und Entwicklung im Bereich Staatssicherheit. In den Nachkriegsjahren übernahm und erlernte man von den sowjetischen „Tschekisten" das Handwerk der inneren Repression, arbeitete zunächst zwar brutal aber mit weniger Personal, das zudem noch weniger ausgebildet war und somit deutlich weniger Intelligenz bei Organisation sowie Auswertung der eigenen Arbeit beweisen konnte. Es ist bemerkenswert, wie stark die kommunistischen Nachkriegsdiktaturen später gekennzeichnet wurden durch Bürokratisierung. Damit einher ging ein hoher Grad von ‚Verschriftlichung' nicht nur aber auch in den Bürokratien der Repressionsorgane. Auch wenn die Informationssammlung gelegentlich groteske Folgen hatte und häufig Banalitäten dokumentiert wurden, zeigt sich, daß nicht nur die enorme Quantität sondern auch die Qualität der Quellen unersetzbar ist. Zudem war im Bereich des MfS festzustellen, daß wichtige Informationen möglichst mehrfach (und damit kontrolliert) gewonnen wurden. Es gab gut funktionierende Systeme der Informationsverdichtung und Auswertung. Man entwickelte Methoden, um Informanten zu schulen sowie die Informationsverarbeiter zu qualifizieren. Sie hatten nicht nur die ‚Wahrheit', sondern auch Vollständigkeit und Überprüfbarkeit der Informationen zu sichern bzw. anzustreben. Dabei wurden durchaus auch die Motive und die Charakterstruktur des Informanten in die Bewertung der Informationen mit einbezogen.

In diesem Zusammenhang kann nicht im einzelnen dargestellt werden, wie unterschiedlich die verschiedenen Quellen des MfS-Schriftgutes zu bewerten sind. Die pure Nachschrift eines IM-Berichtes, der von einem unzuverlässigen Informanten stammt, ist von anderer Qualität, als die dazugehörige IM-Akte insgesamt. Befehle und Richtlinien sind als Dokument anders einzustufen als Sachstandsberichte. Eine zusammenfassende ZAIG-Information (Zentrale Auswertungs- und Informationsgruppe des MfS), die für die Leitung bestimmt war, verdichtete und bewertete Informationen, die z.T. aus Einzelberichten gewonnen wurden, die für sich genommen eher dürftig wirken.

So ist eine generelle Aussage wie ‚die' Unterlagen enthalten ‚die' Wahrheit nicht möglich, weil unwissenschaftlich.

Nach mehreren 100.000 Aktenrecherchen in der Behörde des Bundesbeauftragen, nach umfangreicher historischer Facharbeit mit unterschiedlichen MfS-Dokumenten, nach den Erfahrungen der Gerichte, der Ehren- und Bewertungskommission der Universitäten und Würdigung der Erfahrungen der Betroffenen kann resümiert werden, daß die MfS-Unterlagen insgesamt als zuverlässige Quellen gelten können.

Dabei ist zu beachten, daß die erwähnte Bürokratisierung auch mit einer Qualifizierung der Mitarbeiter verbunden war. Die Grobschlächtigkeit der Arbeit in den Anfangsjahren, die z.T. auch den Quellenwert beeinflußt, wandelt sich in ein modernes System von Informationsgewinnung, -prüfung und -verarbeitung. Daß die Unterlagen insgesamt durch ideologische Prämissen, Sprache, Denkweise und Deutungen geprägt sind, soll durch diese Aussage nicht überdeckt werden.

Diese Tatsache begegnet jedem sehr rasch, der gezwungen ist mit MfS-Quellen zu arbeiten, und stellt jedem, der ernst nach echten Informationen und Zusammenhängen fragt, quasi automatisch die Aufgabe der Quellenkritik.

Insgesamt hat die Öffnung der Archive einen schwer zu überschätzenden Nutzen für die zeitgeschichtliche Forschung erbracht.

Aber nicht nur für den Bereich der Forschung sondern generell gilt, daß die Gesetzgebung des Deutschen Bundestages zu den Unterlagen der Staatssicherheit sich bewährt hat.

Von elementarer Bedeutung war die Entscheidung, daß allen Opfern staatlicher Repression Akteneinsicht eröffnet wurde. Es soll nicht unerwähnt bleiben, daß die gelegentlich befürchtete Selbstjustiz der Opfer ausgeblieben ist!

Ähnlich positiv ist zu bewerten, daß ehemalige hauptamtliche MfS-Mitarbeiter nicht im öffentlichen Dienst tätig sein können. Inoffizielle Mitarbeiter wurden dort, wo dies gewünscht wurde, aus Parlamenten, Körperschaften und öffentlichem Dienst entfernt. Dies geschah in der Regel, aber nicht immer, nach einer individuellen Einzelprüfung. So ist die Minderheit der Fälle entweder zu milde entschieden bzw. die Überprüfung ganz unterlassen oder zu rigide verfahren worden, da entlassen wurde, wo Weiterbeschäftigung zumutbar war. Die überwiegende Mehrheit der entschiedenen Fälle ist weitgehend auf Konsens gestoßen. Wie lange Überprüfungen des bisherigen Umfangs noch notwendig bleiben, muß für die einzelnen Bereiche der Gesellschaft diskutiert werden. Der Gesetzgeber hat den Überprüfungszeitraum auf 15 Jahre eingeschränkt. Es wäre eine aus dem politischen Diskurs erwachsene Entscheidung, diesen Zeitpunkt zu verändern. Negativ wirkt nach wie vor die lange Wartezeit bis zur Antragserledigung bei der Behörde des Bundesbeauftragten sowie das Ungleichgewicht bei der Beurteilung von Stasimitarbeitern gegenüber den Verantwortlichen aus den SED-Führungsgremien.

Insgesamt wird, insbesondere im historischen Kontext aber auch im Vergleich mit anderen früher kommunistischen Ländern, die deutsche Variante der Aufarbeitung der Vergangenheit ihre Bewährungsprobe bestehen.

Hermann Weber

Die Aufarbeitung der DDR-Geschichte und die Rolle der Archive

Die Tätigkeit der Enquete-Kommission des Deutschen Bundestages „Aufarbeitung von Geschichte und Folgen der SED-Diktatur in Deutschland" hat zumindest das Bewußtsein für die Notwendigkeit der „Bewältigung" der Geschichte der DDR geschärft. Nicht nur die zahlreichen Anhörungen sondern ebenso die Diskussionen über die Kommission in der Öffentlichkeit haben die Beschäftigung mit den vergangenen 40 Jahren gefördert. Obwohl sich derzeit über 750 wissenschaftliche Projekte mit verschiedenen Seiten der DDR-Geschichte befassen (Politische Geschichte, Ideologie, Partei, Kultur, Kirchen, Opposition, Staatssicherheit, Zusammenbruch der DDR usw.)[1] steckt die intensive Aufarbeitung, die politisch-moralische Auseinandersetzung mit der SED-Diktatur, noch immer in den Anfängen. Die Abwehrhaltung vieler ehemaliger Funktionsträger im Osten auf der einen, die Sensationshascherei auf der anderen Seite führen dazu, daß sich Gleichgültigkeit ausbreitet und statt notwendiger Bearbeitung dunkler Kapitel eine eher bedenkliche Verdrängung erfolgt. Durch aktuell belastende Alltagsprobleme in den neuen Bundesländern droht unsere jüngste Vergangenheit ohnehin – beim Einzelnen wie in der Öffentlichkeit – allzu leicht in den Hintergrund zu geraten.

Gegen Vergangenheitsverdrängung

Doch nichts wäre für die gesellschaftliche Entwicklung schädlicher als die Verdrängung der letzten 40 Jahre. Für die Aufarbeitung jüngster Geschichte hatte sich in der Bundesrepublik seit langem der Begriff Vergangenheitsbewältigung eingebürgert. Indessen kann Vergangenheit kaum bewältigt, wohl aber aufgearbeitet werden. Und nur so kann eine Geschichtsbetrachtung entstehen, die der Vergangenheit wie der Gegenwart gleichermaßen gerecht wird.

Schließlich hat das öffentliche Geschichtsbild politisch-moralischen Einfluß, es trägt wesentlich dazu bei, in welchem Licht die Gegenwart wie die Zukunft gesehen wird.

Heute ist aus den Vorgängen nach 1945 einiges zu lernen. In der Bundesrepublik ist die NS-Vergangenheit schon bald nach Kriegsende durch den „Kalten Krieg“ und das „Wirtschaftswunder“ verdrängt worden, die Zeit der Hitler-Diktatur wurde zunächst fast ein Tabu. Dies führte zu Verwerfungen im Denken und Handeln der Individuen wie in der öffentlichen Meinung. Nach den Hungerjahren führten die Anstrengungen des gelungenen Wiederaufbaus, die wirtschaftlichen Erfolge, von denen die Mehrheit profitierte, auch zu politischer Trägheit, ja Resignation, die Demokratie wurde eher passiv hingenommen, Ansätze zum Obrigkeitsstaat mehrten sich. Erst eine unbelastete nachgewachsene Generation nahm sich seit den sechziger Jahren der „braunen Erblast“ an. Dies stärkte das demokratische Bewußtsein, doch die Diskussion um NS-Verbrechen, Widerstand und angepaßtes Verhalten erfolgte allzu spät.

Die Lehre sollte heute eindeutig sein: keinerlei Verdrängung, vielmehr möglichst rasche, tiefgreifende und umfassende Aufarbeitung der SED-Diktatur und des Stalinismus. Dies ist keinesfalls ein einfaches Vorhaben, und zwar nicht nur wegen aktueller Probleme. Vergangenheits-Aufarbeitung heißt ja nicht nur kritische Reflexion, Analyse des Funktionierens des Systems, der Rolle von Institutionen usw. Die Diktatur wurde von Personen ausgeübt, von solchen, die sich aktiv schuldig machten, aber auch von hörigen Mitläufern. Die hierarchischen Strukturen des totalitären Stalinismus beruhten auf dem Machtmonopol der Parteispitze, die sich anmaßte, „immer recht“ zu haben. So liegen Verantwortung und Schuld für die Diktatur, für Unterdrückung und Verfolgung letztlich bei diesem obersten Gremium. Allerdings bedienten sich diese Inhaber der Allmacht und ihre Handlanger einer beträchtlichen Zahl von Karrieristen oder „Gläubigen“, die ihrerseits das DDR-System mitgetragen haben. Versuche von Rechtfertigung können und dürfen die Aufarbeitung nicht verhindern.

Heute erfordert die Bereitschaft zu einer veränderten Sicht, zu demokratischem Umgang und zum „aufrechten Gang“ die kritische

Auseinandersetzung sowohl mit politischen Strukturen als auch mit persönlichen Verhaltensmustern, weil diese ja die 40-jährige SED-Herrschaft ermöglichten und stützten. Erst durch die historische Erfahrung wird klar, daß demokratisches Verhalten und Mitentscheiden gesicherte demokratische Institutionen voraussetzt, die es zu schützen und zu wahren gilt. Die Kenntnis der Bedeutung von Rechtsstaat und Freiheit kann wissenschaftlich fundierte politische Bildung vermitteln.

Forschung Voraussetzung der Geschichtsaufarbeitung

Voraussetzung der politischen Aufarbeitung ist daher die wissenschaftliche Erforschung der DDR-Geschichte. Sie war wegen des „parteilich“ verzerrten SED-Auftrags an die DDR-Historiographie gezwungenermaßen bis 1989 vor allem eine Aufgabe der pluralistischen zeithistorischen DDR-Forschung in der Bundesrepublik Deutschland. Die zentrale Funktion der DDR-Geschichtsschreibung war die Legitimierung der Allmacht der SED. Vor allem die Geschichte der DDR selbst, die Geschichte des Kommunismus, doch auch die der Arbeiterbewegung wurden verfälscht. Die SED-Spitze erwartete von den DDR-Historikern (die ja fast alle der Einheitspartei angehörten, sich also deren Disziplin fügten), daß sie die politische Linie der Partei rechtfertigten. Der für die Wissenschaft unabdingbare Pluralismus fehlte. Da die SED angeblich stets nach den „Gesetzmäßigkeiten“ der Geschichte handelte, war diese Sicht den Historikern vorgegeben. Sie hatten verwertbare Fakten zu vermitteln, um entsprechendes Traditionsbewußtsein zu schaffen.

Auf die Defizite der DDR-Geschichtsschreibung, auf Verdrehungen, Fälschungen, Tabus konnte so bis zum Oktober 1989 nur im Westen verwiesen werden. Und die westdeutsche Forschung schnitt beim „Leistungsvergleich“ mit den (personell wie materiell) großzügig geförderten Institutionen der DDR durchaus sehr gut ab. Hatte sie doch im Laufe der Zeit zahlreiche Monographien zur Politik-, Kultur-, Wirtschafts-, Bildungs- oder Rechtsgeschichte der DDR erarbeitet, seit den sechziger Jahren ebenso verschiedene Überblicksdarstellungen veröffentlicht.[2]

Obwohl ihr der Zugang zu den DDR-Archiven und damit zu dortigen direkten Quellen versperrt war, hatte die zeitgeschichtliche DDR-Forschung der Bundesrepublik dennoch beachtliche Ergebnisse schon während der Existenz der DDR vorgelegt. Durch intensive Auswertung der gedruckten Quellen und Materialien sowie der „grauen Literatur“, aber auch durch manchen Fund in westlichen Archiven oder ebenso durch Befragungen und nicht zuletzt durch die kritische Analyse der DDR-Veröffentlichungen konnten zahlreiche Fakten und Probleme der Geschichte der DDR dargestellt werden. Es gibt einen gediegenen Forschungsstand, es braucht nicht – wie mancher anscheinend meint – „das Rad neu erfunden“ zu werden.

Insgesamt jedoch vermochten auch diese Arbeiten nur einen Teil der offenen Fragen an die DDR-Geschichte zu beantworten. Dies lag an zu geringer personeller wie materieller Ausstattung aber hinzu kamen natürlich auch seinerzeitige Quellenprobleme.

Für die wissenschaftlich-historische Aufarbeitung bleibt jetzt der Zugang zu den Archiven die unerläßliche Voraussetzung.

Dabei ist allerdings festzuhalten: Es geht nicht etwa nur um die Akten des Ministeriums für Staatssicherheit, aber die Einsicht in diese Unterlagen erweist sich als unbedingt notwendig und richtig. An der gegenwärtigen Diskussion – die teilweise zum Medienspektakel abrutscht – ist indes störend: Moralisch sind selbstverständlich die konspirativen Aktivitäten der Inoffiziellen Mitarbeiter (IM), die ihnen vertrauende Personen bespitzelten, besonders verwerflich. Doch politisch verantwortlich zu machen sind die hauptamtlichen Funktionäre des MfS, und die dürfen nun nicht aus dem Blickfeld geraten. Und erst recht dürfen die Herrschaftsstrukturen nicht verwischt werden. Die Diktatur in der DDR übte die SED-Führung aus, das MfS fungierte als deren „Hilfsorgan“. Die Erforschung der DDR-Geschichte ist nicht auf die Untersuchung der Funktion des Ministeriums für Staatssicherheit zu verengen. Zahlreiche Problemfelder bedürfen gründlicher Bearbeitung.

Schon rasch hatte die ungehinderte Einsicht in DDR-Archivalien in den Medien, aber auch der Wissenschaft eine Flut von Veröffentlichungen ausgelöst. Dies ist zwar einerseits positiv zu bewerten, denn die Publizierung bisher geheimgehaltener Dokumente (zunächst gerade von ehemaligen DDR-Historikern vorangetrieben) vermittelt ja auch neue Erkenntnisse. Doch erfolgten andererseits anfangs auch etliche „Schnellschüsse“, es mangelte manchem Herausgeber an nötiger Sorgfalt, detaillierten Kenntnissen und Abgewogenheit.

Es fällt auf, daß der „Boom“ sogar einige Personen in die Archive gelockt hatte, denen das Verständnis für die Komplexität der 40 Jahre fehlt, weil sie sich nie zuvor mit der Thematik „DDR“ befaßt hatten. Dies wird sich allmählich normalisieren.

Immerhin, durch Veröffentlichungen in den letzten vier Jahren sind einige frühere Tabus der DDR-Geschichtsschreibung überwunden worden. Es gibt nun Publikationen über sowjetische „Speziallager“ nach 1945, die Beschreibung von Herrschaftsmechanismen der SED, Belege über Hintergründe des 17. Juni 1953 oder zum Mauerbau vom 13. August 1961. Schon allein diese Hinweise unterstreichen die Bedeutung der Archive für die Erforschung der 40 Jahre DDR-Geschichte.

Die Arbeit mit den jetzt zugänglichen Quellen hilft außerdem, die Legenden und Fälschungen der DDR-Geschichtsschreibung zu entlarven. Auch sind nun die noch vorhandenen „weißen Flecken“ aufzudecken, die von der westlichen DDR-Forschung wegen fehlender Dokumente nicht umfassend bearbeitet werden konnten.

Dabei zeigt sich allerdings – zuletzt wieder im „Fall Wehner“ -, daß die Einsicht in Akten allein für die Aufarbeitung wenig nützt, erst deren kritische Analyse schafft die Möglichkeit, die Dokumente auch richtig in den historischen Prozeß einzuordnen, ihren Stellenwert zu erkennen. Die quellenkritische Herangehensweise an die Akten ist für jeden Zeithistoriker eine Selbstverständlichkeit. In der aktuellen Diskussion werden die Überlieferungen aus den Archiven der DDR ja durchaus kontrovers eingeschätzt. Dabei ist die Behauptung von der „Lügenhaftigkeit“ aller DDR-Akten ebenso falsch wie das blinde Vertrauen in die „originäre“ Richtigkeit des Inhalts der Hinterlassenschaft von SED oder MfS.

Die Wertung muß natürlich von der Provenienz der Quellen abhängen. Den Protokollen der Führungsgremien zur Fixierung eigener Positionen ist wohl ein größerer „Wahrheitsgehalt" zuzubilligen als Niederschriften, mit denen Gruppen oder Personen bei übergeordneten Instanzen sowohl Bedeutung als auch Erfolg zu beweisen suchten oder gar subjektiven und individuellen Einschätzungen und Vermerken.

Gerade solche Überlegungen unterstreichen, daß zur Erforschung der DDR-Geschichte der Zugang zu möglichst vielen, ja allen entsprechenden Archiven erforderlich ist. Letztlich sind gesicherte Feststellungen erst aufgrund der Kenntnis unterschiedlicher Dokumente zu treffen, setzen Verifizierung oder Falsifizierung bestimmter Aussagen die Analyse mehrerer Quellen voraus. Bleiben dem Forscher aber Dokumente verschlossen, schadet dies der Wahrheitsfindung, und gerade das ist ein Anlaß, immer wieder auf Öffnung sämtlicher Archive zu drängen. Zur Aufarbeitung der DDR-Geschichte ist daher neben stärkerer finanzieller Unterstützung der Forschung auch die Zugänglichkeit zu allen Akten unerläßlich.

Öffnung der westdeutschen Archive notwendig

In den Diskussionen vor allem über die Deutschlandpolitik der siebziger und achtziger Jahre wird gegenwärtig eine grundsätzliche Problematik für die Aufarbeitung der DDR-Geschichte erkennbar. Derzeit ist die DDR-Entwicklung nach 1963 nur aus einer archivalischen „Schieflage" heraus zu untersuchen, nämlich nur anhand der Quellen aus der DDR. Während dortige Akten bis 1989 zugänglich sind, besteht für alle westlichen Archivalien – auch für die der Parteien – noch immer die 30-Jahres-Sperre. Zwar hat inzwischen die SPD die Sperrfrist ihrer Organisationsakten reduziert, die mehr als 20 Jahre alten frei zugänglich gemacht, doch sollten die Unterlagen aller politischen Parteien bald ganz geöffnet werden, zumindest soweit sie Bezug zur DDR haben.

Es behindert die Aufarbeitung der DDR-Geschichte beträchtlich, wenn sich diese mit östlichen Quellenbeständen begnügen muß. Nachdrücklich ist darauf zu bestehen, daß der Forschung die Einsicht insbesondere in Überlieferungen des Bundeskanzleramtes und des Bundesministeriums für Innerdeutsche Beziehungen, des

Außenministeriums, des Verfassungsschutzes oder des BND für die Zeit bis 1989 gestattet wird. Die Enquete-Kommission des Bundestages „Aufarbeitung von Geschichte und Folgen der SED-Diktatur in Deutschland“ hatte bereits vor einiger Zeit eine entsprechende Bitte geäußert, die SPD-Fraktion im Bundestag dazu einen Antrag eingebracht. Die Wissenschaft muß sich diese Forderungen zu eigen machen.

In Ostdeutschland ist inzwischen die Situation der Archive auf zentraler und regionaler Ebene befriedigend. Die Arbeit mit den staatlichen Akten der DDR (für die formal allerdings die 30-Jahres-Sperre gilt) und auch wertvollen Überlieferungen des Deutschen Reiches im Bundesarchiv, Abteilung Potsdam, ist den Forschern möglich.[3] Nicht zugänglich sind jedoch die wichtigen Bestände des ehemaligen Ministeriums für Auswärtige Angelegenheiten der DDR, die jetzt im Archiv des Auswärtigen Amtes der Bundesrepublik lagern.

Die schon erwähnten riesigen Sammlungen des früheren MfS bei der „Gauck-Behörde“ mit dem etwa 180 km messenden Aktenbestand[4] bestehen nur teilweise aus den oft zitierten personenbezogenen Akten, etwa den berüchtigten IM-Berichten. Es wird übersehen, daß sich ein großer Teil der Hinterlassenschaften aus Lageberichten, Strukturplänen usw. zusammensetzt, und ohne 30-Jahres-Sperrfrist von der Forschung benutzt werden kann. Allerdings ist die gesetzlich angeordnete Schwärzung von Personennamen für den Historiker ärgerlich und hinderlich. Außerdem beklagen Forscher nicht nur das Fehlen von Findbüchern, viele Akten sind noch nicht aufgearbeitet.

Stiftung „Archiv der Parteien und Massenorganisationen der DDR“

Vor allem von der Stiftung „Archiv der Parteien und Massenorganisationen der DDR“ im Bundesarchiv werden wesentliche Quellen, die für die Aufarbeitung der DDR-Vergangenheit bedeutsam sind, aufbewahrt.[5] Nach anfänglichen Irritationen (etwa dem Ruf nach „Verstaatlichung“ eines Teils der SED-Akten), sind nun die umfangreichen Überlieferungen des zentralen Parteiarchivs der SED mit ca. 5.000 Metern Schrift- und Sammlungsgut sowie einer großen Bibliothek mit 400.000 Bänden in diese unselbständige Stiftung beim Bundesarchiv mit Sitz Berlin gekommen. Sie hat sich mit der ersten Sitzung ihres Kuratoriums am 14. September 1993 konstituiert. Im Archiv der Stiftung in der Berliner Wilhelm-Pieck-Straße (Torstraße) 1 lagern die 60.000 Akteneinheiten des Bestandes des Zentralkomitees der SED, darüber hinaus aber auch historische Quellen von der Entstehung der ersten Arbeitervereinigungen in den dreißiger Jahren des 19. Jahrhunderts bis zum 2. Weltkrieg, ergänzt durch 270 schriftliche Nachlässe (darunter von Pieck, Ulbricht, Grotewohl u.a.) sowie 2.500 Erinnerungen, ebenso Fotos und Filme.

Außerdem besitzt die Stiftung das Archiv des Freien Deutschen Gewerkschaftsbundes mit 8.000 laufenden Metern zentraler und regionaler Akten des FDGB, aber auch Dokumenten des ADGB vor 1933 sowie 48 Nachlässen. Da zudem die Bibliothek des FDGB in die Stiftung kam, verfügt diese inzwischen über einen Fundus von 1,4 Million Büchern. Zur Stiftung gehören ebenfalls die Unterlagen anderer Massenorganisationen der DDR, so des Kulturbundes (560 Meter), des Demokratischen Frauenbundes (100 Meter) und der Gesellschaft für deutsch-sowjetische Freundschaft (450 Meter). Im März 1994 hat sie schließlich auch das Archiv der Freien Deutschen Jugend mit über 30.000 erschlossenen und zahlreichen noch zu erschließenden Akteneinheiten übernommen.

Ein Problem ist allerdings, daß die Akten der ehemaligen Blockparteien CDU und Bauernpartei weiterhin bei der Konrad-Adenauer-Stiftung in St. Augustin bzw. die der LDPD bei der Friedrich-Naumann-Stiftung in Gummersbach lagern, sinnvollerweise muß der Platz der Archivalien der Blockparteien bei der Stiftung sein; es ist zu fordern, daß diese Akten nach Berlin zurückgeführt werden.

Die etwa 1.000 Akteneinheiten der westdeutschen KPD wurden wegen rechtlicher Probleme von der PDS nicht in die Stiftung überführt, sie lagern bei deren Parteivorstand und sind derzeit nicht benutzbar, doch sollten sie möglichst bald in die Stiftung kommen. Auch die jetzige dezentralisierte Aufsplitterung (die Bestände der Stiftung sind zur Zeit auf acht Standorte verteilt) bedarf einer baldigen zweckmäßigen Regelung, einer Zusammenführung.

Schließlich gibt es finanzielle Engpässe. Trotz beträchtlicher Aufwendungen – im Bundeshaushalt sind für die Stiftung 1994 fast 9 Millionen DM vorgesehen – bleiben Schwierigkeiten. Vor allem fehlt Personal. Von den ursprünglich vorgesehenen 102 Mitarbeiterstellen sind wegen pauschaler Einsparungen nur 87 Stellen übriggeblieben (Arbeiter, Angestellte und Beamte). Davon tragen aber neun Stellen einen kw-Vermerk (künftig wegfallend). Das bedeutet, sobald die Inhaber ausscheiden, ist die Stelle gestrichen. Dadurch ist die Leistungsfähigkeit der Stiftung eingeengt, wenn nicht sogar gefährdet. In der Aufbauphase der Stiftung ist der Aufwand vor allem für die Erschließung der Archivalien naturgemäß groß, hier ist die Bundesregierung trotz generellem Sparzwang gefordert. Da die Zahl der Benutzer ständig wächst (über 1.000 im Juli 1993), verursacht Personalmangel hinderliche und viel zu lange Wartezeiten (momentan 6 bis 7 Wochen). Probleme also, die durch den dankenswerten Einsatz der Mitarbeiter allein nicht zu bewältigen sind. Zwar wurden inzwischen sogar das Interne Archiv des Politbüros und andere wichtige Bestände zugänglich gemacht, aber die zeitaufwendige Erschließungs- und Verzeichnisarbeit, Erstellung von Findbüchern usw. muß beschleunigt weitergehen. Schließlich ist darauf zu verweisen, daß in den Aktenbeständen vieler Archive erhebliche Lücken sind. Die Suche nach „vagabundierenden" Dokumenten ist ebenso fortzusetzen wie die Prüfung, welche Akten aus welchen Gründen in den Archiven fehlen.

Regionalarchive

Auf der Regionalebene sind inzwischen in allen Landesarchiven nicht nur die staatlichen Akten zugänglich, sondern seit 1994 auch die wichtigen SED-Parteiakten der Länder bzw. damaligen Bezirke, für die es keine Sperrfrist gibt. Die Unterlagen der SED für das Land Sachsen (bis 1952) befinden sich im Hauptstaatsarchiv Dresden, die (ab 1952) der SED-Bezirke in den Staatsarchiven in Leipzig, Chemnitz und Dresden, wobei 98 Prozent der erfaßten SED-Akten für Sachsen zur Zeit bereits verfügbar sind. Die Thüringer SED-Akten lagern im Hauptstaatsarchiv Weimar und den Staatsarchiven Meiningen und Rudolstadt, die von Sachsen-Anhalt in Magdeburg und Merseburg. Im Land Brandenburg sind die Akten der drei ehemaligen Bezirke im Landeshauptarchiv Potsdam zusammengefaßt, in Mecklenburg-Vorpommern in den Staatsarchiven Schwerin und Greifswald.

Die regionale Aufbewahrung der SED-Akten macht deutlich, daß deren Überführung in die Stiftung vermutlich sinnvoller gewesen wäre, dennoch ist die Zugänglichkeit der Quellen auch in der jetzigen Konstruktion gewährleistet. Die Situation in diesen Archiven ist ähnlich wie die auf zentraler Ebene: notwendig ist die weitere Erschließung und dafür werden rasch mehr Ressourcen gebraucht.

Was die Zugänglichkeit zu den Beständen in den acht evangelischen Landeskirchen auf dem Gebiet der ehemaligen DDR anbetrifft, so gilt hier prinzipiell die 30 Jahre Sperrfrist einschließlich der Beachtung der Vorschriften des gesetzlichen Datenschutzes.

Die Infrastruktur in den einzelnen landeskirchlichen Archiven ist sehr unterschiedlich; als gut bzw. befriedigend kann sie in Eisenach (Evangelisch-Lutherische Landeskirche in Thüringen), Schwerin (Evangelisch-Lutherische Landeskirche Mecklenburgs) und auch Berlin (Evangelische Kirche in Berlin-Brandenburg) bezeichnet werden, dagegen eher schlecht in Dessau (Evangelische Landeskirche Anhalts) und Dresden (Evangelisch-Lutherische Landeskirche Sachsens). Dies hat zur Folge, daß eine sachkundige Beratung und Betreuung von Wissenschaftlern sich vor Ort als schwierig erweist. Hinzu kommt, daß eine – mangels finanzieller Mittel – schlechte Personalausstattung dazu führen kann (und zum Beispiel im Fall der Pommerschen Evangelischen Kirche auch dazu führt), daß wichtige Aktenbestände, deren Entstehungszeit lange vor dem Beginn der Sperrfrist liegt (nämlich in den fünfziger Jahren) nicht für die Forschung zur Verfügung stehen, weil sie nicht verzeichnet sind.

Insgesamt zeigt sich, daß die Möglichkeiten für die Erforschung der DDR-Geschichte auf zentraler wie regionaler Ebene durch die entsprechenden Akten der SED, des Staates, des MfS oder der Kirchen gut sind.

Für die Feldforschung vor Ort, etwa mit staatlichen oder Parteiakten, erweist sich die Arbeitsmöglichkeit als viel komplizierter.

Schriftliche Überlieferungen der SED-Kreisleitungen oder Grundorganisationen sind meist in den früheren Bezirks-, aber auch in Kreisarchiven zu finden. Nachdem sich die Lage in den Archiven auf zentraler und regionaler Ebene relativ entspannt hat, muß den Archiven in Städten und Kreisen mehr Hilfe zuteil werden. Hier behindert Personalmangel die Erschließung der Unterlagen ebenso wie es an Räumen für die Benutzer und einem Informationsaustausch fehlt. Zugleich müssen die Betriebsarchive und die Sammlungen der Bürger- und Friedensbewegung gesichert werden.

Die russischen Archive

Die Erforschung der Geschichte der DDR ist indes nicht allein mit Akten aus ost- (und west-)deutschen Archiven zu leisten. Dazu bedarf es ebenfalls des Zugangs zu speziellen sowjetischen Dokumenten, denn die Politik der SED ist nur im Kontext mit der Haltung der damaligen Führungsmacht Sowjetunion zu analysieren. Dies gilt insbesondere für die frühe Zeit, in der bis 1949 die Rolle der Sowjetischen Militäradministration bzw. bis 1953 die der Sowjetischen Kontrollkommission und dann die des Hohen Kommissars bei der Gestaltung der SBZ und DDR kaum zu überschätzen ist. Die Deutschland betreffenden, nach dem Krieg entstandenen Quellenbestände sind durch einen Ukas von Präsident Jelzin bis zum Abzug der GUS-Truppen aus Deutschland 1994 gesperrt, sie dürften also bald zugänglich werden.

Insgesamt ist die Lage in den sowjetischen Archiven für Benutzer weiterhin schwierig.[6] Für die DDR-Forschung wichtige Quellen befinden sich im Zentralen Staatsarchiv der Russischen Föderation (insgesamt ein Aktenbestand von 5 Millionen archivalischen Einheiten). Vor allem aber im Zentrum für Aufbewahrung und Erforschung der Dokumente der Zeitgeschichte Rußlands, dem ehemaligen Archiv der KPdSU mit den Beständen bis 1952 sowie dem Komintern-Archiv sind für die Aufarbeitung des deutschen Kommunismus wesentliche Unterlagen zu finden. Das gleiche gilt für das Zentrum für die Aufbewahrung von Gegenwartsdokumentationen, das frühere ZK-Archiv mit Beständen ab 1953. Zu verweisen ist schließlich auf das Archiv des Moskauer Außenministeriums oder das des KGB. Die für die Geschichtsschreibung über die DDR zentralen Überlieferungen, z.B. der ZK-Abteilung für Internationale Verbindungen, sind noch immer weitgehend gesperrt.

Wichtig ist, daß es in Rußland seit Juli 1993 ein Rahmengesetz über Archive gibt.[7] Danach stehen (Art. 20) die Dokumente in den staatlichen Archiven allen Personen zur Einsicht offen, die Archive besitzen das Recht, bei kommerzieller Auswertung Lizenzverträge zu schließen.

Die Dokumente, die Staats- oder andere Geheimnisse enthalten, sind erst 30 Jahre nach ihrer Entstehung frei zu benutzen, sofern durch Gesetz nicht anders geregelt. Allerdings legt das neue russische Archivgesetz (Art. 25) fest, daß bei internationalen Abkommen auch andere Regelungen möglich sind. Obwohl derzeit Kommissionen die Deklassifizierung von Dokumenten vornehmen, ist die Geheimhaltungsschwelle eher gestiegen und früher bereits deklassifizierte Archivalien wurden wieder gesperrt. Doch ist zu erwarten, daß zumindest ab 1995 der für die Erforschung der DDR-Geschichte bis 1965 wichtige Bestand im allgemeinen geöffnet wird. Erfreulicherweise sind Unterlagen über die sowjetischen Speziallager nach 1945 inzwischen teilweise zugänglich. Ein deutsch-russisches Projekt bereitet eine Dokumentation der sowjetischen Sonderlager anhand authentischer Quellen vor.

Entscheidend ist jedoch wohl, daß derzeit Bemühungen im vollen Gange sind, eine hochrangige gemeinsame russisch-deutsche Kommission zur Erforschung der jüngeren deutsch-russischen Geschichte zu bilden. Diese wurde von der Archivgruppe der Enquete-Kommission des Bundestages „Aufarbeitung von Geschichte und Folgen der SED-Diktatur in Deutschland“ im Ergebnis ihrer Moskau-Reise angeregt. Nach einem Briefwechsel zwischen Bundeskanzler Kohl und Präsident Jelzin im Juli bzw. November 1993, soll diese Kommission durch ein Regierungsabkommen geschaffen werden. Sie soll sich zusammensetzen aus Beauftragten beider Regierungen und Archivverwaltungen, aber auch der Parlamente sowie Wissenschaftlern. Das Ziel ist Forschungsprojekte zu entwickeln und zu fördern, sowie – was in diesem Zusammenhang wichtiger ist

– über Archivfragen zu beraten. Beim Blick auf die aktuelle Lage der Archive, die für die Erforschung der Geschichte der DDR relevant sind, wird erfreulicherweise eine Verbesserung gegenüber den letzten Jahren erkennbar. Der fast einmalige Fall, daß Zeithistoriker die Entwicklung eines politischen Systems von Anfang bis Ende anhand auch der archivalischen Quellen untersuchen können, wird die Forschung voranbringen. Allerdings: noch immer gibt es reichlich Probleme in der Archivlandschaft, die für eine intensive und vor allem rasche Aufarbeitung der SED-Diktatur aus dem Weg zu räumen sind.

Aufarbeitung in Wissenschaft und Politik

Dies ist um so notwendiger, als es zahlreiche methodische Fragestellungen für die Erforschung der DDR-Geschichte gibt, die von der Wissenschaft diskutiert werden müssen. So wird die Auseinandersetzung darüber weitergehen, ob die DDR heute von ihrem Ende her zu sehen ist, der Untergang also längst programmiert war, oder aber in verschiedenen Phasen auch Alternativmöglichkeiten bestanden. Umstritten bleibt die Funktion des „Marxismus-Leninismus“: hat die SED die Theorien von Marx realisiert oder diente die Ideologie in erster Linie als ein Instrument zur Rechtfertigung und Verschleierung der Macht? Zu debattieren bleibt der Typus der DDR-Gesellschaft oder die Verantwortung der Sowjetunion und der deutschen Kommunisten in der SED-Diktatur. Auch wenn die Wissenschaft sich der Instrumentalisierung der Geschichte durch die aktuelle Politik zu widersetzen hat, muß sie doch zur Kenntnis nehmen, daß die Aufarbeitung nicht „unpolitisch“ geschieht. Peter Steinbach ist zuzustimmen:

„Die jüngsten Auseinandersetzungen um die Bewältigung der DDR-Geschichte und das Verhalten der ehemaligen DDR-Bürger machen deutlich, daß jede Auseinandersetzung um die Vergangenheit auch politischen Zielen dient. Es ging niemals nur um Verständnis für das Vergangene und die Bildung der Koordinaten politischer Moral, sondern es ging stets auch um Macht, um Diskreditierung, nicht selten auch um Diffamierung. Neben der Politisierung der Vergangenheitsbewältigung steht aber stets auch die Suche nach den Strukturen des politischen Systems, die individuelles Verhalten beeinflussen, nach Handlungsspielräumen des einzelnen, steht die nur mit Mitteln wissenschaftlicher Forschung zu beantwortende Frage nach den Schwellen der Verstrickung, nach Weichenstellungen, nach Punkten der individuellen Umkehr und der Verweigerung."[8]

Hier wird die Verzahnung von wissenschaftlicher Erforschung der DDR-Vergangenheit mit der notwendigen politisch-moralischen „Bewältigung" deutlich. Dazu gehört die Ablehnung der aufkommenden Nostalgie. Zu leisten ist eine wissenschaftliche Aufarbeitung erst durch den gesicherten Zugang zu sämtlichen Quellen, die Rolle der Archive ist also gar nicht hoch genug einzuschätzen.

Anmerkungen

1 Vgl. Deutscher Bundestag, Enquete-Kommission „Aufarbeitung von Geschichte und Folgen der SED-Diktatur in Deutschland" (Hrsg.): Forschungsprojekte zur DDR-Geschichte. Ergebnisse einer Umfrage des Arbeitsbereichs DDR-Geschichte im Mannheimer Zentrum für Europäische Sozialforschung der Universität Mannheim, bearbeitet von Thomas Heimann, Bonn 1994.

2 Vgl. zum Forschungsstand Hermann Weber: Die DDR 1945-1990 (Oldenbourg Grundriß der Geschichte Bd. 20), München 1993, S. 117 ff.

3 Vgl. dazu Friedrich P. Kahlenberg: Im Zeichen des Föderalismus und im Dienst des Bürgers; die staatlichen Archive in den neuen Ländern, in: G. Ermisch, Wanderungen durch die Kulturpolitik, Berlin 1993, S. 209 ff. – Ulrich Geyer: Zur Entwicklung und zur Situation einiger wichtiger ostdeutscher Archive, in: hochschule ost, Juli 1993, S. 5 ff. – Friedrich Beck: Archive und archivalische Quellenlage in den neuen Bundesländern zur Zeitgeschichtlichen Forschung, in: Der Archivar, Jg. 44, 1991, H. 3, S. 411 ff.

4 Vgl. den Bericht von D. Unverhau, in: L. Siegel-Wenschkewitz: Die evangelischen Kirchen und der SED-Staat, Frankfurt a. M. 1993, S. 26 ff. – Erster Tätigkeitsbericht des Bundesbeauftragten für die Unterlagen des Staatssicherheitsdienstes der ehemaligen Deutschen Demokratischen Republik, S. 25.

5 Vgl. zu den Einzelheiten der deutschen Archivsituation: Hermann Weber: Die aktuelle Situation in den Archiven für die Erforschung der

DDR-Geschichte, in: Deutschland Archiv, 27. Jg., Heft 7, Juli 1994, S. 690 ff. Vgl. auch die Übersicht von Günter Braun in: Der Archivar, 45 Jg., 4. Heft, November 1992, S. 538 ff. sowie Hermann Weber in: Der Archivar, 46. Jg., 1. Heft, Februar 1993, S. 22 ff.

6 Vgl. allgemein den instruktiven Bericht von Jan Foitzik: Zur Situation in Moskauer Archiven, in: Jahrbuch für Historische Kommunismusforschung 1993, Hrsg. Arbeitsbereich DDR-Geschichte der Universität Mannheim, Berlin 1993, S. 299 ff. – Außerdem Bernhard Bayerlein und Alexander Watlin: Zur aktuellen Situation der ehemaligen Parteiarchive in Rußland, in: Osteuropa, 42. Jg., November 1992, S. 966 ff.; – Stefan Creuzberger und Ruud Veltmeijer: Forschungsarbeit in Moskauer Archiven, in: Osteuropa, 43. Jg., März 1993, S. 271 ff.; – Weber, DDR 1945-1990, a.a.O., S. 124 f.

7 Der Gesetzestext in: Rossijskaja gaseta vom 14. August 1993. – Vgl. auch Mitteilungen aus dem Bundesarchiv, Heft 3, 1/1993, S. 125 ff.

8 Peter Steinbach: Vergangenheitsbewältigung in vergleichender Perspektive, Berlin 1993, S. 27.

Johannes L. Kuppe

Wer waren die Opfer und welche Hilfe können sie erwarten?

Zu allen Zeiten und unabhängig von einer bestimmten politischen Lage war die Definition dessen, was ein Opfer und was einen Täter ausmacht, schwierig. Im religiös-ethischen, kriminalistisch-strafrechtlichen oder steuerrechtlichen Sinne gab und gibt es mehr Mischdefinitionen als eindeutige Zuordnungen. Der ermordete Mörder ist ein leicht zu verstehendes kriminalistisches Beispiel für eine auffällige Verknüpfung von Opfer-Täter-Merkmalen. Doch selbst im Bereich des Strafrechts ist es häufig nicht einfach, Opfer- und Täterverhalten sauber zu trennen. So kann jemand, der in Notwehr handelt, also eindeutig Opfer ist, leicht zum Täter werden, wenn er die Grenzen des gesetzlich Erlaubten an Selbstverteidigung überschreitet und seinerseits den früheren Angreifer zum Opfer seiner ursprünglich gerechtfertigten Notwehr macht.

Um vieles komplizierter entfaltet sich die Opfer-Täter-Problematik in einem politischen Raum, der ein naturrechtlich geprägtes Menschenrechtsverständnis nicht kennnt, in dem Kollektivrechte den Individualrechten allemal vorgehen bzw. diese als identisch mit jenen der herrschenden Klasse ausgegeben werden. In einem System wie dem der untergegangenen DDR konnte es aus Sicht der SED gar keine Opfer im politischen Sinne geben, weil die Verletzung von Individualrechten a priori eine Diskrepanz auch zwischen Individualinteressen und Klasseninteressen voraussetzen würde. Das aber durfte es qua ideologischer Definition nicht geben, weil sonst die kommunistische Partei, die SED, ihre Herrschaftslegitimation verloren hätte. Diese bestand nämlich in der – dogmatisch verfestigten – Behauptung, mit der Erkenntnis der *richtigen* Klasseninteressen und ihrer Durchsetzung in der gesellschaftlichen Praxis stets den Individualinteressen zu entsprechen. Damit wurde aber auch jede Diskussion um die Verletzung von Individualrechten von vornherein obsolet, ja sofort unter den Verdacht grundsätzlicher Opposition gegen das Gesamtsystem gerückt.

Mit dem Verschwinden des Herrschaftsmonopols der SED ist nun für die Menschen in Ostdeutschland in gewissem Sinne wieder ein gesellschaftlicher Normalzustand insofern hergestellt, als heute das Verbot der organisierten Durchsetzung von Individual- und Gruppeninteressen und die damit verbundene millionenfache Verletzung von Individualrechten zu DDR-Zeiten wieder als das bezeichnet werden können, was sie immer waren: politisches Unrecht einer Diktatur, das zudem noch den Einzelnen in vielfach aufeinander abgestimmter Form, einmal oder auch mehrfach, treffen konnte.

Mit dem Zusammenbruch der DDR sind zwar auch die Verursacher dieser Maßnahmen verschwunden, die Maßnahmen selbst aufgehoben und – soweit sie Rechtsfolgen hatten, die im Rechtsverständnis der (alten) Bundesrepublik die Menschenrechte verletzen – sogar rückwirkend für unwirksam erklärt worden. Doch nun kommt die erste große Schwierigkeit: Im römisch-abendländischen Rechtskreis herrscht Einvernehmen, daß der Geschädigte im Rahmen des Möglichen so zu stellen ist wie vor der Schädigung. Diese Wiedergutmachung hat stets der Schädiger zu leisten, soweit ihm das möglich ist. Ist ein solcher nicht greifbar oder insolvent, kann die Gesellschaft in Form ihres Staates einspringen, zwingend (rechtlich) haftbar dafür zu machen ist sie jedoch nicht.[1]

Diese ethisch notwendige und rechtsphilosphisch leicht begründbare Haltung, nämlich die moralische Verpflichtung der Gesamtheit eines Volkes zur Wiedergutmachung von an einzelnen seiner Mitglieder verübten Unrechts, orientiert sich freilich am Einzelfall. Wo es jedoch Millionen Geschädigte in kurzer Zeit, d.h. zu Lebzeiten der Betroffenen, zu entschädigen gilt, wenn nicht der innere Frieden in Deutschland in Gefahr geraten soll, kann diese Aufgabe nur mit einem breiten gesellschaftlichen Konsens bewältigt werden. Er wird sich nur herstellen bzw. verbreitern lassen, wenn ausreichend Verständnis für die Menschen und die von ihnen in 40 Jahren SED-Diktatur gebrachten Opfer vorhanden ist bzw. geschaffen werden kann.

Bei der Feststellung, wer in der DDR zum Opfer geworden ist, ergeben sich freilich zahlreiche unvermeidliche Schwierigkeiten. Es beginnt im psychologisch-ideologischen Bereich: Um sich mit der Opfer-Problematik überhaupt auseinandersetzen zu können, wenn davon nur ein Fünftel des Volkes betroffen ist, muß ein sensibles gesellschaftliches Klima herrschen oder hergestellt werden.

Hinzukommen formale und strukturelle Probleme: Zunächst einmal existiert kein sorgsam erkennendes Gericht, das sich um Faktenklärung und -bewertung zwecks Erstellung einer generellen Opfer-Charakteristik bemühen könnte. Dafür stellen sich rasch echte und selbsternannte Ankläger und Verteidiger zuhauf ein, die alle vorgeben zu wissen, wer die tatsächlichen Opfer und wer demzufolge die wahren Täter sind.

Eine weiteres Problem besteht darin, daß durch Pauschalurteile die historische Realität der untergegangenen DDR nicht mehr eingefangen wird. Ein immer wieder zu hörendes Pauschalurteil: In der DDR gab es zwei Dutzend für alles verantwortliche Politbüromitglieder, hundert- bis zweihunderttausend ausführende Stasi-Schurken und 15,5 Millionen Unschuldige, also Opfer. Andere drehen den Spieß um und urteilen so: Neben ein paar tausend „reinen" Tätern und wenigen eindeutigen Opfern waren alle übrigen DDR-Bürger Opfer und Täter zugleich, denn die Masse hat ja geschwiegen, hat mitgemacht, sich angepaßt und eingerichtet, jedenfalls nicht einmal ein Mindestmaß an widerständigem Verhalten erkennen lassen. Wer sich demzufolge in der DDR nicht auf ein gefährliches, opferbereites Dissidentendasein einlassen konnte oder wollte und weder Mut noch Kraft für eine Märtyrerrolle besaß, wird also zum Mittäter – was letzten Endes die wirklichen Täter entlastet. Anders: Wenn fast alle schuldig geworden sind, kann ja die Einzelschuld nicht mehr so groß sein.

Keine dieser Interpretationsvarianten trägt, keine wird der Geschichte hinreichend gerecht. Was läßt sich also mit wenigstens einiger definitorischen Klarheit über Opfer und Opfertum in der ehemaligen DDR bis zur Wende im Herbst 1989 aussagen?

Im folgenden geht es zunächst nur um eine Auflistung von politisch verursachten Unrechtstatbeständen, die Menschen, die ihnen ausgesetzt waren, zweifellos zu Opfern gemacht haben, ganz unabhängig von der Frage, ob sie durch ein bestimmtes politisches Verhalten das System partiell, manifest oder nur latent mitgetragen haben.[2]

Opfer, die materiell geschädigt wurden

Da sind zunächst jene Hinterbliebenen von Personen zu nennen, die aus politischen Gründen hingerichtet worden sind. Dazu zählen die, an denen eine politisch motivierte Todesstrafe vollstreckt wurde und die durch Auftragstötung seitens der Sicherheitsorgane der DDR starben, also einem Mord zum Opfer fielen.

Vergessen werden dürfen hier aber auch nicht die, die einem Totschlag, willkürlich verübt z.B. von Wachpersonal in den Justizvollzugsanstalten, erlagen, die an Körperverletzungen, erlitten in und außerhalb von Haft, starben, und diejenigen, die von gezielten Zersetzungsmaßnahmen des Ministerium für Staatssicherheit und/oder von Verzweiflung an den sie besonders drückenden DDR-Verhältnissen in den Selbstmord getrieben wurden.

Inwieweit die Hinterbliebenen durch gesetzliche Leistungen[3] entschädigt werden können, hängt in der Regel von der Beweislage und damit wieder von der Arbeitsfähigkeit der Strafverfolgungsbehörden ab.

Die zweite Gruppe der Opfer ist zweifellos erheblich größer. Hier geht es um die von SBZ- und DDR-Gerichten, aber auch von den sowjetischen Militärtribunalen mit politischen Freiheitsstrafen Verfolgten, um die von der sowjetischen Besatzungsmacht in Internierungs- oder Arbeitslager Verschleppten, um die an der innerdeutschen Grenze Zwangsausgesiedelten und um die in psychiatrische Anstalten aus politischen Gründen Eingewiesenen.

Ferner hat es in der DDR Formen der Freiheitsberaubung gegeben, die leicht aus dem Blickfeld geraten können. Dazu gehört der Freiheitsentzug außerhalb eines Strafverfahrens, z.B. die nach Form und Dauer häufig vollkommen willkürlichen, sogenannten „Zuführungen“ durch Polizei und Stasi, also die DDR-typische Form der Verhaftung, aber fast immer ohne Haftbefehl, Nennung von Haftgründen und Hinzuziehung eines Rechtsbeistandes. Dauer und Form dieser Inhaftierungen waren faktisch vollständig ins Belieben der Staatsorgane gestellt.

Zu erinnern ist hier aber auch an die gerade in politischen Verfahren angewandte immer unverhältnismäßig hohe Strafzumessung, auch im Jugendstrafrecht, an die Einweisung von Jugendlichen und sogar Kindern in Jugendwerkhöfe unter haftähnlichen Bedingungen, und an die zahlreichen, besonders schikanösen Formen der Aufenthaltsbeschränkungen, z.B. das Verbot des Ost-Berlin-Aufenthalts, an den in allen zivilisierten Staaten abgeschafften Hausarrest und die Arbeitsplatzbindung, die die Freiheit der Arbeitsplatzwahl suspendierte. Letzten Endes stellte das allgemeine Reise- bzw. Ausreiseverbot eine Form der Freiheitsberaubung aller Bürger dar, die die große Mehrheit der Bevölkerung zu Opfern der SED-Politik gemacht hat.

Zur einer dritten Gruppe von Opfern gehören jene, die eine Körperverletzung mit Dauerschäden erleiden mußten. Dazu zählen wiederum die, die in der Haft psychisch und physisch gefoltert wurden (z.B. Vorhalten erfundener Geständnisse von Freunden und Bekannten, Schlafentzug, Einzel- und Isolierhaft, Prügel durch Wachpersonal), die einer psychischen Zwangsbehandlung unterworfen wurden und die, die durch brutale Einsätze bewaffneter Organe der Staatsmacht wie der sowjetischen Besatzungsmacht dauernde gesundheitliche Schäden davontragen.

Gesundheitliche Opfer wurden auch die Menschen, die Schäden durch die Umweltvergiftung in erst jetzt in vollem Umfang bekannt werdendem Ausmaß, z.B. im Uranbergbau, erlitten haben, die, denen eine angemessene und mögliche ärztliche wie medikamentöse Betreuung außerhalb wie innerhalb von Haftanstalten aus politischen Gründen verweigert wurde, und nicht zuletzt jene, die durch angeordnete Nichtbeachtung von betrieblichen Sicherheitsvorschriften und Arbeitsschutzbedingungen geschädigt wurden. Besonderer Erwähnung bedürfen die Frauen, die in Gefängnissen, in Arbeits- oder Internierungslagern oder in der Kriegsfolge, also auf der Flucht oder durch Verschleppung durch die Besatzungsmacht, sexuell belästigt, vergewaltigt und zu einem Schwangerschaftsabbruch genötigt wurden.

Eine weiter Gruppe von Opfern bilden jene, denen die SED eine ihren Fähigkeiten und Wünschen entsprechende Aus- bzw. Berufsbildung ausschließlich aus politischen Motiven verweigert hat. Dies geschah z.B. durch Nichtzulassung zu bestimmten Schulen, Fachschulen und Universitäten bzw. in bestimmte Ausbildungsverhältnisse. Zu Opfern wurden aber auch jene, die politisch motivierte Kündigungen und Degradierungen erdulden mußten, deren beruflicher Aufstieg verhindert wurde, denen – und das traf insbesondere Wissenschaftler – die Teilnahme an der internationalen Kommunikation, z.B. an wissenschaftlichen Kongressen in der Bundesrepublik und selbst im östlichen, ganz zu schweigen vom westlichen Ausland, unmöglich gemacht wurde und die, denen Publikationsverbote bzw. bei mißliebigen Künstlern durch verweigerte Aufnahmen in die Berufsverbände, faktisch Arbeitsverbote auferlegt wurden.

Man kann durchaus argumentieren, daß die bisher genannten – hier keineswegs vollständigen – Opfergruppen am stärksten unter dem Repressionsapparat der SED gelitten haben. Sie haben mit ihrem Leben oder ihren Lebenschancen dafür gezahlt, daß sie entweder tatsächlich Widerstand geleistet haben oder weil sie von den Herrschenden aus diesem oder jenem Grunde, der ihnen keineswegs immer bekannt war, für Widerständler gehalten wurden oder an denen einfach nur ein Exampel statuiert werden sollte.

Opfer haben aber auch die Menschen gebracht, die ganz oder teilweise ihren materieller Besitz verloren haben bzw., wiederum aus politischen Gründen, daran gehindert wurden, überhaupt welchen zu erwerben. Solche Vermögensverluste traten ein durch Enteignungen (mit keiner oder nur sehr geringer Entschädigung) sowohl durch Maßnahmen der SBZ/DDR wie der Sowjets ohne und mit Gerichtsurteilen, durch drakonische Geldstrafen, durch – gelegentlich nachträglich und willkürlich festgesetzte – Steuerverschuldung, durch verweigerte Schadensersatzleistungen seitens des Staates und auch durch eine konfiskatorische Steuerpolitik gegenüber den – nur noch wenigen – Selbstständigen.

Darüber hinaus hat die gesamte Vermögens- und Einkommenspolitik der SED die Bildung von produktivem Vermögen verhindert, z.B. durch Verweigerung von Baugenehmigungen; durch Machtmißbrauch, z.B. während der Zwangskollektivierung, durch Korruption, Täuschung, Nötigung, aber auch durch einfache Nutzungs- und Modernisierungsverweigerung, z.B. beim privaten Wohnungseigentum, wurden Vermögensverzichte erzwungen.

In den in diesem Schädigungskatalog genannten Fällen sind Menschen entweder selbst Opfer geworden oder haben an Gesundheit und Eigentum Opfer gebracht, die in der Regel offenkundig, weil greifbar und zählbar, wenn auch nicht in allen Fällen beweisbar sind. Wir haben schon eine Reihe von Gesetzeswerken[3], die Entschädigungsleistungen enthalten, die – immer nach Einzelfallprüfung – ein Stück Wiedergutmachung für erlittenes Unrecht bieten wollen.

Weitaus schwieriger feststellbar und genau zu beschreiben sind jene Schädigungstypen, die Menschen zu Opfern machten, weil ihre Menschenwürde auf eher indirekte, gleichwohl subtile und langwirkende Weise verletzt wurde.

Opfer, die ideell geschädigt wurden

Die hier zu nennenden Schädigungen waren und sind in den meisten Fällen Teil eines allgemeinen in der DDR erlittenen Schicksals, für das nur in Ausnahmefällen[4] eine materielle Wiedergutmachung gefunden werden kann. Die Opfer, die hier betroffen sind, sind freilich in vielen Fällen identisch mit jenen, die auch materielles Unrecht erlitten haben. Die Benennung dieser Opfergruppe ist jedoch schon deswegen unverzichtbar, weil auf diese oder jene Weise die meisten Menschen in der ehemaligen DDR dazu zählen, unabhängig davon, ob ihnen ihre Schädigung in jedem Einzelfall auch bewußt ist.

Sie wurden zu Opfern, weil sie einer permanenten direkten oder indirekten Indoktrination unterzogen wurden, weil sie von einer erzwungenen Entwurzelung aus tradierten politischen und geistig-kulturellen Bindungen betroffen waren und sind, weil sie häufig zu einem Doppelleben und damit zu schizophren Verhalten gezwungen waren, weil sie korrumpiert, also für Anpassung und Mitmachen durch Geld oder Aufstieg belohnt wurden, weil sie von der Wahrnehmung politischer Selbstverantwortung entwöhnt und zur Verantwortungsscheu erzogen wurden.

Ferner: Wer wollte bestreiten, daß die mit politischen Verdächtigungen überzogenen, die vielfach bespitzelten und in ihrem Ruf diskreditierten Bürger ebenfalls zu Opfern einer machthybriden Überwachungs- und Zersetzungsmaschinerie geworden sind? Wir haben auch nicht vergessen, wie systematisch vom Staatssicherheitsdienst das Brief- und Telefongeheimnis verletzt wurde, wie durch systematisch herbeigeführte Entfremdung zwischen Eltern und Kindern, z.B. durch direkte Aufforderung zur Denunziation der Eltern, in die familiären Beziehungen eingegriffen und das elterliche Erziehungsrecht mißachtet wurde und wie eine patriachalische Betreuungspolitik das Selbstvertrauen und Selbstbewußtsein der Menschen zerstört und dafür eine bis heute vielfach lähmende Versorgungsmentalität geschaffen hat.

Erwähnung bedarf hier eine letzte Fallgruppe: Wenn sie auch nicht massenhaft angewandt wurden, so haben doch die von der SED betriebenen Zwangsadoptionen von Kindern mißliebiger Eltern unsägliches Elend über die Betroffenen gebracht. Auch dürfen hier jene Maßnahmen des Apparates nicht übersehen werden, die den Charakter von Sippenhaftung hatten und immer völlig Unschuldige, Unbeteiligte und fast immer Hilflose trafen. Das kann nur als Staatsrache und Staatsterror bezeichnet werden.

Wir haben uns bisher nur Gedanken macht, wie weit der Opferbegriff bei der Aufarbeitung der DDR-Geschichte zu fassen ist, damit soweit wie irgendmöglich alle jene Menschen-Gruppen wenigstens benannt werden, denen in 40 Jahren Diktatur Unrecht geschehen ist, die gelitten haben, die materielle und ideelle Benachteiligungen der verschiedendsten Art erfahren haben.

Die bereits vorliegenden gesetzlichen Regelungen, die ein Stück Wiedergutmachung versuchen, sind bereits erwähnt worden. Doch es bleiben eine Reihe ungelöster Probleme. So sind bisher z.B. im Rahmen der beruflichen Rehabilitierung die Kosten für den Nachteilsausgleich für Ostdeutsche in der Rentenversicherung auf die Gemeinschaft der Versicherten abgewälzt worden, statt sie, was viel gerechter wäre, allen Steuerzahlern aufzubürden. Es fehlen ferner noch immer besondere Förderprogramme für jene, die wegen eines Ausreiseverbotes berufliche Nachteile erleiden mußten – betroffen waren Wissenschaftler, vor allem aber auch von ihren Schulen relegierte Berufs- und Oberschüler. Bisher gibt es auch keine außerordentlichen gesundheitspolitischen Rehabilitierungsmaßnahmen für Bewohner von besonders umweltverseuchten Wohngebieten wie im Raum Halle-Bitterfeld und in den Gebieten Sachsen und Thüringen, wo Uranzerze abgebaut wurden. Ein besonderes Ärgernis für die Betroffenen stellt die Tatsache dar, daß über die Rückgabe oder angemessene Entschädigung der Besitzer von Mauergrundstücken und Immobilien an der ehemaligen Inner-Berliner und innerdeutschen Grenze noch keine Entscheidung gefallen ist. Es handelt sich hier um eine Personengruppe, die teilweise innerhalb weniger Stunden zum Verlassen von Haus und Hof gezwungen worden sind, nur minimale Entschädigungen erhalten haben und wo die Besitzverhältnisse zumeist eindeutig geklärt sind. Hinzukommt, daß von diesen rigorosen Enteignungsmaßnahmen der SED an der innerdeutschen Grenze überwiegend nicht vermögende Schichten, sondern sogenannte kleine Leute betroffen waren, die jetzt vom deutschen Staat Gerechtigkeit und keine rechtstechnischen und fiskalischen Verweigerungsmanöver erwarten.

Schließlich sind eigentlich skandalöse Disproportionen bei den noch geplanten Entschädigungsregelungen zu beklagen: Wo zwanzigmal so viel Geld für die Entschädigung von enteigneten Vermögenswerten wie für die von Haftopfern und Ausbildungsbenachteiligten vorgesehen ist, wird auch dort Gerechtigkeit verweigert, wo sie erkennbar bezahlbar wäre.

Noch einmal: Das Opfer-Täter-Verhältnis

Die Aussage, in der DDR habe es nur wenige Täter und wenige „echte“ Opfer gegeben, der Rest sei eben „sowohl-als-auch“ gewesen, ist nicht nur historisch nicht verifizierbar, sondern beleidigt vor allem jene, die objektiv gelitten haben, ob nun immer nachweisbar oder nicht. Es ist zwar unbestreitbar, daß auch Opfer zu Täter werden konnten, etwa jene, die den Drangsalierungen der U-Haft nachgegeben und Namen preisgegeben haben. Zugleich stimmt auch, daß Täter auch Opfer werden konnten, z.B. der Grenzsoldat, der dem strengem Befehlssystem nicht glaubte entrinnen zu können und dann doch auf wehrlose Flüchtlinge geschossen hat.

Jene Täter, die sich aktiv an den Unterdrückungsmaßnahmen beteiligt haben, waren gewiß auch Opfer eines ideologisch dogmatisierten Indoktrinationssystems, das seinen Handlangern systematisch die Achtung vor der Würde des Einzelnen abgewöhnt und sie dafür mit einer alles entschuldigenden „Zweck-heiligt-Mittel"-Philosophie ausgestattet hat, die erst gar kein Bewußtsein von persönlicher Schuld aufkommen ließ. Wo mit dem „richtigen" Ablauf eines scheinbar determinierten Geschichtsprozesses alles gerechtfertigt und die Verantwortung also in einen imaginären Geschichtsraum mit wenigen allwissenden Lenkern (der Parteiführung) verbannt wird, konnte sich der Einzelne von persönlicher Verantwortung subjektiv entlastet fühlen.

Es bleibt die Frage offen, ob er auch objektiv von Schuld freizusprechen ist. Tatsächlich muß man hier der SED eine psychische Verkrüppelungsstrategie zwecks Abtötung von personalem Gewissen anlasten, deren Folgen wahrscheinlich erst mit dem Heranwachsen einer unbelasteten Generation überwunden werden können. Zu dieser Verkrüpplung gehört ferner, daß auch jene, die keine identifizierbaren Täter in strafrechtlichen Sinne waren, sich selbst aber auch nicht als Opfer sehen, die sich angepaßt und die stillgehalten haben, natürlich auch eine Mitschuld an den konkreten Ausprägungen eines Systems tragen, das auch diese Gruppe als Instrumente, als „Produktionsfaktoren" mißbraucht hat.

In diesem allgemeinen Sinne stoßen wir bei der Aufarbeitung der DDR-Geschichte auf ein sehr kompliziertes Täter-Opfer-Verhältnis, das sich nicht mit einfachen Schuldzuweisungen und/oder Entlastungen entflechten läßt.

Diese Feststellung enthebt jedoch den politisch Handelnden nicht der Pflicht, der Menschenwürde der eindeutigen Opfer entsprechend sie zumindest moralisch in jeder erdenklichen Weise zu rehabilitieren und, wo immer möglich, auch materiell zu entschädigen. Ob hier die deutsche Politik nach der Vereinigung schon genug getan hat, wird vorläufig noch von Opfern, aber auch zahlreichen Beobachtern bezweifelt.

Was zu tun bleibt

Es ist unbestritten, daß nicht für alle Schäden ein adäquater Schadensersatz geleistet werden kann, entweder weil hierfür die Mittel fehlen, oder weil manche Schäden so groß sind, daß sie nicht mehr materiell ausgeglichen werden können. Gleichwohl müssen wir uns abgewöhnen, vom Umfang der verfügbaren Mittel her eine Definition von Opfern vorzunehmen. Die gebrachten Opfer dürfen nicht in Vergessenheit geraten. Sie wenigstens zu benennen und dem öffentlichen Bewußtsein einzuprägen, stellt auch schon einen, leider häufig den einzig möglichen Akt der Entschädigung dar. Im Osten Deutschlands kann er jedoch einer möglicherweise keimenden DDR-Nostalgie entgegenwirken, im Westen der Republik kann ein ständiges, aber sensibles Wachhalten der Opferproblematik dazu beitragen, mehr Verständnis für die Geschehnisse unter der SED-Herrschaft zu wecken. Hier ist der Historiker gefragt, der dem notwendigen Erinnern eines Volkes auf die Sprünge helfen muß, denn nur wer sich erinnert, kann die Zukunft gestalten. Wer vergißt oder erneut verdrängen möchte, wird sie verspielen.

Wenn sich die Westdeutschen der Alltagsrealität unter dem SED-Regime öffnen, sie begreifen und damit die Last der Opfer mittragen, kann das den Ostdeutschen signalisieren, daß auch ihre Lebensschicksale angenommen und als wichtiger Teil der deutschen Nachkriegsgeschichte gewürdigt werden. Das wiederum kann der Vollendung der inneren Einheit nur nützen.

Anmerkungen

1 Ein Beispiel hierfür sind die Entschädigungsleistungen in Form der Lastenausgleichzahlungen an Aussiedler, Heimatvertriebene und Flüchtlinge durch die Bundesrepublik Deutschland seit 1949.

2 Ein Beispiel hierfür wäre der aus politischen Gründen verurteiltc SED-Funktionär, der noch im Zuchthaus glaubt, der kommunistischen Sache weiterdienen zu müssen.

3 Der Katalog der schon existierenden bzw. kurz vor der endgültigen parlamentarischen Verabschiedung stehenden gesetzlichen Regelungen umfaßt das
I 1. SED-Unrechtsbereinigungsgesetz mit dem Strafrechtlichen Rehabilitierungsgesetz
II 2. SED-Unrechtsbereinigungsgesetz mit dem Verwaltungsrechtlichen Rehabilitierungsgesetz und dem Beruflichen Rehabilitieurungsgesetz
III Vermögensgesetz
IV Entschädigungs- und Ausgleichsgesetz
V Bundesversorgungsgesetz
VI Häftlingshilfegesetz.

4 Z.B. nach einer straf- und verwaltungsrechtlichen Rehabilitierung nach dem Bundesversorgungsgesetz.

Margot von Renesse

Die DDR – ein Staat ohne Recht?

Struktur und Auswirkungen des Rechtssystems der DDR und die Konsequenzen für das vereinigte Deutschland

Die untergegangene DDR als „Unrechtsstaat“ zu bezeichnen, ist zwar in der Sache zutreffend, zugleich aber nicht unproblematisch. Der Begriff „Unrechtsstaat“ ist in seinen Inhalten weitgehend dadurch geprägt, daß er über lange Zeit für das Dritte Reich Hitlers in Gebrauch war. Wenn es auch für die beiden deutschen Diktaturen unverkennbare Vergleichbarkeiten gibt, so bleibt doch festzuhalten, daß die DDR um Lichtjahre von dem Grauen des NS-Regimes entfernt ist, das ganz Europa mit Krieg und organisiertem Massenmord überzogen hat. Dergleichen ist dem SED-Staat nicht vorzuwerfen. Dies ist jedoch weder Ehrenrettung noch Entschuldigung für ein Regime, das in jeder Phase seiner Existenz massenhaft Menschen in vielfältiger Weise zu Opfern gemacht hat, indem es ihre Bürger- und Menschenrechte mit Füßen trat.

Die DDR war kein Rechtsstaat, grenzte sich vielmehr bewußt von einem im klassischen Sinne rechtsstaatlichen System ab. Über die 40 Jahre ihres Bestehens installierte sie jedoch ein in sich geschlossenes Rechtsgefüge, mit dem sich die Menschen zwangsläufig arrangierten, soweit sie ihm nicht ausweichen konnten. Insbesondere nachdem die Mauer in Berlin die Massenflucht der Bevölkerung auf brutale Weise gestoppt hatte, entwickelte sich gleichzeitig mit der dadurch erreichten inneren Festigung des Staatswesens auch eine – bis zu einem gewissen Grad – konsolidierte Rechtssitutation. Sie unterschied sich äußerlich von der durch extremen Terror gekennzeichneten Anfangsphase. Vor diesem Hintergrund, parallel zu der von der Sowjetunion ausgehenden Entstalinisierung, entstanden DDR-eigene Rechtssetzungen im Straf-, Zivil-, Familien- und Wirtschaftsrecht, mit denen nach außen und innen der Eindruck von Rechtsnormalität, ja sogar von Bürgernähe und Laiengerechtigkeit hervorgerufen werden sollte. Dies galt allerdings nur solange und nur in den Bereichen, wo die unumschränkte Macht der SED nicht herausgefordert wurde.

Im Konflikt mit dem Regime selbst oder seinen Interessen stand das Recht der DDR dem Bürger nicht zur Seite. Gegen Übergriffe der Staatsmacht, belastende Maßnahmen der Verwaltung oder staatsnahe Einrichtungen und Betriebe konnte sich der einzelne nicht unter Berufung auf sein Recht wehren. Die Gerichtsverfahren selbst verwandelten sich in Instrumente zur Disziplinierung, zur Abschreckung und Herrschaftsausübung durch eine Staatsmacht, die sich selber an das Recht nicht halten mußte. Im Konflikt mit der Macht war das Recht – und damit der einzelne Bürger – ohnmächtig.

Die Bevölkerung in der ehemaligen DDR wußte dies. Sie entwickelte deshalb Verhaltensweisen, durch die sie dem Konflikt mit Staat und Staatspartei auswich. Öffentliche Anpassung oder zumindest Unauffälligkeit waren eine gewisse Garantie dafür, im Privat- wie im Berufsleben in Ruhe gelassen zu werden. Konflikte mit der Macht zu vermeiden, in denen man in der Regel den Kürzeren zog, war eine Überlebensstrategie. Wollte man seinerseits etwas von staatlichen Behörden oder quasistaatlichen Organisationen wie Betrieb, Gewerkschaft oder Verband, so mochte mitunter die „Eingabe“ helfen, mit der man bei den zuständigen Stellen um Verständnis und Wohlwollen für ein eigenes Anliegen warb. Forderungen oder gar Ansprüche, die man als Rechtsansprüche notfalls auch auf dem Klagewege hätte durchsetzen können, gab es nicht.

Das Recht bestand aus einem Rechte- und Pflichtenkatalog für die Bürger. Den Staat band es nicht. Das erwies sich insbesondere in den zahlreichen Strafverfahren, in denen wirkliche oder vermeintliche Gegner des herrschenden Regimes – Prominente ebenso wie viele Unbekannte – kriminalisiert, aus dem gesellschaftlichen Leben ausgeschlossen und in ihrer sozialen, oft auch physischen Existenz vernichtet wurden.

Deshalb erwartete die Bevölkerung der ehemaligen DDR nach ihrer friedlichen Revolution voller Hoffnung und Vertrauen die Einführung des Rechtsstaats westlicher Prägung. Es gehört zu den tragischen Paradoxien der Zeit nach der Vereinigung, daß die Begegnung mit dem für sie neuen Recht für viele Bürger der neuen Bundesländer zu einer eigenen Quelle spezifischer „DDR-Nostalgie“ zu werden droht. Zu oft wird noch vermißt, was man sich als besondere Stärke des Rechtsstaates erhoffte: einsichtige Gesetze; rechtsförmiges und effektives Verwaltungshandeln; rasches und überzeugendes Recht von den Gerichten. Der Umwandlungsprozeß übertrug und schuf hochkompliziertes Recht; oft überforderte er nicht nur einzelne Rechtsuchende, sondern auch die zur Umsetzung berufenen Dienststellen.

Um so wichtiger ist es, sich durch Rückschau bewußt zu machen, daß es die Bürgerinnen und Bürger der DDR selber waren, die den SED-Staat nicht mehr ertragen wollten und die deshalb das SED-Regime in einer großen Volkserhebung zum Einsturz brachten.

Grundlagen des Rechtssystems

Nirgends tritt das, was einen Staat ausmacht, klarer zutage als in seinem Rechtssystem. Durch sein Recht legitimiert jeder Staat seine Machtausübung und damit seine Existenz als Träger von Macht. Dem Recht der DDR war von Anfang an – nicht erst seit der letzten Verfassungsänderung, durch die dies ausdrücklich festgeschrieben war – die Aufgabe zugewiesen, der „Partei der Arbeiterklasse“, der SED, die unumschränkte und alleinige Herrschaft in Staat und Gesellschaft zu sichern. Recht und Justiz waren Werkzeuge, durch die Macht ausgeübt wurde.

Der klassische Konflikt zwischen Recht und Macht sollte ein für allemal dadurch entschieden sein, daß die Macht, nämlich die der SED, stets „im Recht“ war. Die ideologische Legitimation dafür war, daß dies der angeblich historisch-wissenschaftlich erkannte Sinn der Geschichte sei. Gesetzgebung wie -anwendung hatten diesem Anspruch zu dienen; jede Beschäftigung mit dem Recht hatte sich um seine Interpretation im Sinne der herrschenden SED zu bemühen. Darum waren zu seiner jeweils korrekten Auslegung aktuelle Parteibeschlüsse, Entscheidungen des Zentralkomitees und direkte Anweisungen aus der SED maßgeblich. Von Rechtsanwendern und Rechtswissenschaftlern wurde nicht nur gegenüber geschriebenen Gesetzestexten Gehorsam verlangt – das alleine wäre kleinbürgerlicher Positivismus gewesen –, sondern die innere Übereinstimmung mit dem Willen und Interesse der SED.

So ist für die Gesetzgebung der DDR in sämtlichen Rechtsbereichen das Überborden der Generalklauseln unter Bezugnahme auf „gesellschaftliche Interessen" typisch, die es ermöglichen, in einem gegebenen Rechtskonflikt die aktuelle Sichtweise der politischen Führung zu berücksichtigen. Häufig finden sich in den Vorschriften auch Formulierungen, die von Rechtsanwendern nicht nur die Befolgung des Gesetzes, sondern die politisch verantwortliche Gestaltung im Sinne politischer Zielsetzungen verlangt. Der Ausgang von Rechtsfällen vor Gericht wurde damit für die Rechtsuchenden unkalkulierbar; Rechtssicherheit und Rechtsklarheit für die Bürger gab es nicht.

Strafrecht

Die bewußte Unschärfe der Rechtssprache wirkte sich besonders verhängnisvoll für die Betroffenen im Strafrecht aus, hier vor allem im politischen Strafrecht. Lange Zeit war es der an mangelnder Präzision nicht mehr zu überbietende Tatbestand der „Boykotthetze", mit dem sich alles strafrechtlich verfolgen ließ, was die Staatsmacht ausschalten wollte. Mit ihm ließ sich ein Unterdrückungsapparat inszenieren, der Tausende von Menschen zu Opfern gemacht hat. Aber auch spätere Strafrechtsreformen zeichneten sich durch ein ebenso umfangreiches wie unpräzises politisches Strafrecht aus, das sich auf nahezu jedes der SED mißliebige Verhalten anwenden ließ.

So konnte die wiederholte Stellung von Ausreiseanträgen als „Behindern von staatlichen Organen" zu einer kriminellen Handlung hochstilisiert werden. Ein Brief an nahe Verwandten im Westen, in dem sich ein DDR-Bürger über schlechte Behandlung durch eine Behörde beklagte, konnte als staatsgefährdende Nachrichtenübermittlung oder die Vorsprache bei der Vertretung der Bundesrepublik Deutschland als ungesetzliche Verbindungsaufnahme mit Strafe belegt werden. Die DDR-Gesetzgebung zeichnete sich durch ein ausuferndes politisches Strafrecht aus, das mit jeder „Reform" ausgebaut und verschärft wurde – während das „allgemeine" Strafrecht im Zuge der Reformen eher stückweise gemildert, in Ordnungsrecht umgewandelt und aus der Justiz in gesellschaftliche Schlichtungsinstanzen verlagert wurde.

Ein weiteres war typisch für die DDR – wie für viele totalitäre Staats- und Rechtssysteme: Sie schuf etliche Gesetze und Vorschriften, deren Zweck es nicht war, die Rechtswirklichkeit zu prägen, sondern sie zu verschleiern. Dazu gehören u.a. Regelungen über verfahrensmäßige Voraussetzungen von Ermittlungshandlungen wie Hausdurchsuchungen, Brief- und Telefonkontrolle, die weitgehend „totes Recht" darstellten und keineswegs solche Maßnahmen, wenn die Staatssicherheit sie einsetzte, rechtsstaatlich begrenzen sollten. Auch die Vorschrift zum Schußwaffengebrauch an der Grenze gehört dazu. Die Regelung richtete sich scheinbar am Verhältnismäßigkeitsprinzip aus, ließ den Schußwaffengebrauch, insbesondere die Tötung von Flüchtlingen, rechtswidrig erscheinen, wenn die Flucht auch mit einem milderen Mittel zu verhindern war. Daß diese Wirkung der Vorschrift aber gerade nicht beabsichtigt war, geht schon daraus hervor, daß nach Tötungen an der Grenze niemals Ermittlungsverfahren durch Strafverfolgungsbehörden eingeleitet worden sind. Kein Strafverfahren, keine Verurteilung drohte denen, die den Grundsatz der Verhältnismäßigkeit nicht beachteten. Die Funktion solcher Regelungen war schlicht die, vor der internationalen Öffentlichkeit die wirkliche Rechtslage, vor allem hinsichtlich der Menschenrechte, unkenntlich zu machen.

Justiz

Nicht nur in Recht und Gesetzen der DDR schuf sich die SED ein wirksames Herrschaftsinstrument, sondern sie nahm darüber hinaus die Justizorganisation sowie die Auswahl und Ausbildung der Juristen so in den Griff, daß sie sich auf deren Wirken in ihrem Sinne stets verlassen konnte. Recht konnten nur diejenigen studieren, die schon als junge Menschen durch ideologische Anpassung Gewähr dafür boten, daß ihre Loyalität zum SED-Regime außer Frage stand. Der Eintritt in die SED war für zukünftige Staatsanwälte selbstverständlich; bei Richtern und Richterinnen genügte mitunter auch die Mitgliedschaft in einer Blockpartei. Zu jeder Dienststelle, zu jedem Anwaltskollektiv gehörte die parallele Parteiorganisation. Die Behördenleiter trafen sich regelmäßig mit der Führung anderer Dienststellen, insbesondere auch mit SED und Staatssicherheitsdienst, und koordinierten ihre Tätigkeit. Während die Staatsanwaltschaften ohnehin nach sowjetischem Vorbild streng zentralistisch organisiert waren, hatten die Gerichtsvorsitzenden in ihrer Behörde ebenfalls eine starke Stellung, die sie u.a. dazu ermächtigte, einem Richter eine Rechtssache abzunehmen, sie anders zuzuordnen oder auch an sich zu ziehen. Einen „gesetzlichen Richter" gab es nicht. Richter und Richterinnen mußten über ihre Tätigkeit wöchentlich Bericht erstatten und sich vom Vorsitzenden oder Instrukteuren der Obergerichte Direktiven erteilen lassen. Unter „Unabhängigkeit" der Gerichte verstand man in der Spätphase der DDR nicht mehr und nicht weniger, als daß Anweisungen von unzuständiger Seite nicht zu befolgen waren.

Ohnmacht und Rechtlosigkeit von Beschuldigten in politischen Prozessen zeigten sich in ihren schwachen Verteidigungsmöglichkeiten. Ein Anwalt konnte sich erst nach Beendigung des Ermittlungsverfahrens einschalten, hatte keine Möglichkeit, schon auf Sammlung und Sichtung von Beweismitteln, erste Vernehmungen von Zeugen oder der Beschuldigten selber Einfluß zu nehmen. Von „Waffengleichheit" konnte keine Rede sein. In politisch relevanten Angelegenheiten führte der Staatssicherheitsdienst die Ermittlungen, gab der vor Gericht agierenden Staatsanwaltschaft auch Vorgaben für Hauptverhandlung und Strafantrag. Die Staatsanwälte dominierten im Prozeß, während den Verteidigern für ihre Mandanten oft nicht mehr zu tun blieb, als strafmildernde Gesichtspunkte hervorzuheben, Kontakte mit Angehörigen zu vermitteln und menschlichen Zuspruch zu gewähren. Dabei beeinflußten die Ermittlungsbehörden auch die Mandatierung der Anwälte, die ihrerseits nur bei Staatsloyalität in ihrem Beruf zugelassen waren. Die Mandanten mußten daher stets auch mit einem Zusammenspiel zwischen ihren Anwälten und dem Staatssicherheitsdienst rechnen.

Vergleicht man die Zahlen der Inhaftierten der Bundesrepublik Deutschland mit denen der DDR bis 1989, so fällt auf, daß trotz der erheblich geringeren Einwohnerzahl in der DDR stets weit mehr Menschen Freiheitsstrafen wegen politischer Delikte verbüßten. Bis in die letzten Jahre ihres Bestehens hat die DDR das politische Strafrecht ausgeweitet und verschärft. Schüler und Studenten konnten ihm ebenso zum Opfer fallen wie Hausfrauen, Arbeiter und Intellektuelle.

Ihre Kritiker – oder die, die sie dafür hielt – unterdrückte die DDR nicht nur mit den Mitteln des Strafrechts, sondern verweigerte Ausbildung, beruflichen Aufstieg und gesellschaftliche Teilnahme. Auch Familienangehörige hatten unter Benachteiligung zu leiden. Nicht einmal den privaten Raum selbst ließ man ungestört, sondern drang mit Hilfe des Staatssicherheitsdienstes auch dort ein, zerstörte familiäre und freundschaftliche Bindungen. Kein Recht, kein Gesetz, kein Gericht hinderte sie daran.

Erwartungen an den Rechtsstaat

Ohne jeden Zweifel ist es für die Bevölkerung der neuen Bundesländer unendlich schwierig, sich in dem neuen Rechtssystem zurecht zu finden, von dem sie sich doch so viel erwartet hatten. Im Rechtsstaat kann sich der einzelne zwar erfolgreich auf sein Recht berufen, aber dazu muß man es kennen und gut beraten sein. An Rechtswissen und Rechtsrat fehlt es noch immer in den neuen Bundesländern, so daß mit der Einführung des Rechtsstaates das Gefühl der Ohnmacht und Hilflosigkeit eher zugenommen hat. Es ist dringende Aufgabe der Politik, hier für Verbesserungen zu sorgen, damit sich der Rechtsstaat im wahrsten Sinne des Wortes „einbürgert".

Eine besondere Quelle von Bitterkeit und Enttäuschung ist die Erfahrung, daß die strafrechtliche Verfolgung von Unrechtshandlungen in der ehemaligen DDR bei weitem nicht so schlagkräftig ist, wie man das erhofft hatte. Die Erkenntnis, daß das Strafrecht nur einen Teil zur Aufarbeitung beitragen kann, schmerzt. Wenn es darüber hinaus auch noch so scheint, als würden insbesondere die „Kleinen", die Grenzsoldaten und untergeordneten Dienststellen, zur Rechenschaft gezogen, während man den ehedem wirklich Mächtigen nichts anhaben kann oder will, erscheinen die Ergebnisse leicht unbillig und kränken das Rechtsempfinden.

Mit allen Möglichkeiten, vor allem mit zweckentsprechender personeller und sachlicher Ausstattung, muß der Rechtsstaat demgegenüber die Strafverfolgung des geschehenen Unrechts bei den hauptsächlich Verantwortlichen befördern, damit das vielfach verletzte Rechtsgefühl der ehemaligen DDR-Bevölkerung durch den neuen gesamtdeutschen Staat versöhnt wird. Dabei muß aber zugleich deutlich werden, warum rechtsstaatliche Grenzen der Strafjustiz – wie z. B. das Rückwirkungsverbot in Art. 103 des Grundgesetzes – auch gegenüber Beschuldigten aus der ehemaligen DDR einzuhalten sind. Strafverfolgung hat im Rechtsstaat nicht die Funktion einer politischen Abrechnung, sondern die Verurteilung persönlich zurechenbarer, gesetzlich festgelegter Straftaten.

Der Beitrag, den die Justiz zur politischen Aufarbeitung der DDR-Geschichte leisten kann, ist zwar unverzichtbar, aber auch begrenzt. Gesetzgebung und Verwaltungspraxis haben darüberhinaus den Umwälzungsprozeß, der sich in den neuen Bundesländern vollzieht, zu erleichtern. Das neu zu schaffende Recht muß einsichtig und „benutzerfreundlich" sein. Es muß der Bevölkerung in Ostdeutschland Vertrauensschutz gewähren, ihnen die Früchte ihrer Lebensleistungen erhalten. Vorteile aber, die sich durch das Regime Privilegierte in der Vergangenheit zugeschanzt haben, dürfen keinen Bestand haben. Das gilt sowohl für berufliche Positionen wie für Vermögenswerte, wenn die Rechte Dritter dabei mißachtet wurden. Alte und neue „Seilschaften" sind mit den Mitteln des Rechts zu entmachten.

Die Aufgabe, die Hinterlassenschaft der DDR zukunftsorientiert zu sichten und zu ordnen, muß die gesamte Gesellschaft lösen. Die Politik hat dabei erst angefangen, ihren Teil beizutragen. Dazu gehört vor allem die Milderung der Unrechtsfolgen bei denen, die das SED-Regime zu Opfern gemacht hat. In diesem Zusammenhang ist auch die Solidarität aller derjenigen Bürger und Bürgerinnen im

Westen einzufordern, denen schicksalhaft die Belastungen der DDR-Bevölkerung erspart geblieben sind. Alle diejenigen, die abgeben können, werden sich an den großen Opfern zu beteiligen haben, die für die Folgenbeseitigung notwendig sind. Die schweren Folgen des von Deutschland verlorenen Angriffskrieges, zu denen auch die Spaltung der Nation und die 40jährige Existenz der DDR gehören, sind von allen entsprechend ihrer Leistungsfähigkeit zu tragen. Ein solcher Ausgleich heute fortwirkender Lasten entspricht dem Gebot der Gerechtigkeit.

Stephan Hilsberg

Rolle und Funktion der Blockparteie und Massenorganisationen in der DDR

„Zwangslagen erzeugen Anpassung und weiter um sich greifende Zwangslagen. Mancher der zu drängen meint, wird bedrängt und gedrängt. Wer sich darauf einläßt, oft weil er meint nicht anders zu dürfen oder zu können, ... wird ... ausgeschaltet, während er noch meint, selbst zu schalten."
(H. Wehner im Vorwort zu Erich W. Gniffke:
„Jahre mit Ulbricht")

Vorbemerkung

Unter Blockparteien werden im folgenden CDUD (später CDU), LDP (später LDPD), die NDPD und DBD verstanden, aber nicht die SED, die ebenfalls dem „Demokratischen Block" angehörte. Diese Blockparteien waren unselbständige und von der SED abhängige Organisationen. Sie haben als Partei die SED-Diktatur stabilisiert und kaschiert und dadurch gleichzeitig einen großen Teil der politischen Klasse in der DDR in das System der Diktatur eingebunden. Die Blockparteien haben sich dem Wahrheits- und Machtanspruch der SED gebeugt und unterworfen, und sie haben die Herrschaft der Ideologie SED, der marxistisch-leninistischen Weltanschauung in der DDR zementiert. Dies aber hat sich nicht unbedingt im Selbstverständnis ihrer Mitglieder, in ihrer Wahrnehmung widergespiegelt.

Der Wissensstand über die Blockparteien ist durch die Anhörungen und Expertisen der Enquete-Kommission zur Aufarbeitung der Geschichte und Folgen der SED-Diktatur in Deutschland im wesentlichen bestätigt worden. Lediglich in einigen Teilaspekten wird sich das Bild der Blockparteien noch verändern.

Wesentliche Fragestellungen zur Beurteilung der Blockparteien und Massenorganisationen sind:

a) Welchen Einfluß hatten SED und SMAD auf die Entstehung, innere Gestaltung und Entwicklung von Blockparteien und Massenorganisationen?
b) Konnten diese die ihnen von der SED zugewiesene Funktion als Transmissionsparteien erfüllen?
c) Welche Formen der Abhängigkeit und welche Handlungsfreiräume ergaben sich für Blockparteien und Massenorganisationen aus der führenden Rolle der SED?
d) Welche Motive und Interessen haben Menschen zu ihrer Mitgliedschaft in Blockparteien und Massenorganisationen bewogen?
e) Wie sah das „Innenleben" dieser Blockparteien und Massenorganisationen aus?
f) Welche Verantwortung tragen Blockparteien und Massenorganisationen für die SED-Herrschaft?

Die SED hat den Handlungsrahmen der Blockparteien bestimmt. Dennoch sind diese nicht in jeder Hinsicht gleichzusetzen. Vor allem auf den unteren Ebenen unterschieden sie sich in ihrem Verhalten offenbar mehr, als bisher angenommen. Eine differenzierte Betrachtungsweise erfordert dabei die Abgrenzung der CDUD und LDP von den erst später durch die SED/SMAD gegründeten NDPD und DBD. In den beiden 1945 gegründeten Parteien CDUD und LDP sind besonders in der Frühzeit Traditionslinien bürgerlicher Politik und trotz der sozialökonomischen Umwälzungen in der Mitgliedschaft ein Festhalten an eigenen Wertvorstellungen zu beobachten, die aber die Funktion der Blockparteien nicht behinderten zu denen sie im Widerspruch standen. Dagegen wurden DBD und NDPD direkt von der SED und Altkadern der Kommunisten gegründet, sie waren dabei von vornherein vom Führungsanspruch der SED abhängig. Sie dienten der SED als Instrumente gegen die bürgerlichen Altparteien und zur Spaltung bürgerlicher, liberal und christlich orientierter Bevölkerungsteile.

Die gesellschaftspolitische Funktion der Massenorganisationen ist von der Forschung herausgearbeitet worden. Auch die Enquete-Kommission hat keinen Anlaß zu ihrer Neubewertung. Festzuhalten bleibt, daß es den Massenorganisationen zu keiner Zeit gelungen ist, das Leben der Bevölkerung in der DDR zu prägen. Sie übten insofern nur in geringem Umfang zwischen Regime und Bevölkerung eine „Scharnierfunktion" aus, aber sie wirkten immer systemstabilisierend. Weitergehende Fragestellungen, vor allem nach den sozialgeschichtlichen Auswirkungen der Massenorganisationen konnten bisher noch nicht untersucht werden. Hier besteht Forschungsbedarf.

Auch die wichtigen Massenorganisationen – der FDGB (Freie Deutsche Gewerkschaftsbund), FDJ (Freie Deutsche Jugend), KB (Kulturbund zur demokratischen Erneuerung Deutschlands) und der DFD (Demokratische Frauenbund Deutschlands) waren eine Schöpfung der SMAD/SED und wurden zwischen 1945 und 1947 als dem Anspruch nach überparteiliche Organisationen gegründet. Die Kommunisten verschafften sich allerdings schon in der Gründungsphase beherrschenden Einfluß auf den hauptamtlichen Apparat, durch den sie diese zu kommunistisch dominierten Einheitsorganisationen mit Monopolcharakter ausbauten. Im „Demokratischen Block der Parteien und Massenorganisationen", wie der Demokratische Block seit 1949 genannt wurde, sicherte sich die SED auf diese Weise eine unangreifbare Vormachtstellung.

Um diese auch ohne demokratische Legitimation dauerhaft aufrechterhalten zu können, schuf die SED am 7. Oktober 1949 – dem Gründungstag der DDR – die „Nationale Front des Demokratischen Deutschland". Als eine Art Dachorganisation der Parteien und Massenorganisationen bestand ihre Hauptaufgabe u.a. darin, von der SED diktierte Einheitslisten für die Scheinwahlen zu den Volksvertretungen der DDR aufzustellen, die den Blockparteien und Massenorganisationen eine bestimmte, nur gelegentlich auf Geheiß der SED veränderte Zahl von Mandaten zusicherte. Darüber hinaus diente der SED die „Nationale Front" als Instrument für ihre deutschlandpolitische Einheitspropaganda.

Die Blockparteien und Massenorganisationen konnten in der „Nationalen Front" keinen eigenständigen politischen Einfluß geltend machen, wurden aber von der SED zur sachlichen Zusammenarbeit herangezogen und haben politische Entscheidungen der SED mitverantwortet.

Die gesellschaftliche Funktion: Transmissionsparteien und Anerkennung des Führungsanspruchs der SED-Politik

Nach der Gleichschaltung von CDUD und LDP und dem von der SED 1952 erklärten Übergang zum „Aufbau der Grundlagen des Sozialismus" übernahmen die Blockparteien und Massenorganisationen auch offiziell in Form von neuen Parteiprogrammen und Satzungen die ihnen von der SED zugewiesenen Funktionen: Sie erkannten den Macht- und Wahrheitsanspruch der SED an und ordneten sich ihrem Führungsanspruch unter. Dennoch behaupteten die Blockparteien, ihren eigenen Traditionen und Werten treu zu bleiben. Auch dies war eine Form der Unterordnung unter die SED, welche in der anstrebenden klassenlosen Gesellschaft alle antagonistischen Widersprüche aufgehoben sah. Die Blockparteien sollten die Politik der SED in bestimmte soziale Zielgruppen der Bevölkerung der DDR hineintragen und diese damit in die Staats- und Gesellschaftsordnung der DDR integrieren.

Während sich die Massenorganisationen an alle sozialen Gruppen und Schichten der Bevölkerung wandten, um sie entsprechend ihren sozialen, kulturellen, wissenschaftlichen, sportlichen und anderen Interessen zu organisieren und für die Politik der SED zu mobilisieren, bestand die Aufgabe der Blockparteien darin, auf die der Politik der SED eher fernstehenden, bürgerlichen Gruppen und Schichten der Bevölkerung der DDR, wie z.B. Liberale, Selbständige und Freiberufler (LDP), Christen (CDUD), Bauern (DBD) ideologisch-erzieherisch im Sinne der SED einzuwirken, zu verhindern, daß sie eigene, von der SED selbständige Gruppen suchten oder gründeten; Aufgabe konnte auch sein, als Sammelbecken für ehemalige Wehrmachtsangehörige und Nationalsozialisten (NDPD) zu dienen.

In der Anhörung zu Blockparteien der Enquete-Kommission ist deutlich geworden, daß einem Teil der Mitgliedschaft die ihrer Blockpartei von der SED zugewiesene Funktion nicht deutlich geworden ist. In ihrem Selbstverständnis hat dieser Teil der Mitgliedschaft offenbar innerhalb der Blockpartei Freiräume gesehen. Dies legt den Schluß nahe, daß sich in den Blockparteien gelegentlich auch Gruppen von Menschen zusammenfanden, die in ihrem erduldenden Verhältnis gegenüber den gesellschaftlichen Verhältnissen, die von ihnen lediglich kosmetisch geändert werden konnten, eine gewisse Übereinstimmung fanden. Dabei mag es passiert sein, daß gelegentlich auch kritischere Töne gegenüber den vorgefundenen, politischen Verhältnissen angeschlagen wurden, als man sich gegenüber Fremden zu sagen traute. Festgehalten werden muß, daß ein solches Verhalten die den Blockparteien von der SED zugewiesene Funktion der Anerkennung und gesellschaftlichen Legitimierung des Macht- und Führungsanspruchs der SED nicht beeinträchtigte. Die gesellschaftliche Mobilisierung der von ihnen vorgeblich vertretenen sozialen Gruppen und Schichten ist den Blockparteien nur bis zu einem gewissen Grade gelungen, der Rückschluß, daß gerade dadurch eine nachhaltige Systemstabilisierung erreicht wurde, ist aufgrund neuerer Forschungsergebnisse eher fragwürdig. Die Blockparteien haben die ihnen von der SED zugedachte Funktion als „Transmissionsparteien" insofern jedoch gut erfüllt, als es ihnen gelungen ist, Menschen, die aus eigenem Antrieb bzw. aus anderen Gründen zu gesellschaftlicher Aktivität bereit waren, etwa in Form der Übernahme von Mandaten in das Herrschaftssystem der SED einzubinden, obwohl sie sich damit als Vertreter der von der SED abhängigen Blockparteien in den Augen der Bevölkerung selbst diskreditierten.

Obwohl die Blockparteien vorgeblich an eigenen bürgerlichen Wertvorstellungen festhielten und sich damit im Widerspruch zu dem von ihnen akzeptierten Macht- und Führungsanspruch der SED befanden, waren sie nicht in der Lage, in den jeweiligen, ihnen zugeordneten bürgerlichen Gruppen und Schichten der Bevölkerung der DDR wirklich Fuß zu fassen. So wurde der Atheismus von der CDU abgelehnt oder in Frage gestellt; dennoch konnte die CDU in christlichen Kreisen nicht wirklich Fuß fassen oder gar entscheidenden Einfluß auf Kirchen und ihre Amtsträger gewinnen.

Die SED mußte es zulassen, da sie an der Erhaltung des von ihr geschaffenen Blockparteisystems interessiert war, daß sich auch manche Angestellten und Intellektuellen in den Blockparteien als dem kleineren Übel organisierten, obwohl sie auch als Mitglieder für die SED in Frage gekommen wären. Neuere Ergebnisse zeigen, daß eine nachhaltige politisch-ideologische Erziehungswirkung der Blockparteien auf die Mehrzahl ihrer Mitglieder in den Blockparteien eher gering war, auch hier sind weitere Forschungsergebnisse nötig.

Einigen Massenorganisationen gelang eine flächenmäßige Erfassung der ihnen zugedachten Teile der Bevölkerung. Hierzu zählen der FDGB sowie die Pionierorganisationen und die FDJ. Dagegen war der Organisationsgrad in DSF (Deutsch-Sowjetischer Freundschaft), dem DBD und KB geringer. Viele Menschen gehörten sogar mehreren Organisationen an.

Besonders hoch war der Organisationsgrad des FDGB, in dem sich nahezu alle Beschäftigten in den Betrieben organisiert hatten. Sie versprachen sich davon einige Vorteile wie erschwingliche Urlaubsreisen. Vertrauensleute des FDGB konnten durchaus in beschränkten Rahmen gewisse Interessen ihrer Mitglieder durchsetzen.

Der Eintritt in eine Massenorganisation verlangte dem einzelnen in der Regel kaum eine größere Anpassungsleistung ab. Mit Hilfe dieser Massenorganisationen gelang es der SED, mögliche Einzelaktivitäten in ihr Herrschaftssystem einzubinden und ihre alles beherrschende marxistisch-leninistische Weltanschauung wie einen Schleier über alle Gruppen- und Kollektivaktivtäten zu legen.

Das Verhältnis zur SED: Abhängigkeit und Kontrolle

Blockparteien und Massenorganisationen standen in einem grundsätzlichen Abhängigkeitsverhältnis zur SED. Während die letzteren von der SED selbst direkt gelenkt wurden, forderte die „führende Partei“ von den Blockparteien „eigenständige und unverwechselbare Beiträge“ zur Gestaltung des politischen und gesellschaftlichen Lebens in der DDR. Blockparteien und Massenorganisationen wurden über den hauptamtlichen Apparat der SED, speziell über die ZK-Abteilung „befreundete Parteien und Massenorganisationen“ sowie über das Ministerium für Staatssicherheit ständig kontrolliert.

Zudem waren sie von der SED finanziell abhängig und wurden von ihr alimentiert. Mit Hilfe eines Nomenklatursystems, das noch genau zu untersuchen ist, besetzte die SED alle wichtigen Funktionen in den Massenorganisationen mit eigenen Funktionären. Darüber hinaus ist anzunehmen, daß die SED – durch gezielte Einschleusung eigener Funktionäre sowie durch eine zielgerichtete Überwachungs- und Beeinflussungsarbeit der Blockparteien durch das MfS – massiv Einfluß auf die Personalpolitik der Blockparteien nahm.

Durch ein spezielles Informations- und Berichtswesen, das die Blockparteien und Massenorganisationen von unten nach oben durchlief und auf den verschiedensten Ebenen mit der SED und dem MfS eng verknüpft war, hatte sich die „führende Kraft" ein zusätzliches, wirksames Kontrollinstrument geschaffen. Die Stimmungslagen der Bevölkerung sollten so ständig beobachtet, entstehende politische Konfliktlagen rechtzeitig erkannt und durch politische Kampagnen von oben nach unten wirksam bekämpft werden.

Motive für die Mitgliedschaft

Die Massenorganisationen waren ein integraler Bestandteil des gesellschaftlichen Lebens in der DDR. Sich für eine Mitgliedschaft zu entscheiden war nahezu eine Selbstverständlichkeit. Vor allem waren drei Gründe für eine Mitgliedschaft entscheidend:

- Erstens übernahmen Massenorganisationen auch soziale oder sozial-relevante Aufgaben, die eine Mitgliedschaft interessant machten und nur durch sie erreichbar waren, z.B. die technische Sportarten in der GST oder Reisemöglichkeiten, Befürwortung von Kuren, finanzielle Unterstützung bei längerer Krankheit und Geburt eines Kindes usw. im FDGB.
- Zweitens konnte eine Mitgliedschaft in einer Massenorganisation als Loyalitätsausweis gegenüber dem Regime dienen und so weiterem Druck vorbeugen.
- Drittens erschien eine Mitgliedschaft nicht selten geradezu eine notwendige Voraussetzung für eigene Karrierevorstellungen oder die der Kinder zu sein (FDGB, Pioniere, FDJ etc.).

Nicht zu vernachlässigen ist die normierende Wirkung, die von einer nahezu gesamtgesellschaftlichen Mitgliedschaft in den Massenorganisationen der DDR ausging. In dieser Grundkonfiguration wurde die DDR zu einer „Organisationsgesellschaft". Die hohen Beitragsrückstände einzelner Mitglieder zeigen, daß über ihre praktische Bedeutung hinaus die Mitglieder ihre jeweilige Massenorganisation nicht weiter ernst nahmen.

Dagegen war der Eintritt in eine Blockpartei ein bewußter und zweckorientierter Schritt, mit dem der einzelne eine bewußte politische Entscheidung traf und sich von anderen deutlich absetzte. Deshalb können die einzelnen Motive und Beweggründe zum Eintritt in eine der Blockparteien zu Aussagen über das Selbstverständnis und zu ihrem Verhältnis zur SED herangezogen werden und sind nicht zuletzt deshalb zum Gegenstand einer polarisierten politischen Debatte über die Rolle der Blockparteien geworden. Angesichts der Berufung vieler ehemaliger Mitglieder von Blockparteien auf gewisse Handlungsfreiräume und die Möglichkeit des Setzens begrenzter politischer Akzente wird der Widerspruch zwischen der Funktion dieser Blockparteien für das Herrschaftssystem der SED und dem Selbstverständnis eines Teils der Mitglieder deutlich. Es lag durchaus im Interesse der SED, den Blockparteien im stark eingeschränktem Umfang die Möglichkeit zu geben, eigenständige politische Akzente zu setzen. So wollte die SED ihre Diktatur verschleiern, denn scheinbar mußte man in der DDR kein Kommunist sein, um sich hier an der politischen Gestaltung des gesellschaftlichen Lebens beteiligen zu können. Gerade in Phasen machtpolitischer Verunsicherungen der SED konnten sich die Blockparteien besonderer Wertschätzungen der SED erfreuen. Die Mitgliedschaft in einer der Blockparteien muß unter dem Aspekt der Anpassungsleistung an das Herrschaftssystem der SED in der DDR verstanden werden, welche durchaus mit einer inneren Ablehnung des Systems des „real-existierenden Sozialismus" einhergehen konnte.

Daraus einen Gegensatz zwischen Staatsloyalität einerseits und der Loyalität zum politischen System und der herrschenden Ideologie des „real-exisitierenden Sozialmus" zu konstruieren, ist verfehlt. Wohl aber ist an dieser Stelle zu fragen, ob die Tradition der bürgerlichen Kräfte in Deutschland, sich überwiegend loyal zum jeweiligen staatlichen System und seinen Repräsentanten zu verhalten, nicht auch in der DDR zu einem Eintritt in eine der Blockparteien führte und genau damit den „real-existierenden Sozialismus", welchem sie innerlich ablehnend und distanziert gegenüberstanden, de facto unterstützten. So ist es zu verstehen, daß für das jeweilige Mitglied die Blockpartei anscheinend die Schutzfunktion einer Überwinterungsnische haben konnte und dennoch innerhalb dieser Nische das Herrschaftssystem der SED stützte.

Deshalb ist es verfehlt, an der Basis der Blockparteien eine latente oppositionelle Bewegung auszumachen. Sieht man von der Frühphase der SBZ/DDR (1954 bis 1952) einmal ab, so ist von den Blockparteien an keiner Stelle jemals ein widerständiger oder gar oppositioneller Impuls ausgegangen. Erst im Herbst 1989, als deutlich wurde, daß die Messen für die SED gesungen waren, wandten sich die Blockparteien von ihr ab und bemühten sich in einer Phase der Erneuerung durch einen Wechsel an der Spitze ein eigenständiges Profil zu zeigen, welches sich konsequent an das konservativ-liberale Lager in der Bundesrepublik anlehnte.

In der Regel erfolgte der Eintritt in eine Blockpartei im Zusammenhang mit unpolitischen Erwägungen, wie Gewerbeerlaubnis für Handwerker, Karrierewünsche oder eine berufliche Interessenvertretung bei konkreten Einzelproblemen. Ausschlaggebend war für viele Mitglieder von Blockparteien, daß sie das von der SED geforderte politische Engagement nachweisen konnten, ohne Mitglied in der SED selbst zu sein. Allerdings war ihnen damit meist der Aufstieg in höchste Spitzenämter und politische Leitungspositionen in Gesellschaft, Staat und Wirtschaft verbaut. Zudem waren Mitglieder meist von Tätigkeiten in sensiblen Sicherheitsbereichen ausgeschlossen (z.B. Offiziersränge der NVA; Tätigkeit bei der SDAG Wismut). Auch eine Mitgliedschaft bei den Kampfgruppen der Betriebe war bis in den achtziger Jahren nicht möglich.

Es läßt sich feststellen, daß ein gesamtdeutscher Bezug in der Mitgliedschaft der vormals bürgerlichen Parteien CDUD und LDPD wohl nie ganz erloschen war. In der Politik der beiden Parteien hatte er allerdings nur eine geringe und unterschiedliche Bedeutung.

Die CDU in der Bundesrepublik lehnte Kontakte mit der Ost-CDU ab, um eine Aufwertung mit der SED-abhängigen Parteiführung zu vermeiden; sie sah in der Exil-CDU die legitime Vertreterin der christlichen Demokraten der DDR. Demgegenüber gab es seit 1956 kontinuierliche Kontakte der FDP mit der LDPD, zum einen um den Gesprächsfaden nicht abreißen zu lassen, zum anderen um auf diese Weise politische Anregungen in die SED hineintragen zu können. Dieses Interesse aber konnte die LDPD über einige kurzfristige Aufmerksamkeitserfolge hinaus systembedingt nur begrenzt nutzen.

Die Frage der politischen Verantwortung

Nach ihrer Gleichschaltung dienten die Blockparteien und Massenorganisation der Absicherung des Herrschaftssystms der SED. Als Transmissionsparteien instrumentalisiert, sollten sie die gesellschaftlich aktiven Kräfte, die sich mit einer linken Ideologie nicht identifizieren konnten, in das Herrschaftssystem der SED einbinden, den Macht- und Führungsanspruch der SED legitimieren sowie die Politik der SED über ein weitverzweigtes Organisationsgeflecht in sämtliche Bereiche der Gesellschaft hineintragen und umsetzen. Auch wenn diese die ihnen übertragene Aufgabe einer politisch-ideologischen Erziehung zur Konformität mit der SED-Politik offensichtlich nicht umsetzen konnten, fungierten sie als Hilfsinstrumente, mit denen die SED das politische System der DDR beherrschen und sich Informationen über die tatsächliche Stimmungslage der Bevölkerung verschaffen konnte.

In diesem Sinne waren sowohl Blockparteien als auch Massenorganisationen systemstabilisierend. Ihre Funktionäre tragen folglich auch politische Mitverantwortung für das SED-Regime. Gerade das „Mitspielen" in einer der Blockparteien, das sich in der Übernahme von Funktionen in Politik, Staat und Wirtschaft ausdrückte, hat „in erheblichem Maße Anerkennung, Systemstabilisierung, sowie überhaupt die Erzeugung eines demokratischen Scheins" bedeutet, und muß deshalb als bewußte Kollaboration mit dem SED-Regime gesehen werden.

Die ehemaligen Blockparteien nach der Vereinigung

Die Art und Weise, wie die Blockparteien in der friedlichen Revolution agiert haben, hat dem Begriff „Wende" eine besondere Bedeutung gegeben. Der Volksmund nannte sie nicht zu Unrecht Wendehälse. Innerhalb von wenigen Monaten wendeten sich die Blockparteien von treuen Vasallen und Dienern der SED zu scheinbar verläßlichen Garanten einer demokratischen Erneuerung. Mit nur geringen personellen Änderungen an ihrer Spitze, aber völlig neuen Programmen präsentierten sie sich einem staunendem Publikum. Bei genauerem Hinsehen entpuppten sich diese Parteiprogramme dann aber als abgeschrieben, teils von den Programmen der neuen demokratischen Bewegungen und Parteien, nicht zuletzt der SDP, aber auch der nun wieder ins Visier genommenen, bis dato als bürgerlich und kapitalistisch verunglimpften westdeutschen Schwesterparteien. Auf diese schielten die gewendeten Blockparteien denn auch und peilten strategisch eine Zusammenarbeit an, die im Herbst 1990 dann folgerichtig in der Vereinigung von Parteien endete, die eigentlich 40 Jahre lang so gut wie überhaupt nichts gemein miteinander hatten, außer den Namen. Als Feigenblatt dienten in diesen Vereinigungsprozessen einige ehemals oppositionelle Gruppierungen. So vereinigten sich die West- mit der Ost-CDU, welche vorher die DBD geschluckt hatte, gemeinsam mit dem Demokratischen Aufbruch zur gesamtdeutschen CDU. Die gesamtdeutsche F.D.P. ging aus der Vereinigung mit den ostdeutschen Blockparteien LDPD und NDPD sowie der Neuen-Forum- Parteien und dem Bund der Liberalen hervor.

Diese Vereinigungsprozesse haben in Ostdeutschland tiefe Spuren hinterlassen. Sie überlagerten einen Prozeß, der mit dem Anspruch einer tiefgreifenden politische Erneuerung begonnen hatte und drückte ihm den Stempel des Pragmatismus und kalten Machtkalküls auf. Nicht zuletzt die SED-Nachfolgepartei PDS profitierte von diesem Vorgang und konnte von nun an süffisant von ihrer eigenen unzulänglichen Vergangenheitsaufarbeitung ablenken, indem sie auf Unglaubwürdigkeit der Vereinigung mit den ehemaligen Blockparteien verwies.

In Ostdeutschland haben diese Umstände der Parteienvereinigung mit Sicherheit viel politischen Frust und Politikverdrossenheit erzeugt. Das latente Mißtrauen und die tiefe Skepsis vieler Zeitgenossen generell gegen jede Art von politischer Betätigung, eine in der DDR angelernte Schutzhaltung, wurde nun auch in demokratischen Zeiten bestätigt und verstärkte die Zurückhaltung und rein beobachtende Haltung vieler Ostdeutscher zur Politik. Das Bedürfnis der Ostdeutschen nach politischer Gerechtigkeit ist dadurch düpiert worden, die Möglichkeit zur politischen Erneuerung wurden heftig behindert.

Zweifelsohne hat insbesondere die Haltung des CDU-West-Vorsitzenden Helmut Kohl zur CDU-Ost wie ein Ritterschlag für die ostdeutsche Schwesterpartei gewirkt, und diese Partei am 18. März 1990 wählbar gemacht. Plötzlich war die politische Vergangenheit eines ehemaligen Kollaborateurs der SED tabu. Hatte die CDU-Ost vorher in den Zeiten kommunistischer Stagnation die SED gestärkt, so stärkte sie nun die westdeutsche CDU. Nie war sie selbstbestimmt, sondern immer ein Gefäß fremder politischer Anschauungen. Sowohl in den 40 Jahren vorher als nun auch in der Zeit der Wende und anschließenden Vereinigung haben die Blockparteien für Überzeugungen gefochten, die zweifelsohne fremden Interessen diente. Immer wurde die CDU-Ost funktionalisiert.

Am 18. März 1990 aber wurde die CDU-Ost von den Ostdeutschen gewählt im vollen Wissen dieses politischen Vorgangs. Die Wähler hatten Zeit abzuwägen. Offensichtlich galt die Promiskuität der CDU-Ost gegenüber der Vitalität der CDU-West nur wenig. Auch trug die Haltung der PDS, welche bis zum 18. März nicht einen einzigen wirksamen Beitrag zur politischen Erneuerung und radikalen Wende in der DDR, sowohl in wirtschaftlicher als auch in politischer und kultureller Hinsicht, geleistet hatte, einiges zum Wahlerfolg der ehemaligen Blockparteien bei. Die Sorge vor einem Rückfall in postkommunistische, nichtmarktwirtschaftliche Verhältnisse und der Festschreibung der deutschen Teilung überwogen die Sorgen vor einem Defizit politischer Erneuerung und Glaubwürdigkeit.

Damit aber waren für die ehemaligen Blockparteien die Weichen gestellt. Ihnen standen in der nachfolgenden Zeit die Bewältigung großer Aufgaben bevor und sie luden ihren jeweiligen westdeutschen Vereinigungspartnern nicht wenige Lasten auf. Sie mußten den Beweis antreten, daß auch in einem alten Schlauch neuer Wein eine feste und stabile Hülle finden könne. Dies gelang in der Tat nur selten. Die politischen Prozesse in den ehemaligen Blockparteien gestalteten sich von da an sehr schmerzhaft und waren mit einem großen Verschleiß ihrer Mandatsträger verbunden. Erinnert werden muß in diesem Zusammenhang vor allem an die Situation der Brandenburger CDU, die einem völligen Zerfall ausgesetzt scheint, aber auch an die tiefe Krise der CDU Sachsen-Anhalts. Auch Mecklenburg-Vorpommern und Thüringen sind schwer gebeutelt worden. Einzig die sächsische CDU macht noch einem relativ soliden Eindruck, der wohl vor allem einem fähigen Ministerpräsidenten und einer Crew neuer und unbelasteter Politiker zu verdanken ist.

Generell läßt sich sagen, daß sich in der CDU-Ost und F.D.P.-Ost noch immer zum Teil hochrangige Mitglieder der alten Blockparteien befinden in manchmal sehr einflußreichen Positionen. Ein Blick in ein parlamentarisches Handbuch der ostdeutschen Landtage erhellt die Situation der bürgerlichen Parteien in Ostdeutschland, teilweise lesen sich die Kurzbiographien wie Empfehlungsschreiben für die alte Blockpartei-Nomenklatura.

Und doch muß ein großer Unterschied gemacht werden zwischen den bürgerlichen Parteien in Ostdeutschland und der PDS. Wer sie nur an der Vergangenheit mißt, greift zu kurz. Zwar ist die politische Glaubwürdigkeit und das Bedürfnis nach Gerechtigkeit schwer düpiert worden, doch muß zwischen Geschichte und aktueller politischer Situation schon ein Unterschied gemacht werden.

Programmatisch haben die ehemaligen Blockparteien mit ihrer Vergangenheit in der DDR gebrochen. Man mag einwenden, daß ihnen angesichts der anzustrebenden Vereinigungen auch nichts anderes übrigblieb. Bis jetzt aber hat sich nicht gezeigt, daß es hier starke Kräfte gibt, die einen Rückfall in totalitäre politische Verhältnisse anstreben, was man von der PDS nicht sagen kann. In vier ostdeutschen Landtagen, und in der Mehrheit der ostdeutschen kommunalen Körperschaften sind bürgerliche Kräfte in der Mehrheit und müssen die politischen Tagesaufgaben bewältigen. Dies sind

Bewährungsproben, die, wenn sie bestanden werden, von den Wählern mit Sicherheit honoriert werden. Damit allein aber lassen sich strukturelle Schwächen nicht überwinden.

Ob die ehemaligen Blockparteien sich so sehr wandeln werden, daß sie tatsächlich eine attraktive politische Kraft mit anziehender Wirkung für noch Außenstehende werden können, ist heute nur schwer einzuschätzen. Bisher leiden ja alle demokratischen Parteien an gravierender Mitgliederschwäche.

Die Blockparteien tragen schwer an ihrer politischen Vergangenheit. Jedes neue Mitglied muß diese Last mitschultern. Eine politische Aufarbeitung der Blockparteigeschichte in den Parteien selber hat nicht stattgefunden. Dafür gibt es auch nur wenig Chancen. Daraus ergibt sich, daß Zusammenhänge gegenwärtiger Probleme mit ihren Ursachen in der DDR-Geschichte nur sehr gehandikapt oder gar nicht diskutiert werden können. Letztlich bleibt so diesen bürgerlichen Parteien nur ein pragmatisches Herangehen übrig. Die alte Geschichte ist eine tabuisierte Erblast, die durch Geschichtsklitterung nur mühsam überdeckt wird. Eines Tages aber werden sich die ehemaligen Blockparteien mit ihrer Geschichte beschäftigen müssen, werden Antworten auf die Fragen der nachwachsenden Generation geben müssen. Auf den scheinbaren politischen Druck der Wendezeit wird man dann entschuldigend nicht mehr verweisen können.

Insgesamt ist für ganz Deutschland der ehrliche Versuch einer Vergangenheitsaufarbeitung unerläßlich zur Aneignung der Demokratie und der Überwindung der Wunden einer 40jährigen Teilungsgeschichte. Auf Dauer werden sich die ehemaligen Blockparteien dieser Aufarbeitung nicht verschließen können. Ein nochmaliges Wendemanöver wie 1989 hat keine Aussicht auf Erfolg.

Lydia Lange

Soziale Sicherheit in der DDR und psychosoziale Probleme in den neuen Bundesländern

Soziale Sicherheit und Mangelwirtschaft in der DDR

Soziale Sicherheit war in der DDR in der Verfassung verankert: das Recht auf Wohnung (Artikel 37), auf Arbeit (Artikel 24)[1]. Im Unterschied zur Meinungs-, Presse- und Versammlungsfreiheit, die auch verfassungsmäßig garantiert waren, doch praktisch nicht galten, hatten die meisten Leute Arbeit, diejenigen mit Berufsverbot freilich nicht ihrer Qualifikation entsprechend. Wohnraum war knapp und die Wohnungen oftmals von schlechter Qualität, aber es gab immerhin keine Obdachlosen. Fast überall waren genügend Kindergartenplätze vorhanden. Die begehrten Kinderkrippenplätze waren etwas schwerer zu bekommen. Die Klassenfrequenzen in den Schulen lagen erheblich unter denen der Bundesrepublik. Die Mieten waren niedrig, dafür die Häuser oft in miserablem Zustand. Noch 1990 wurden entsprechend der staatlich festgelegten zulässigen Mietpreise je Quadratmeter Wohnfläche 0,80 bis 1,25 Mark Miete (kalt) monatlich entrichtet. Für diese niedrigen Mieten wurden vom Staat 1988 ca. 16 Milliarden Mark an Zuschüssen bereitgestellt.[2] Diese reichten aber nicht, die Häuser instandzuhalten. Nicht nur die Altbauten befanden sich häufig in bejammernswerter Verfassung, auch Neubauten wiesen so erhebliche Mängel auf, daß oftmals unmittelbar nach ihrer Fertigstellung mit Reparaturen und Rekonstruktionsmaßnahmen begonnen werden mußte.

Die soziale Sicherheit wurde erkauft durch geringe Freizügigkeit und permanente Defizite. Verfallene Häuser, schlechte Infrastruktur, allgemeiner Mangel an alltäglichen Dingen, besonders Ersatzteilen, Schattenwirtschaft, waren die Kehrseite der sozialen Sicherheit. Die „Grundbedürfnisse“ waren befriedigt, aber auf relativ niedrigem Niveau. Das Lohnniveau war recht homogen und es war schwierig, die Menschen bei ihrer Arbeit durch „materielle Stimuli“ anzuregen. Motivierend wirkten andere Ziele, die oftmals nichts mit Sicherheit und Geborgenheit zu tun hatten: Westreisen, Westgeld, Autos, Studienplätze in begehrten Fächern, aber auch leichter zu bekommende Dinge, für deren Vergabe der Betrieb mitzureden hatte, wie Neubauwohnungen oder Ferienplätze in einem FDGB-Heim. Durch fleißige Arbeit zum Wohle des Sozialismus bekam man solche Dinge meistens nicht, abgesehen von den Ferienplätzen. Für dic Wohnungsvergabe waren häufig soziale Gesichtspunkte (Kinder) ausschlaggebend. Ansonsten brauchte man „Beziehungen" nach oben oder den Zugang zu Devisen, um nicht den alltäglichen Einschränkungen unterworfen zu sein.

Der Zentralismus der gesellschaftlichen und ökonomischen Strukturen in der DDR verhinderte zusammen mit dem Planungsfetischismus die Lösung von Problemen vor Ort. Die Bezirke, die 1952 statt der Länder gebildet worden waren, und besonders die Kommunen waren in einem Maße entmündigt, daß Bereiche wie kommunale Wirtschaft, Verkehrs- und Baupolitik Beschlüsse zu verwirklichen hatten, die nicht sachgerecht waren.

Eine solche Struktur gesellschaftlicher Vorgaben mußte demotivierend und demoralisierend wirken. An die soziale Sicherheit war man längst gewöhnt, man hielt sie für selbstverständlich. Das, was man wirklich wollte, wodurch man sich verwirklichen konnte und was einen von anderen abhob, konnte man durch eigenes Verdienst nicht haben. Psychologisch erzeugten diese sozialen Strukturen und gesellschaftlichen Belohnungs- und Bestrafungszusammenhänge einen Zustand „erlernter Hilflosigkeit". Wer ständig die Erfahrung machen muß, daß er mit seinen Handlungen, z.B. am Arbeitsplatz, die Handlungsergebnisse nicht beeinflussen kann, ist nicht mehr ausreichend motiviert, sich anzustrengen und erwartet auch nicht mehr, daß er durch eigenes Dazutun die Verhaltenskonsequenzen steuern kann.

Der Staat übernahm es, die Menschen vor der Wirkung ökonomischer und gesellschaftlicher Gesetze zu schützen, konnte diesen aber auf die Dauer auch nicht entkommen. Ja, er verstieß unter Anleitung der Parteiführung gegen ökonomische Prinzipien, die für jede Gesellschaft gelten. Es gab schließlich keine Investitionen in die Zukunft mehr, dafür eine rücksichtslose Ausbeutung der materiellen Produktionsmittel, einschließlich der natürlichen Ressourcen. Die Menschen erfuhren die Rückwirkung der Folgen ihres Handelns nicht unmittelbar, außer wenn sie politisch aus der Reihe tanzten.

Die Handlungsantriebe sollten verbal erzeugt werden, durch Appelle an das „Bewußtsein" und Betonung der „gesellschaftlichen Notwendigkeit". Die Menschen spürten es nicht am eigenen Geldbeutel, wenn sie Wasser, Energie, Material und Arbeitszeit vergeudeten. So kam es trotz der von der Partei immer wieder stolz verkündeten „Befriedigung der Grundbedürfnisse" zu Defiziten in lebenswichtigen Bereichen. Als Beispiele seien die Umweltschädigung und gesundheitliche Beeinträchtigungen der Bevölkerung aufgrund der Lebensbedingungen genannt.

Die Schädigung der Umwelt durch Industrie, Unachtsamkeit der Bürger, Militär, Landwirtschaft hatte schließlich solche Ausmaße angenommen, daß trotz Bagatellisierung durch die politische Führung und Geheimhaltung das Ausmaß der Schäden von der Bevölkerung wahrgenommen wurde. In einer vom einstigen Institut für Soziologie und Sozialpolitik an der Akademie der Wissenschaften der DDR im Januar 1990 durchgeführten Erhebung äußerten sich 84,5 % der Befragten unzufrieden oder sehr unzufrieden mit der Umweltsituation.[3] Umweltschäden und -belästigungen (z.B. durch Lärm) wirkten sich beeinträchtigend auf den Gesundheitszustand der Bevölkerung aus. Daß dieser im allgemeinen schlechter als der Gesundheitszustand der bundesrepublikanischen Bevölkerung war, schlug sich in der niedrigeren Lebenserwartung der Ostdeutschen im Vergleich zu den Westdeutschen nieder.

Daran war freilich nicht allein die Umweltbelastung schuld, sondern wesentlich auch die Ernährung. Die DDR war bekannt für einen hohen Pro-Kopf-Fleisch- und -Fett-Verbrauch sowie für einen durchschnittlich sehr hohen Alkoholkonsum. Zumindest der übermäßige Fleisch- und Fettverzehr war durch das eintönige Lebensmittelangebot mitbedingt. Hier hat sich in den Gewohnheiten der Bevölkerung seit der Wende Grundsätzliches geändert. Es sollte jedoch nicht vergessen werden, daß die „Befriedigung der Grundbedürfnisse", so erstrebenswert Wohnraum und Arbeit für prinzipiell alle sind, auch in der DDR bald an ihre Grenzen gestoßen ist, nämlich dann, wenn es um Möglichkeiten gesunder Ernährung ging.

Soziale Sicherheit und individuelle Verantwortung

Das Risiko, mit dem die menschliche Existenz behaftet ist, wird in einer einigermaßen funktionierenden Gesellschaft vom Staat und seinen Institutionen gedämpft. Im DDR-Sozialismus war diese Unsicherheit extrem reduziert. In der geschlossenen Gesellschaft trug auch die Mauer zur allgemeinen Sicherheit bei, weil sich bestimmte Formen von Kriminalität gar nicht lohnten oder weil es schwer möglich war, Drogen einzuführen. Die politische Führung glaubte wahrscheinlich selbst, die „Gesetzmäßigkeiten der gesellschaftlichen Entwicklung" nicht nur erkannt zu haben, sondern auch bewußt zu nutzen. Sie wähnte sich in trügerischer Sicherheit. Der Staat war eine Sicherheitsgarantie für die Bürger, solange diese nicht gegen politische Tabus verstießen.

Die Kehrseite dieser „Politik der sozialen Sicherheit" war, daß man sich als entmündigter Bürger auch nicht verantwortlich fühlte. Im übrigen bezog sich die Sicherheit nicht nur auf den sozialen Bereich. „Sicherheit zuerst", eine Losung, die auf dienstlichen Aschenbechern häufig zu lesen war, war nicht allein als Aufforderung zum Brandschutz gedacht. Sie war vor allem politisch gemeint. Die Partei und der Staat entschieden im Prinzip alles und wurden auch für alles verantwortlich gemacht. Jeder Ärger im Alltag wurde ihnen angerechnet.

Individuelle Vorsorge war nicht nötig und im großen und ganzen auch nicht möglich. Die Menschen erwarben eine Versorgungshaltung gegenüber dem Staat. Wer nicht ausreisen durfte, konnte doch zumindest erwarten, daß er ein Dach über dem Kopf und Arbeit bekam und behielt. Wer jedoch unbedingt weg wollte, bei dem war dann auch die Arbeit nicht mehr sicher.

Die ständige Reglementierung kam denjenigen zugute, die von sich aus Initiative oder Selbstdisziplin nicht aufbrachten. Wer Phantasie hatte und aus eigenem Antrieb handeln wollte, war in seinem

Aktionsradius eingeschränkt und suchte sich zumeist für die Freizeit oder auch am Arbeitsplatz kleine Refugien, in denen er selbst schalten und walten und die Rückwirkungen des eigenen Tuns erfahren konnte. Wie Frese[4] bei einem Vergleich der Haltungen ost- und westdeutscher Arbeitnehmer feststellte, war zum Untersuchungszeitpunkt der Anteil von Beschäftigten, die Eigeninitiative am Arbeitsplatz und im Beruf entfalteten, im Westen zwar höher, aber auch im Osten gab es einen bestimmten Prozentsatz von Befragten, die hohe Eigeninitiative zeigten.

Das durch die Versorgung von Grundbedürfnissen und Reglementierung erzeugte Empfinden von Sicherheit und Geborgenheit sollte auf keinen Fall erschüttert werden. Wenn es dennoch irgendwo brenzlig wurde, bei dem Entstehen von Seuchen (Schweinepest, Maul-und-Klauen-Seuche), der Gefährdung der Umwelt, der Verbreitung von Ungeziefer, bei Protestaktionen und Unbotmäßigkeiten in der Bevölkerung, traten Geheimhaltungsbestimmungen in kraft. Da der Staat das Informationsmonopol hatte, gab es auch in diesem Bereich keine wesentliche Unsicherheit. Die Entmündigung und Reglementierung der Bevölkerung führte zu allgemeiner Schlamperei. Diese mußte gefährliche Situationen zur Folge haben, z.B. im Umweltbereich. Solche Gefahren wurden durch die Geheimhaltungsmanie der SED natürlich nicht vermindert oder beseitigt, sondern noch verstärkt.

Da die Resultate eigenen Handelns – außer im politischen Bereich – nicht auf den Einzelnen zurückwirkten und die Politik von Wunschvorstellungen geblendet war, gab es keine geeigneten Mechanismen, um Fehlentwicklungen rechtzeitig korrigieren zu können. Dieser Kardinalfehler der SED wurde noch verstärkt durch Geheimhaltungswahn, durch Schönfärberei, ja selbst durch Fälschungen in Berichten und Statistiken. Man merkte in der DDR nicht, wenn es ernst wurde, dafür sorgte schon die von der Partei forcierte Geheimniskrämerei.

Durch die „Wende“ hat sich die Situation für die Ostdeutschen schlagartig und grundsätzlich geändert. Jeder ist nun für sich selbst verantwortlich und muß die Konsequenzen des eigenen Tuns tragen. Es gibt keine Grundrechte auf Arbeit und Wohnung mehr und viele Menschen suchen eine Wohnung oder einen Arbeitsplatz. Wir wissen, daß die meisten nicht „selbst schuld“ an ihrer Lage sind. Selbst wenn sie es wären, wie weit kann sich der Staat der Verantwortung für seine Bürger entziehen, wenn diese nicht selbstverantwortlich handeln?

Die veränderte soziale und psychologische Situation in Ostdeutschland nach der Vereinigung

Trotz der Vereinigung ist die Situation der Ostdeutschen nicht die gleiche wie die der Westdeutschen, und zwar aus zwei Gründen. Ihre Lage ist rechtlich, durch den Einigungsvertrag und nachfolgende Bestimmungen, und „subjektiv“, durch die Erfahrungen aus der DDR-Zeit, eine andere. Auch wenn sie nun selbst entscheiden können und dadurch selbst verantwortlich sind, so handeln sie doch unter anderen Voraussetzungen.

So ist die gesetzliche Lage aufgrund des Einigungsvertrages ungünstiger, da die Ostdeutschen nicht im gleichen Maße über juristische Möglichkeiten verfügen, die eigenen Interessen durchzusetzen (man denke an das Prinzip „Rückgabe vor Entschädigung“ oder an die Aufhebung des Kündigungsschutzes im öffentlichen Dienst). Nicht nur die tatsächliche Situation ist eine andere, hinzu kommen Probleme psychologischer Natur.

Die veränderte soziale Situation ist durch den sozialen Abstieg von Schichten und gesellschaftlichen Gruppen bzw. durch den drohenden Abstieg gekennzeichnet. Die veränderte psychologische Situation kann man mit dem Stichwort „kritische Lebensereignisse und deren Bewältigung“ charakterisieren.

Die durch die Freiheit bedingte stärkere Selbstverantwortlichkeit des einzelnen erzeugt gesellschaftliche Differenzierungsprozesse, die zu sozialer Ungleichheit führen. Durch diesen Verlust an sozialer Homogenität muß es in größerem Ausmaße zu gesellschaftlichem Abstieg kommen. Merkmale, die dazu beitragen, sind Alter, niedrige oder fehlende berufliche Qualifikation, aber auch Bildungsabschlüsse, die auf einmal nichts mehr wert sind. Nicht in jedem Falle ist die Entwertung von Bildungsabschlüssen auf mangelnde inhaltliche Relevanz des Gelernten in der neuen Gesellschaft zurückzuführen. Es ist wohl ein Unterschied, ob man Marxismus-Leninismus studiert und nichts anderes gelernt oder ob man einen Abschluß als Unterstufenlehrer und in diesem Beruf gearbeitet hat. Beide Abschlüsse sind nicht mehr viel wert, auch wenn Lehrer für die ersten Schulklassen im Unterschied zu ML-Dozenten weiterhin gebraucht werden. Der Grund für die Nichtanerkennung der Unterstufenabschlüsse liegt in der Tatsache, daß letztere zu den bundesrepublikanischen Zertifikaten nicht paßfähig sind.

Neu ist für die Ostdeutschen die Erfahrung, daß soziale Merkmale, die mit der eigenen Initiative und Fähigkeit überhaupt nichts zu tun haben, wie Alter und Geschlecht, die Wahrscheinlichkeit von Arbeitslosigkeit und damit des sozialen Abstiegs erhöhen. Die Arbeitslosigkeit konzentriert sich auf die über Fünfzigjährigen und die Frauen. Laut einer Meldung der Berliner Zeitung vom 27. 1. 1994 haben 80 % der über Einundfünfzigjährigen in Ostdeutschland ihre Arbeit verloren. Hoffnungslosigkeit und Unzufriedenheit erfassen vor allem ältere und qualifiziertere Arbeitslose sowie arbeitslose Frauen[5]. Welche Möglichkeiten haben diese Menschen in der Gesellschaft der Bundesrepublik, sich durch eigene Initiative aus ihrer Lage zu befreien?

Nach einer von Infratest im vorigen Jahr durchgeführten Erhebung in den neuen Bundesländern fühlen sich 35 % der Bevölkerung als soziale Absteiger, vor allem Frauen, mittlere Alters- gruppen, frühere „Kader“, qualifizierte Angestellte und Arbeitslose (diese Kategorien schließen sich natürlich nicht gegenseitig aus). Als soziale Aufsteiger fühlen sich 13 % der Bevölkerung, und zwar vor allem Männer, Ledige, junge Leute mit guter Bildung und Selbständige[6].

Das Phänomen des tatsächlichen oder drohenden sozialen Abstiegs lohnt sich differenzierter zu betrachten. Das Wegbrechen der äußeren Stützen, der materiellen Grundlagen des Alltags, geschieht nicht gleichmäßig, sondern konzentriert sich auf bestimmte soziale und regionale Kategorien. Es gibt Leute, die sowohl ihre Arbeit verloren haben als auch ihr Grundstück, deren Berufsabschluß nichts mehr wert ist und die dieses Schicksal mit den anderen Familienmitgliedern teilen.

Psychologisch bedeutsam ist auch der tatsächliche oder drohende *relative* soziale Abstieg. Damit ist gemeint, daß erst durch den Vergleich mit anderen, den Bezugspersonen oder Bezugsgruppen, die Verschlechterung der eigenen Situation offenbar wird. Wer sich in seinem sozialen Status nicht zu verändern scheint, gerät psychologisch ins Hintertreffen, wenn er meint, daß die meisten anderen Menschen in seiner Umgebung ihre gesellschaftliche und/oder ökonomische Stellung verbessern konnten. Schwer zu ertragen ist vor allem das Nicht-dafür-können und Nicht-beeinflussen-können der neuen Position (z.B. bei Älteren, alleinerziehenden Müttern). Bildung kann man erwerben, Haltungen kann man ändern. Die Bereitschaft, sich umschulen zu lassen und sich weiterzubilden, ist in den neuen Bundesländern nach wie vor sehr groß. Alter, Geschlecht und Familienstand jedoch, die bei Berufsaussichten auch eine Rolle spielen, kann man nicht so leicht ändern.

Es war sicher naiv zu glauben, der Zusammenbruch eines Staates und der Anschluß an einen anderen würden ohne massenhafte Umstrukturierungen vor sich gehen können, nicht nur auf ökonomischem, politischem und gesellschaftlichem Gebiet, sondern auch auf weltanschaulichem und psychologischem. Was während der „Wende“ und danach im Osten stattgefunden hat, sind „kritische Lebensereignisse“ als Massenphänomen. Ein kritisches Lebensereignis ist ein „Eingriff in das zu einem bestimmten Zeitpunkt aufgebaute Passungsgefüge zwischen Person und Umwelt.“[7] Unter solchen kritischen Ereignissen im Leben versteht man in der Entwicklungspsychologie Vorkommnisse wie Verlust nahestehender Menschen, Änderung des Wohnortes, Geburt eines Kindes, Verlust der Arbeit u.ä. Sie machen zu ihrer Bewältigung mannigfache Umstellungen in geistiger und emotionaler Hinsicht und im Verhalten erforderlich, damit ein neues Gleichgewicht erreicht wird. Solche Prozesse sind nun bei den neuen Bundesbürgern seit einigen Jahren Massenerscheinungen. Die Menschen waren und sind den neuen Bewältigungsnotwendigkeiten ausgesetzt, ohne die Möglichkeit gehabt zu haben, sich vorher auf die Veränderungen einstellen zu können. Die Ereignisse infolge der „Wende“ konnten weder hinsichtlich ihres Zeitpunktes noch ihres Ablaufs mitbestimmt werden. Die

Plötzlichkeit der erfahrenen Geschehnisse und die oft unerwartete Richtung der Veränderungen (z.B. erwarteten Menschen, die zur SED auf Distanz geblieben waren, in der Regel nicht, daß sie nun wegen „Mangel an Bedarf“ aus dem öffentlichen Dienst gekündigt werden könnten) kontrastiert zu dem weitgehend vorherbestimmten Ablauf des Alltagslebens in der DDR. Besonders die älteren Menschen hatten, wie in anderen Gesellschaften auch, eine bestimmte Lebensplanung, die nun vollkommen verändert werden muß.

Für die Menschen in Ostdeutschland bedeutet die gewonnene Freiheit vor allem eine Zunahme an Selbstverantwortung, aber nicht unbedingt eine Zunahme an Autonomie. Oftmals mangelt es an Ressourcen, die Selbstbestimmungsmöglichkeiten auch nutzen zu können (bei Arbeitslosigkeit schwer zu Vermittelnder beispielsweise). Viele erfahren, daß es in der bundesrepublikanischen Gesellschaft Autonomieeinschränkungen geben kann, von denen sie vorher nichts ahnten: Rechte anderer (z.B. der Vermieter, der Verwandten, die finanziell unterstützt werden müssen), gesetzliche Vorschriften, die die eigene Entscheidungsfreiheit einschränken (z.B. beim Schwangerschaftsabbruch).

Durch die gewonnene Freiheit hat sich die Anzahl möglicher Alternativen erhöht. Die Anforderungen an die geistige Vielfalt nehmen ebenso zu wie die schon erwähnte soziale Differenzierung. Wer aus intellektuellen und/oder Gründen der begrenzten psychischen Anpassungsfähigkeit an gesellschaftliche Normen Schwierigkeiten hat sich zurechtzufinden, wird nicht mehr in dem Maße wie früher in der DDR vom Staat gestützt und womöglich auch zwangsweise integriert (Stichwort: „Arbeitsplatzbindung“). Personen, die die Regelschule nicht abgeschlossen haben, wenig Intelligente, Haftentlassene, Alkoholiker, alleinerziehende Mütter sind stärker auf sich selbst angewiesen als zu DDR-Zeiten. Dies wirkt sich nicht nur auf den genannten Personenkreis selbst aus, sondern auch auf dessen Kinder. Dinge, die früher zu den gesetzlichen Pflichten der Eltern gehörten (etwa mit Kleinstkindern zur Mütterberatung zu gehen, Impfpflicht gegen bestimmte Krankheiten) sind nun von ihnen selbst zu entscheiden. Die Kinder der Eltern, die der neuen Verantwortung in ihren Entscheidungen nicht gerecht werden, haben dadurch Nachteile.

Zu den Vorteilen, die das Versorgungs- und Aufsichtssystem des Staates DDR mit sich brachte, gehörten also die soziale Sicherung und die Voraussehbarkeit der gesellschaftlichen Entscheidungen (freilich nicht auf ideologischer Ebene, hier gab es plötzliche und unerwartete Brüche). Die SED-Führung hütete sich, die besonders in konsumptiven Fragen ohnehin labile Stimmung in der Bevölkerung durch Abweichungen von der Linie der sozialen Sicherheit und Vorausschaubarkeit zu provozieren. So nannten denn auch in der bereits erwähnten Umfrage von Infratest die befragten Ostdeutschen als besondere Stärken der DDR die Sicherheit des Arbeitsplatzes, den Schutz vor Kriminalität, die Betreuung von Kindern, die soziale Absicherung, die Ausbildung von Jugendlichen, die Gleichberechtigung und die Fürsorge des Staates für den einzelnen.[8]

Früher war man generell in der Lage eines versorgten Bürgers, einer Versorgung auf verhältnismäßig niedrigem Niveau zwar, aber sicher in der Befriedigung der sog. Grundbedürfnisse. Nicht nur vom eigenen Staat wurde man versorgt, sondern auch, sofern man nach dort Kontakte hatte, von westdeutschen Verwandten, Bekannten und – unter Umständen – Institutionen. Diese halfen, gravierende Engpässe zu überwinden. Nun hat nicht nur der Staat seine Fürsorge und Aufsicht reduziert, auch die Westdeutschen erscheinen in einer anderen Rolle, in der man sie vorher nicht kannte: als Konkurrenten auf dem Arbeitsmarkt oder im Geschäft, als Eigentümer des Grundstücks, auf dem sich das eigene Haus oder die Wohnung befindet, als Vorgesetzte. Man muß lernen, sich mit Westdeutschen in ihrer und der eigenen neuen Rolle auseinanderzusetzen, unter Umständen mit juristischen Mitteln, was man in der DDR nicht lernen konnte.

Die Erwartungen an den Staat, für Sicherheit zu sorgen, sowohl für soziale Sicherheit, als auch für Sicherheit gegenüber kriminellen Attacken, äußert sich in mannigfachen Umfrageergebnissen. Was die soziale Sicherheit betrifft, so befürworteten 1992 70 % der Neubundesbürger uneingeschränkt die Aussage „Es ist Aufgabe des Staates, die sozial Schwachen unbedingt abzusichern."[9] Diesem Satz wurde uneingeschränkt nur von 38 % der Altbundesbürger zugestimmt, 51 % wollten hier Einschränkungen geltend machen.

Das Erleben von Ungerechtigkeit und Unsicherheit in der ostdeutschen Bevölkerung

Die Haltung, daß der Staat im Prinzip für alle gesellschaftlichen Probleme verantwortlich ist, hat sich aus DDR-Zeiten bis heute in den östlichen Bundesländern erhalten. Sie hing mit den relativ homogenen Lebensverhältnissen und der Auffassung zusammen, daß die Menschen im wesentlichen gleich seien (Egalitarismus)[10]. Die Delegierung der Verantwortung an den Staat und die egalitaristische Einstellung müssen mit der eher individualistischen Haltung und der Beharrung auf durch Symbole markierten Statusunterschieden in der bundesrepublikanischen Gesellschaft in Konflikt geraten. Zur Zeit wird dieser Konflikt vor allem durch das Leiden an den als ungerecht empfundenen Umständen psychologisch wirksam. Der Satz in dem erwähnten Beitrag von Wegener und Liebig (1993) „In der modernen Demokratie ... wird jedes Unglück tendenziell zur Ungerechtigkeit umdefiniert.“[11] trifft diesen Sachverhalt genau. Zu- und Umstände, die durch Mitwirkung heute nicht mehr Verantwortung tragender ostdeutscher Politiker eingetreten sind, bei denen die Haltung, die erfahrenen bundesdeutschen Verantwortlichen würden es schon richtig machen, auch Zufälle sowie übergroße Eile eine Rolle spielten (s. die gesetzlichen Regelungen des Einigungsvertrages), werden als genau geplant interpretiert, mit bestimmter Absicht herbeigeführt, als Ausdruck einer spezifischen (westdeutschen) Interessenlage gedeutet.

In der DDR war es üblich, daß der Staat seine Bürger für ihre politische Haltung belohnte (bzw. im abweichenden Falle bestrafte). Das bezog sich auf eine antifaschistische Vergangenheit, auch von Vorfahren in der eigenen Familie, ebenso wie auf parteikonformes Verhalten in der damaligen Gegenwart. Ähnliches erwarten nun viele Menschen, die sich dem Zugriff der SED weitgehend entzogen hatten, in ihrem neuen Staat Bundesrepublik. Wenn sie schon nicht für ihre Haltung nachträglich belohnt und die Verantwortlichen des SED-Systems nicht in dem von großen Kreisen der Öffentlichkeit gewünschten Maße bestraft werden, so möchten sie doch wenigstens ungeschoren von den dramatischen gesellschaftlichen Umstrukturierungen davonkommen. Man versteht nicht, warum es nun, in einem Rechtsstaat, politisch neutral zugehen sollte. Allerdings hat der Gesetzgeber selbst nach Auffassung verschiedener Juristen in einigen Fällen gegen dieses Prinzip verstoßen, z.B. beim Renten-Überleitungsgesetz. Hier wurden Zusatz- und höhere Rentenansprüche mit politischer Begründung („Systemnähe") bei verschiedenen Berufskategorien (z.B. Hochschulprofessoren) gekappt. Solche Begründungen für Verwaltungsentscheidungen sind dazu angetan, bei den Ostdeutschen den Eindruck aufrechtzuerhalten, der Staat belohne oder bestrafe vermutete politische Haltungen in der Vergangenheit. Wenn dann erwartete Belohnungen ausbleiben oder unerwartet ökonomische Bestrafungen eintreten, fühlt man sich ungerecht behandelt.

Der „Glaube an eine gerechte Welt" ist ein (mit Tests meßbares) Persönlichkeitsmerkmal. Es gehört zu den wenigen Eigenschaften, hinsichtlich derer sich nach zahlreichen vergleichenden Erhebungen Ost- und Westdeutsche nach der „Wende" unterscheiden[12]. Diese Persönlichkeitsdisposition äußert sich in der Überzeugung, daß es in der Welt letztendlich gerecht zugehe und jeder schließlich bekomme, was er verdiene, nicht nur im finanziellen Bereich. Ereignisse und deren Folgen, die Menschen unverdientermaßen schwer treffen, können, wenn man in gehörigem Maße über diesen Gerechtigkeitsglauben verfügt, durch geeignete Erklärungen psychisch erträglich gestaltet werden. Wer nachts auf der Straße angefallen wird, ist selber schuld, weshalb begibt er sich unnötig in Gefahr. Wer sich in der DDR ständig aufsässig zeigte und dadurch Schwierigkeiten bekam, ... Aber es gilt auch umgekehrt: wer in eine hohe Position gelangt ist, egal wo, muß das auch verdient haben, er ist offenbar tüchtig. Dieser Gerechtigkeitsglaube äußert sich über Vergleiche mit anderen Personen oder Gruppen und kommt dann u.U. zu einem negativen Ergebnis, etwa folgendermaßen: „Die alten Kader, die früher Privilegien genossen und andere in ihren Möglichkeiten einschränkten, sind jetzt wieder in guten Positionen, während ich früher Berufsverbot hatte und deshalb heute die entsprechenden Dienstjahre nicht anerkannt bekomme."

Ein noch größeres psychosoziales Problem als das empfundener Ungerechtigkeit ist in den neuen Bundesländern die Unsicherheit über die Zukunft. Davon sind auch diejenigen betroffen, die noch Arbeit haben. Viele wissen nicht, wie es ihnen in einem Jahr gehen wird. Laut einer im März 1994 durchgeführten Umfrage von „ZDF-Politbarometer" („Süddeutsche Zeitung" vom 26./27. 3. 94) nannten 81 % der befragten Ostdeutschen und 65 % der Westdeutschen als wichtigstes politischcs Thema die Arbeitslosigkeit. Der Umschlag von hoher Sicherheit in der DDR, die, wie wir heute wissen, nur eine partielle Sicherheit war, in völlige Ungewißheit geschah plötzlich und unerwartet. Es sind Schichten und Gruppen davon betroffen, die in den alten Bundesländern ein hohes Ausmaß an Kündigungsschutz und sozialer Absicherung erreicht haben, z.B. ältere Arbeitnehmer im öffentlichen Dienst.

Gerade diese Gruppe hat man sich für notwendige Einsparungen im Personalbereich in den neuen Ländern besonders vorgenommen. Der Bundestag beschloß am 2. 12. 1993 gegen die Stimmen der Oppositionsparteien eine nochmalige Verlängerung der Aufhebung der Kündigungsschutzklausel für die öffentliche Verwaltung im Osten mit der Begründung, bei den notwendigen Entlassungen sollten die Neueingestellten geschützt werden gegenüber denjenigen, die „schon zwanzig Jahre in den Rathäusern sitzen."

In den neuen Ländern arbeiten im öffentlichen Dienst nicht nur Verwaltungskräfte, ein großer Teil des Personals stammt aus dem einstigen Gesundheits- und Sozialwesen, aus Beratungs-, Betreuungs- und Behandlungszentren. Speziell das Gesundheitswesen war ein Bereich mit verhältnismäßig wenig Parteimitgliedern. Es besteht die Gefahr, daß nicht Verwaltungskräfte eingespart werden, sondern Sozialarbeiterinnen, Ärzte/Ärztinnen und Psychologen/Psychologinnen.

Gerade in den Bereichen, in denen Betreuung und Beratung aufgrund der massiven psychosozialen Probleme in den neuen Ländern zumindest aufrechterhalten, wenn nicht verstärkt werden sollten, kommt es nun zu finanziell oder inhaltlich bedingten Umstrukturierungen oder Auflösungen der Institutionen, so bei den Alkohol- und Drogenberatungsstellen, im jugendpsychiatrischen oder sozialpsychiatrischen Dienst (Subsidiaritätsprinzip). Da länger dauernde Arbeitslosigkeit mit Beeinträchtigungen der psychischen Gesundheit und mit einer Zunahme des Alkoholkonsums korreliert[13], sind organisatorisch oder finanziell bedingte Lücken in der Beratung und Betreuung nicht dazu angetan, die Probleme mindern zu helfen.

Die Ungewißheit über die Zukunft kontrastiert zu den Versprechungen von Politikern und ist mitbedingt durch die Änderung einmal getroffener juristischer Festlegungen, z.B. der Verlängerung von Fristen, wie sie im Einigungsvertrag niedergelegt wurden. Wenn sich solche Änderungen zum eigenen Nachteil auswirken, ist Vertrauensverlust die Folge, nicht nur gegenüber politischen Parteien und ihren Vertretern, sondern, was schlimmer ist, auch gegenüber dem Rechtsstaat, einer der größten Gewinne der neuen Bundesbürger durch die Vereinigung.

Die neuen gesellschaftlichen Strukturen, die in den östlichen Bundesländern nach dem Muster der alten entstanden, sind für viele Bürger schwer durchschaubar. Ungewohnt ist das Austragen von Interessenkonflikten auf juristischem Wege. Das Ausmaß und die Kompliziertheit der Verwaltungsvorschriften, die im Alltag zu beachten sind, überrascht und verärgert die neuen Bundesbürger (Stichwort: Bürokratie). Nicht jedem ist klar, daß der neue Staat bei der Nichtbeachtung von Bescheiden oder Mahnungen nicht zimperlich mit Strafen ist. Schließlich hatte der alte Staat in seinen letzten Jahren nur bei politischen Vergehen und schweren Verbrechen eine feste Hand.

Eine Sicherheit und erlebte Geborgenheit wie in der DDR kann es in einer offenen Gesellschaft nicht geben. Aber muß die schwierige politische und gesellschaftliche Situation der neuen Länder ohne spürbare Orientierung als unabsehbare Ungewißheit für die Zukunft auf die Bürger wirken? Der Milliardentransfer vom Westen in den Osten wird sich erst dann auch psychologisch auswirken, wenn er, wie auch andere politische Entscheidungen, zur Verminderung von Zukunftsangst und sozialer Unsicherheit beiträgt.

Freiheit und soziale Gerechtigkeit

Freiheit ist gut für den Wettbewerb, für die Entfaltung von Kräften, sich gegenüber anderen durchzusetzen, für das Gefühl individueller Verantwortung und Wirksamkeit. Nur wenn man weiß, mit welcher Unsicherheit die eigenen Entscheidungen behaftet sind und wenn man dieses Risiko auch selbst tragen muß, fühlt man sich auch für ihre Konsequenzen verantwortlich.

Nun haben aber nicht alle Menschen die gleichen Voraussetzungen, in ihrer Umwelt zu bestehen und sich durchzusetzen. Freiheit bevorzugt die Gesunden, die Klugen, die Gebildeten, die Initiativreichen, die Reichen, die den sozialen Normen in ihren Merkmalen und im Verhalten Entsprechenden. Die jeweils anderen geraten im „freien Spiel der Kräfte“ leicht ins Hintertreffen. Es ist nicht so, daß die Menschen von Natur aus die gleichen Chancen hätten. Freiheit ohne ausreichende soziale und politische Regulierung führt dazu, daß nicht nur die weniger Klugen, die Ungebildeten, die Armen, die Kranken, die Behinderten in einer ungünstigen Lage sind, sondern auch ihre Kinder. Chancengleichheit läßt sich nicht allein durch Freiheit herstellen, weil die Menschen nun einmal nicht von Natur aus gleich sind.

Dem gesellschaftlichen und politischen Ziel der Freiheit muß ein anderes Ziel zugeordnet werden, die soziale Gerechtigkeit. In einer sozial gerechten Gesellschaft muß es eine Balance geben zwischen Freiheit (individueller Verantwortung) und staatlich „verordneter“ Sicherheit, eingeschlossen die soziale Sicherheit. Dieses Gleichgewicht ist politisch zu bestimmen. Es handelt sich dabei nicht um einen statischen Punkt und auch nicht um einen „goldenen Mittelweg“ oder einen Mittelwert zwischen zwei gedachten Extremen. Auch wenn es sich empfiehlt, Extreme auf der Skala Freiheit – (soziale) Sicherheit zu vermeiden, der Mittelwert auf dieser gedachten Linie muß nicht das Optimum sein. Letzteres wäre da zu suchen, wo Chancengleichheit hergestellt ist.

Die beste Alternative, die sozialen Probleme in den östlichen Bundesländern zu lösen, bestünde natürlich in der drastischen Verminderung der Arbeitslosigkeit. Da dies aber nicht so schnell möglich sein wird, sind auch Hinweise nützlich, wie sich die Betroffenen mit staatlicher Unterstützung selbst helfen können.

Wie schon erwähnt, konnte sich in der DDR leicht ein Zustand „erlernter Hilflosigkeit" herausbilden, der demotivierend wirkte. Wenn viele Menschen nun wieder die Erfahrung machen, daß sie die Konsequenzen ihres Handelns nicht beeinflussen können, wird sich Eigeninitiative nur auf kleine Gruppen beschränken. Bevorzugt entlassen werden Ältere. Dieser Personenkreis kann aber keine Unterstützung mehr für eigene wirtschaftliche Selbständigkeit erhalten. Eine ganze Generation wird auf diese Weise im Osten abgeschrieben, es ist schwer einzusehen, daß das ökonomisch vernünftig sein soll. Die politische Rechtfertigung wird im Nachhinein geliefert. Dabei tut man dann so, als sei die Verstrickung in das SED-Regime altersabhängig gewesen.

Im Westen und auch durch prominente Personen aus dem Osten wird gern argumentiert, die Menschen im Osten sollten schnell lernen, mit der Undurchschaubarkeit des Lebens besser zurechtzukommen, eine neue Konfliktkultur erwerben und nicht so viel jammern. Was die Behandlung von Konflikten und das Ertragen von Widersprüchen betrifft, so sind Lernprozesse sicher wünschenswert. Im übrigen unterscheiden sich jedoch die Ost- von den Westdeutschen kaum in ihren psychischen Dispositionen. Unterschiede hat man lediglich in drei Richtungen gefunden: eine größere Neigung zu „Kontrollbedürfnissen" im Sinne von Ordnungsstreben, Normorientierung[14], eine etwas geringere Autonomie und Initiative[15] und eine höhere Soziabilität im Sinne von Neigung zur Solidarität und geringerer Neigung, sich einsam zu fühlen[16], bei den Ostdeutschen. Was psychische Beeinträchtigungen betrifft (als Folge einer jahrzehntelangen Diktatur), die nicht durch veränderte gesellschaftliche Bedingungen verändert werden könnten, so hat bisher noch keine der zahlreichen psychologischen Vergleichsuntersuchungen Unterschiede zwischen Ost- und Westdeutschen empirisch nachweisen können.

Klagen über die erlebte Ungewißheit und empfundene Ungerechtigkeit sind durchaus nachzuempfinden. Sie beruhen auf tatsächlichen Schwierigkeiten und auf der Einstellung, daß es Leute oder Institutionen gibt, die zur Unterstützung in der Lage sind. Alternative Reaktionen wie ungesteuertes aggressives Verhalten, Verweigerung oder resigniertes Schweigen wären viel ernstere Symptome als die verbale Kundgabe des Unbehagens an den sozialen Verhältnissen. Die bestehenden Schwierigkeiten sind sozialen, politischen und ökonomischen Ursprungs, nicht vorrangig psychologisch verursacht. Sie können also auch nicht allein durch Einstellungsänderungen überwunden werden. Wenn z.B. die Geburtenrate in Ostdeutschland gegenüber 1990 bis um die Hälfte gefallen ist, so ist das nicht nur ein persönliches Problem der betroffenen Frauen. In psychologischer Hinsicht kann es Bewältigungshilfen geben, aber Problemlösungen sind nur auf der politischen Ebene zu erreichen.

Anmerkungen

1 Verfassung der Deutschen Demokratischen Republik. Fassung vom 7.10.1974.

2 Gunnar Winkler (Hrsg.), Sozialreport '90. Daten und Fakten zur sozialen Lage in der DDR. Berlin 1990, S. 170/71.

3 Ebd., S. 173.

4 Michael Frese, Das Rezept für den Osten: Eigeninitiative, in: Psychologie heute, März (1993) 54-59.

5 Joachim König / Philipp Mayring, Opfer der Einheit? Die psychosozialen Folgen der LehrerInnenarbeitslosigkeit in den Neuen Bundesländern. Universität Augsburg: Augsburger Berichte zur Entwicklungspsychologie und Pädagogischen Psychologie. Augsburg 1993.

6 Richard Hilmer / Rita Müller-Hilmer, Es wächst zusammen, in: Die Zeit Nr. 40 (1993), S. 17-21.

7 Sigrun-Heide Filipp (Hg.), Kritische Lebensereignisse. 2. erw. Aufl. München 1990, S. 9.

8 Hilmer/Müller-Hilmer, S. 17-21.

9 Ulrich Becker / Horst Becker / Walter Ruhland, Zwischen Angst und Aufbruch. Das Lebensgefühl der Deutschen in Ost und West nach der Wiedervereinigung. Düsseldorf u.a. 1992, S. 120.

10 Bernd Wegener / Stefan Liebig, Eine Grid-Group-Analyse sozialer Gerechtigkeit. Die neuen und die alten Bundesländer im Vergleich, in: Kölner Zeitschrift für Soziologie und Sozialpsychologie 45 (1993), S. 668-690.

11 Ebd., S. 668.

12 Claudia Dalbert, Gefährdung des Wohlbefindens durch Arbeitsplatzunsicherheit. Eine Analyse der Einflußfaktoren Selbstwert und Gerechte-Welt-Glaube, in: Zeitschrift für Gesundheitspsychologie I (1993), S. 294-310.

13 Thomas Kieselbach, Massenarbeitslosigkeit und Gesundheit in der Ex-DDR: Soziale Konstruktion und individuelle Bewältigung, in: Thomas Kieselbach / Peter Voigt, in: Systemumbruch, Arbeitslosigkeit und individuelle Bewältigung in der Ex-DDR. 2. Aufl. Weinheim 1993.

14 Peter Becker / Klaus-Dieter Hänsgen / Winfried Krieger, Persönlichkeitsvergleich von Ost- und Westdeutschen in Indikatoren der seelischen Gesundheit und der Verhaltenskontrolle, in: Report Psychologie 3 (1994), S. 28-41; Claudia Dalbert, Gefährdung des Wohlbefindens durch Arbeitsplatzunsicherheit, S. 294-310.

15 Becker / Hänsgen / Krieger, a.a.O.; Frese, a.a.O.

16 Becker / Hänsgen / Krieger, a.a.O.; Nicola Döring / Jürgen Bortz, Einsamkeit in Ost- und Westdeutschland, in: Kölner Zeitschrift für Soziologie und Sozialpsychologie 45 (1993), S. 507-527.

Rüdiger Fikentscher

Leben in neuen Strukturen

Probleme der Identitätsfindung nicht nur in Sachsen-Anhalt

> *„Was man nicht weiß, das eben brauchte man, und was man weiß, kann man nicht brauchen".*

Dieses – von Faust auf dem Rückweg vom Osterspaziergang ausgedrückte – Gefühl hatten und haben unzählige Menschen in den neuen Bundesländern. Ein Freund und Kollege sagte mir, er komme sich vor wie jemand, der mühsam eine Sprache gelernt habe und nun feststellt, daß es eine tote Sprache ist, die ihm bei der Verständigung mit anderen, der Ausübung seines Berufes und der Gestaltung seines Lebens plötzlich nichts mehr nützt. Ihm war das Ausmaß seines Problems klar, er mußte mit dem Lernen neu beginnen, aber er tat es gern.

Eine andere Einschätzung der Lage kann man aus der Bitte einer einfachen jungen Frau heraushören. Sie wollte im Sommer 1990 von mir, dem damaligen Volkskammerabgeordneten, eine kleine Schrift oder ein Heft haben, in dem stünde, was nun erlaubt sei und was man jetzt alles zu tun habe, um sich richtig zu verhalten. Auch sie hatte das Gefühl, mit dem bisher Erlernten nicht mehr zurechtzukommen, verband diese Einsicht jedoch mit der naiven Annahme, daß wichtige Neue könne man kurz nachlesen, und dann sei die Welt wieder in Ordnung. Dieser Ansicht mußten zwangsläufig Enttäuschungen und das Gefühl der Unsicherheit folgen.

Das Ausmaß des Umdenkens, Umlernens und sich in neue Strukturen Hineinfindens, das vom sogenannten „gelernten DDR-Bürger" durch die Wiedervereinigung verlangt wurde, hat kaum vorstellbare Ausmaße und traf fast jeden unvorbereitet. In der alten Zeit schien es so, als wäre für alle alles klar, das Leben geplant, sicher und auf mittlerer Ebene festgelegt. Es verlief für die meisten in bestimmten vorgezogenen Bahnen, die wiederum durch bestimmte Strukturen vorgegeben waren. Diese Strukturen hatten sich teilweise während des eigenen Lebens herausgebildet, teilweise war man in sie hineingewachsen. Unabhängig davon, ob man ihnen ablehnend, zustimmend oder gelichgültig gegenüberstand, waren sie hinreichend bekannt. Das Leben war überschaubar und in absehbarer Zeit rechnete fast niemand mehr mit tiefgreifenden Veränderungen. Einen Beweis für diese Behauptung lieferten zuletzt noch die Tausende, die im Spätsommer 1989 alle hinter sich lassend in die Bundesrepublik flüchteten.

Der Zustand, in den die meisten Menschen dann gerieten, ist mit dem bekannten Gefühl der Seekrankheit oder des Schwindels zu vergleichen. Beim Schwindel hat man die Orientierung im Raum verloren, ein schrecklicher Zustand! Es ist schlimm, wenn man keine Bodenhaftung mehr hat und sich selbst in seiner Umgebung nicht mehr einordnen kann. Medizinisch spricht man von einem Entsicherungssyndrom, d.h. das Gefühl der Sicherheit ist verlorengegangen, wobei unterschiedliche Krankheitszeichen auftreten. Sie sind allen bekannt und sind auch im übertragenen Sinne zu verstehen: Übelkeit, die andere Freuden vergessen läßt; Ohrensausen, das am Zuhören hindert; Schwarzwerden vor den Augen, das den Blick für die Umgebung trübt und auch das Schöne nicht mehr erkennen läßt; Schwanken unter den Füßen, das an der eigenen Standfestigkeit zweifeln läßt; Erbrechen, das nicht nur die eigene Erbärmlichkeit zeigt, sondern auch für den Gegenüberstehenden kein erfreulicher Anblick ist. Dies alles konnte und kann man in diesem übertragenen Sinne bei unzähligen Menschen beobachten, die durch weitreichende Veränderungen die Lebenssicherheit verloren haben. Eine solche Krankheit wird eines Tages überwunden, jedoch mit Hilfe und Verständnis der Umgebung schneller, als ohne sie. Wenn das Gefühl der Sicherheit wieder da ist, verschwinden auch die unangenehmen Symptome. Das alles ist bereits für einen einzelnen schwer, aber als Massenerscheinung ein riesiges allegmeines Problem.

Grundlegende Veränderungen

Soziologisch betrachtet findet in den neuen Ländern ein einmaliger Integrationsvorgang statt. Normalerweise erfolgt Integration von Menschen dadurch, daß sie in ein Geimeinwesen hineingeboren werden oder von außen zuwandern. Sie sind also Kinder oder Fremde. Es handelt sich jedoch um einzelne oder kleine Gruppen. Bei der Integration der Bürger in den neuen Bundesländern in das Gemeinwesen Bundesrepublik handelt es sich jedoch um erwachsene Menschen, ohne daß sie ihren Wohnort verlassen haben. Sie müssen in großen Zahlen in ein für sie neues Gemeinwesen integriert werden. Einen solch unerhörten Vorgang hat es noch nirgendwo gegeben. Er muß zwangsläufig zu einer riesigen Zahl von biographischen Umbrüchen führen. Ich kenne keinen Menschen in den neuen Bundesländern, für den sich das Leben in den vergangenen drei bis vier Jahren nicht grundlegend geändert hätte. Das reicht vom Privatleben bis zur Politik, vom Kindergarten bis zum Altenpflegeheim, von den Fernsehgewohnheiten und der Art die Zeitung zu lesen bis zur Urlaubsgestaltung und erfaßt vor allen Dingen das Arbeitsleben und die Lebensvorsorge. Dagegen ist für die Mehrzahl der Menschen in den alten Bundesländern das unmittelbare Leben durch die Vereinigung praktisch unverändert weitergegangen. Es fällt ihnen außerordentlich schwer sich vorzustellen, welchen Veränderungen andere ausgesetzt sind, zumal sie in der Regel nur die eigene Lebenswelt kennen und nicht die Verhältnisse, unter denen in der DDR gelebt wurde.

Das System, in dem man sich dort recht und schlecht eingerichtet hatte, war durch zentralistische Organisations- und Machtstrukturen gekennzeichnet, die alle Lebensbereiche erfaßten. Manches heutige Unverständnis und manche Sprachlosigkeit lassen sich nur erklären, wenn man die einst vertrauten Strukturen nachträglich noch einmal analysiert und mit dem neu Aufzubauenden vergleicht. Die formale Gliederung des Staates lief von oben nach unten: Staat, Bezirk, Kreis, Stadt, Stadtbezirk. Eine Selbstverwaltung mit der Trennung zwischen übertragenem Wirkungskreis und eigenem Wirkungskreis war nicht erkennbar. Im Grunde war alles zentral geregelt. Das war auch in der Wirtschaft nicht anders. Es gab zentralgelenkte, bezirksgelenkte und kreisgelenkte Betriebe.

Zur Verdeutlichung des Wirtschaftszentralismus eine kleine Episode: Eines Winters durften die Kohlenhändler, unabhängig ob private oder staatliche, nur noch Briketts und nicht mehr eine bestimmte Sorte von Koks an Privathaushalte verkaufen, es sei denn, man konnte nachweisen, daß man einen besonderen Heizungstyp verwendet. Warum diese Anordnung? Fragen Sie beim Rat des Stadtbezirkes! Rat des Stadtbezirkes: Gehen Sie zum Rat der Stadt! Rat der Stadt: Anweisungen vom Bezirk! Blättern in den Akten: Beschluß des Ministerrates der Deutschen Demokratischen Republik: Dieser Koks wird wegen seiner Knappheit nur der Wirtschaft zur Verfügung gestellt. Also: Heizung wieder mit Briketts. Harmlos, aber typisch. Nachdem die Wirtschaft von solchen Fesseln befreit war, ist das Aufatmen unüberhörbar gewesen, doch man hat sich rasch daran gewöhnt und stellt in der Regel nur noch fest, daß die Preise wesentlich höher geworden sind.

Mit solchen kleinen Dingen des Lebens kann man ganze Bücher und Abende füllen. Sie verursachten den Verdruß im Alltag der DDR. Viel grundsätzlicher und einschneidender waren jedoch andere Dinge, strukturell bedingte tiefe Eingriffe in das Leben des einzelnen. Neben dem grundsätzlichen Mangel an Freiheit und Demokratie in einem totalitärem System war das vor allem die fehlende Gewaltenteilung. Die drei klassischen Gewalten des Staates: Legislative, Exekutive und Judikative waren nur noch formal vorhanden. In Wahrheit standen sie alle gemeinsam unter der Herrschaft einer politischen Partei.

Es ist hier nicht der Ort, auf die Besonderheiten einer solchen Partei einzugehen und auch nicht auf die Rolle der Blockparteien. Aber mit einem Gedanken ist dennoch auf den Umstand hinzuweisen, daß sich auch die Vorstellung von Parteistrukturen und der Macht einer Partei gründlich wandeln müssen. Noch heute fällt gelegentlich auf, daß das Bild der alles überragenden SED aus der Vergangenheit die Erwartungen an heutige demokratische Parteien beeinflußt. Es fällt manchen offensichtlich nicht immer leicht einzusehen, welch grundlegende Unterschiede bestehen, die sich nicht nur auf die innerparteiliche Demokratie und die Möglichkeiten der Einflußnahme beschränken, sondern auch darauf beziehen, daß sich die SED zu jedem Teilproblem äußerte, alles zu durchdringen suchte und meist auch konnte. Ein einfacher quantitativer Vergleich kann den Unterschied verdeutlichen : Die SED hatte in dem Gebiet des heutigen Sachsen-Anhalt mehr hauptamtliche Mitarbeiter als der Landesverband der SPD heute Mitglieder hat. Und bei den Mitgliedern ist das Verhältnis nahezu eins zu Hundert. Auch sprachlich gibt es noch manche Mißdeutungen. Das Wort Parteifunktionär hat einen schlechten Klang, das war ein hauptamtlicher Mitarbeiter der Partei, deren Ansehen im umgekehrten Verhältnis zu ihrer Macht stand. Dagegen versteht man in den alten Bundesländern ebenso wie bei uns heute unter einem Funktionär jemanden, der in eine Funktion gewählt wurde und ehrenamtlich tätig ist.

Das Leben in neuen Strukturen bringt immer wieder neue Mißverständnisse hervor. So nehmen manche Bürger der neuen Bundesländer erst langsam zur Kenntnis, daß es drei voneinander unabhängige Staatsgewalten gibt. Sie meinen gelegentlich, die Regierung könne ein Gesetz beschließen oder der Landtag auf ein Gerichtsurteil einwirken. In der Vorstellungswelt leben in solchen Fällen die Staatsgewalten der Vergangenheit fort, die auch in dreierlei, jedoch voneinander abhängiger Gestalt dem Bürger entgegentreten konnten. Es gab den offiziellen Staatsapparat, in seinen Strukturen offen und klar erkennbar, über alle Ebenen gegliedert, jedem gegenwärtig, aber mit wenig eigener Macht ausgestattet. Als getreues Abbild dieses Apparates gab es die Strukturen der SED, die die eigentliche Macht ausübte. Ihre Allmacht und Allgegenwärtigkeit war bekannt, wenngleich nicht für jeden stets überall und immer erkennbar. Als dritte gab es die in gleicher Weise gegliederte verborgene Macht des Staates, den sich nie zeigenden, aber allgegenwärtigen Staatssicherheitsdienst. Das waren die drei Staatsgewalten der DDR, die Gesetze beschließen ließen wie sie wollten und den Gerichten ihre Grenzen anwiesen. So war es beispielsweise nichts außergewöhnliches, wenn zwei Justitiare aus volkseigenen Betrieben, die sich in einer Wirtschaftsangelegenheit vor Gericht auseinandersetzten, einen mühsam ausgearbeiteten Kompromiß in den Papierkorb werfen mußten, weil am Wochenende die entsprechenden Parteisekretäre bei einer Zusammenkunft sich anders geeinigt hatten. Ein Gerichtsurteil war dann nicht mehr gefragt oder wurde im Sinne der Parteisekretäre gefällt.

Räumliche Neugliederung

Auch die neue räumliche Gliederung der ehemaligen DDR zwingt zum Umdenken. Bis 1952 gab es die fünf Länder. Sie waren nie formalrechtlich abgeschafft worden, jedoch „untergegangen" und dem Bewußtsein in unterschiedlichem Maße entschwunden. An ihre Stelle traten die Bezirke, untergliedert in relativ kleine Kreise. Jeder Kreis hatte einen Rat des Kreises, eine Kreisparteileitung der SED und die Kreisbehörde des Staatssicherheitsdienstes. Entsprechend waren auch die sogenannten Volksvertretungen organisiert, die Gerichte und alle anderen „gesellschaftlichen Organisationen".

An die Länder erinnerte äußerlich nur noch wenig, lediglich in einigen Bereichen gab es noch Reste. Beispielsweise wurden wie zufällig einige regionale wissenschaftliche Fachgesellschaften über Bezirksgrenzen hinweg gebildet und entstanden in den alten Räumen von Sachsen oder Thüringen. Auch hieß die Universitätsbibliothek in Halle noch immer Universitäts- und Landesbibliothek und hatte in ihren Katalogen Bestände aus Bibliotheken des Bezirkes Magdeburg miterfaßt. Ebenso war die Denkmalspflege über Bezirksgrenzen hinweg tätig, was durch die Herausgabe eines Bandes „Denkmale in Sachsen-Anhalt" deutlich wurde.

Bereits Ende 1989 war klar, daß die alten DDR-Strukturen so nicht aufrechterhalten werden konnten. Aber wie sollte es weitergehen? Das naheliegendste war die Neuschaffung der fünf Länder, wie sie einst gewesen sind. Sie waren allerdings sehr unterschiedlich in der Erinnerung verhaftet. Die Sachsen fühlten sich überwiegend noch immer als Sachsen und die Thüringer als Thüringer. Auch in Mecklenburg und Brandenburg war dies ähnlich. Das größte Problem in dieser Hinsicht war Sachsen-Anhalt. Aber insgesamt konnte bald eine Übereinstimmung erzielt werden, sieht man von einigen kleinstaatlerischen Gedankengängen ab, nach denen ein

Schlesien um Görlitz, ein Pommern um Greifswald und ein Anhalt um Dessau entstehen sollte. Doch die knappe Zeit erlaubte 1990 keine Veränderungen von unten her. Folglich blieben Kreise und Bezirke zunächst erhalten. Nur Stadtbezirke wurden rasch abgeschafft.

Bevor dann die Volkskammer im Sommer 1990 das Ländereinführungsgesetz beschloß, gab es noch einmal die Diskussion über die Frage, welche Ländergrößen denn die vorteilhaftesten seien und ob man nicht einige zusammenfassen könne. Die Entscheidungen darüber wurden nicht nach Vernunftgründen oder finanziellen Erwägungen getroffen, sondern mehr nach Tradition und Gefühl. Man war sich einig, daß die DDR verschwinden mußte, weil die Masse der Bevölkerung sie nicht mehr wollte. Nur Westler erwogen vorübergehend, das gesamte Land in einen einzigen Bundesstaat zu verwandeln. Uns in der DDR grauste es bei dem Gedanken, daß so eine neue DDR-Identität entstehen könnte. Man zog sich lieber in eine alte, wenngleich recht kleingliedrige Struktur zurück, obwohl die Bevölkerungszahl der DDR nicht größer war als die von Nordrhein-Westfalen, also aus dieser Sicht der Gedanke an einen einzigen neuen Bundesstaat nicht abwegig schien.

Bei Umstrukturierungsfragen hat die SPD in Sachsen-Anhalt eigene Erfahrungen gemacht. Bis August 1990 existierte sie in den beiden Bezirksverbänden Halle und Magdeburg. In jedem der damaligen Kreise gab es einen Kreisverband. Die Gründung des Landesverbandes führte zur Auflösung der beiden Bezirksverbände. Doch die Kreisverbände blieben zunächst bestehen. Die finanzielle Lage erzwang dann die Umstrukturierung in zehn Unterbezirke, jeder mehrere Kreise umfassend. Diese Notwendigkeit wurde zwar anerkannt, dennoch löste sie erheblichen Widerspruch aus. Man sprach von der „Zerschlagung der Kreisverbände“. Es gelang wohl nur den wenigsten, sich mit einem Unterbezirk zu identifizieren. Im Vorgriff auf die Kreisreform, die am 1. Juli 1994 in Kraft trat, wurden dann im Sommer 1993 die Unterbezirke aufgelöst und 24 neue Kreis- bzw. Stadtverbände gegründet, entsprechend den neuen Landesstrukturen. Diese Strukturen werden offensichtlich angenommen, sie sind überschaubar und scheinen vernünftig. Als Ergebnis bleibt jedoch festzustellen, daß wir innerhalb von drei Jahren vier verschiedene Strukturen mit allen dazugehörigen Beschlüssen, Vorstandswahlen usw. zu durchlaufen hatten, also etwas, was vermutlich noch kein westlicher Landesverband erlebt hat. Und dies alles in der Aufbauphase!

Soziale Strukturen

Das zentralistisch-autoritäre System der DDR bezog sich natürlich nicht nur auf die staatlichen und politischen Strukturen, sondern versuchte alle Lebensbereiche gleichermaßen zu erfassen. Dazu einige Beispiele:

Die Arbeitsstellen waren für die meisten DDR-Bürger nicht nur Stätten der Berufstätigkeit und des Geldverdienens, sondern sie sind planmäßig zu Lebensmittelpunkten entwickelt worden. Über den Betrieb wurden die knappen Wohnungen vermittelt, es gab Urlaubsplätze für die Familien und kulturelle Angebote wie Theaterkarten, man bot Einkaufsmöglichkeiten und Hilfen bei der Ausrichtung privater Feiern an. Wenn ein Kind in der Schule gut gelernt hatte, so wurden die Eltern im Betrieb öffentlich gelobt, man dankte ihnen für die „gute Erziehungsarbeit“. Es gab auch Betriebssportgemeinschaften und mancherlei andere Betätigungsmöglichkeiten. Alles, was in diesem Zusammenhang neben der Arbeit geschah, wurde unter dem Begriff „gesellschaftliche Tätigkeit“ zusammengefaßt und war dadurch zugleich offiziell und rechtswirksam versichert. Diese Art des Eintretens des Staates für den einzelnen brachte erhebliche Vereinfachungen mit sich. Das System pauschaler Versicherungen mit relativ niedrigen Beitragssätzen – bei der Krankenversicherung betrug der Höchstsatz 60,– M pro Monat – wird natürlich von vielen heute noch als wohltuend empfunden. Man kann dies dem einzelnen nicht nur verübeln, sondern wenn man die Schwierigkeiten bedenkt, die jeder nun damit hat, so ist diese Haltung sehr verständlich.

Bei Erinnerungen dieser Art tritt immer wieder die gleiche Frage auf: Warum muß alles geändert werden? Es könnte doch vieles aus der DDR erhalten bleiben. Schließlich ist in der alten Bundesrepublik auch nicht alles gut gewesen und eine pauschale Übernahme aller Regelungen führt zwangsläufig in vielen Bereichen zur Verschlechterung. Nähme man von allem das Beste, so könnte Deutschland insgesamt besser werden. Gegen diese Logik ist theoretisch nichts einzuwenden, sie ist sicher zum Teil richtig.

Im einzelnen hat sich jedoch der Versuch, danach zu handeln, als außerordentlich schwer, wenn nicht gar unmöglich erwiesen. Denn es ist dabei zweierlei voneinander zu trennen und zu betrachten: Die rasche Übernahme von allem und jedem ist kritikwürdig und wäre so nicht nötig gewesen. Hier tritt die Begrenztheit westlichen Denkens zutage. Sie besteht darin, daß man kaum einzusehen bereit ist, das eigene System zu verändern, während es sich doch gerade als unerhört erfolgreich und gegenüber dem anderen als überlegen erwiesen hat. Der frisch gebackene Fußballweltmeister wird kaum dazu neigen, seine Taktik zu ändern, die Spieler auszuwechseln und den Trainer zu beurlauben. Auch gute Ratschläge vom Unterlegenen anzunehmen, ist wohl in diesem Moment seine Sache nicht. Begrenztes Denken zeigt sich auch darin, daß die Neigung zum Differenzieren wenig verbreitet ist, d.h. daß auch jede Einzelheit für unbrauchbar erklärt wird, nur weil das Ganze zu verwerfen ist. In anderen Bereichen zeigt sich wiederum die Begrenztheit DDR-typischen Denkens. Für dieses ist schwer einzusehen, daß man nicht alles gleichzeitig haben kann. Schon in alten Zeiten kreiste das Wort, die DDR-Bürger wollten am liebsten „wie im Osten arbeiten, aber wie im Westen leben". Dabei war natürlich das „im Westen leben" nur auf die materielle Seite wie einkaufen, wohnen oder reisen, gemünzt. Das zwei grundverschiedene Systeme nicht beliebig miteinander zu mischen sind, muß in vielen einzelnen Diskussionen oft noch erklärt werden. Es zeigt sich also immer wieder, daß Denken auf beiden Seiten notwendig ist, um die gemeinsamen Probleme gemeinsam zu lösen.

In der DDR galten auch völlig andere materielle Wertvorstellungen als nun in der Marktwirtschaft. Nach der marxistischen Theorie wurden die Gegenstände nach ihrem Gebrauchswert beurteilt und danach, wieviel sogenannte gesellschaftliche Arbeit für ihre Herstellung verwendet werden mußte. Da man nahezu alles irgendwie gebrauchen konnte, schien alles einen Wert zu haben. Vielen war zunächst völlig unbegreiflich, daß Gebäude und Maschinen oder ganze Betriebe, mit denen man bisher gut zurecht gekommen war und Waren herstellen konnte, plötzlich keinen Wert mehr besitzen sollten, nur weil niemand bereit war, etwas dafür zu bezahlen. Dagegen ist Grund und Boden, sofern nicht mit Altlasten belastet, plötzlich der Inbegriff des Wertvollen. Über diesen Wandel der Wertvorstellungen im rein materiellen wie im übrigen Bereich weitere Betrachtungen anzustellen, sprengte den hier gegebenen Rahmen. Doch wenn es darum geht festzustellen, was von den Menschen in den neuen Bundesländern alles verlangt wird, so muß auch auf dieses tiefgreifende Umdenken hingewiesen werden.

Bildung und Kultur

Grundlegendes hat sich glücklicherweise auch im Bereich der Bildung verändert. In der DDR hatten, von wenigen Ausnahmen wie Sonder-, Sport-, Sprach- oder Mathematikschulen abgesehen, alle Schulen die gleichen Lehrbücher und alle Lehrer die gleichen Lehrpläne. Jeder ging in die 10-klassige Polytechnische Oberschule und verließ sie mit der Mittleren Reife. Irgendeine Lehrstelle oder weitere Ausbildung waren sicher, desgleichen später irgendein Arbeitsplatz. Wer das Glück hatte bis zum Abitur zur Schule gehen zu dürfen, erhielt einen Studienplatz. Studienzeiten wurden eingehalten und danach war irgendeine Arbeitsstelle und ein festgelegtes Gehalt sicher. Konkurrenzkampf und überdurchschnittliche Anstrengungen konzentrierten sich folglich auf den Kampf um Ausbildungsplätze für den höheren Bildungsweg. Dieser teilweise lähmende, wenigstens jedoch leistungshemmende Zustand war im Grunde allen bekannt.

Von einem Jahr zum anderen wurde nun auch diese Situation völlig auf den Kopf gestellt. Vielfalt statt Einheitlichkeit in den Schulen, mehr Abiturienten und Studenten, aber weniger Arbeitsplätze und diese mit sehr unterschiedlichem Einkommen und Entwicklungsmöglichkeiten. Das dreiteilige Schulsystem nimmt frühzeitige Sortierungen vor – ein Haupteinwand der Sozialdemokraten gegen die konservative Schulgesetzgebung in Sachsen-Anhalt –, die

Durchlässigkeit zwischen den Schultypen steht auf dem Papier und wird praktisch kaum verwirklicht. Damit sind neue, völlig andersartige Probleme entstanden. Die vielen Fachschulen der DDR passen nun nicht mehr in das Bildungssystem und wurden abgeschafft oder umgewandelt. In diesem Bereich entstand viel Verdruß, weil die Frage, ob man nicht doch das eine oder andere aus der DDR-Struktur übernehmen konnte, nie überzeugend beantwortet worden ist. Eine geradezu klassische Überschrift in einer großen deutschen Zeitung, die sich zu diesem Problem äußert, lautete: „Wie im Westen, so auf Erden". Aber auch solche Kritik hat nichts genutzt.

Aber die schwerwiegendste Veränderung für den einzelnen, auch im Bereich der höheren Bildung, ist die Aussicht auf Berufsausübung. Niemand garantiert sie mehr. Das Risiko trägt der Einzelne, was zu einem gewaltigen Umdenken geführt hat. Inzwischen beraten die Familien sehr sorgfältig und prüfen genau, welche Aussichten für ihre Kinder bestehen. Als Ergebnis werden z.B. naturwissenschaftliche Grundlagenfächer – in alten Zeiten hoch begehrt –, kaum noch nachgefragt. Ein besonderes Phänomen des Umbruchs tritt bei diesem Lernprozeß außerdem zutage. Wegen der nun völlig veränderten Verhältnisse kann die vorherige Generation nicht auf eigene Erfahrungen zurückgreifen, wenn sie der jetzigen helfen will.

Merkwürdigerweise ist der erwartete Drang der studentischen Jugend von Ost nach West ausgeblieben. Die meisten bleiben im Lande. Auch der umgekehrte Weg wird wenig beschritten. Die Gründe dafür sind wohl einerseits die Kosten und andererseits die noch immer geringere Attraktivität der östlichen Hochschulen samt den Beschwernissen des Lebens dort. Dadurch bleiben die natürlichen Ost-West-Kontakte der studentischen Jugend seltener, als es wünschenswert wäre.

Trotz vieler jetziger Mängel und Schwierigkeiten will wohl niemand ernsthaft das zentralistische Hochschulsystem zurückhaben. Es trieb eigenartige und wissenschaftsfeindliche Blüten. Hier ein Beispiel aus der Berufungspolitik: Während im förderalen System jede einzelne Hochschule eigenständige Berufungen vornimmt und allenfalls innerhalb eines Landes manches aufeinander abzustimmen ist, war dies in DDR-Zeiten gänzlich anders. Man achtete auch auf einen landesweiten Parteienproporz bei Professoren. So kam es, daß in einem medizinischen Fachgebiet nicht alle Klinikdirektoren an den Universitäten gleichzeitig SED-Mitglieder waren, sondern es ist der eine oder andere aus einer Blockpartei untergemischt worden, zu Propagandazwecken sogar gelegentlich ein Parteiloser. Dies geschah nicht zufällig an einer Fakultät, sondern war das Ergebnis zentraler Berufungsplanung. Folglich sind Berufungen an einer Universität unter Berücksichtigung vorausgegangener oder später vorgesehener Berufungen vorgenommen worden.

Der Strukturwandel betrifft natürlich auch den Bereich der Kultur, der nun Sache der Länder und Gemeinden ist. Künstler und Kultur sowie die Kultureinrichtungen lebten von staatlicher Duldung, mußten sich Reglementierungen unterschiedlichster Art gefallen lassen, erhielten jedoch auch die für ihr Leben notwendigen staatlichen zentralen Zuwendungen. Dies mag nicht immer die Kreativität befördert haben, sorgte jedoch für einen ausgeglichenen und für jedermann bezahlbaren Kulturbetrieb. Die Entlassung aus der zentral verordneten und zugleich finanzierten Struktur hat viele Enttäuschungen hervorgerufen, weil sie vielfache Abstürze zur Folge hatte. Länder und Gemeinden konnten in der kurzen Zeit nicht finanziell einspringen. Es klingt manchem von uns noch heute wie Hohn in den Ohren, wenn er daran denkt, als westliche „Berater" 1990 davon sprachen, man müsse sich bei fehlenden Mitteln Sponsoren und Mäzene suchen, dies sei in den alten Bundesländern auch so. Die Frage, woher denn solche Leute kommen sollten, blieb natürlich unbeantwortet. Sie sind bis heute nicht aufgetaucht. Bibliotheken, Orchester, Theater, Puppenbühnen usw. sind in großer Anzahl verschwunden oder gefährdet. Sie mußten ihren inneren Aufbau verändern, den finanziellen Verhältnissen anpassen und miteinander in eine neuartige Beziehung treten, um nicht unterzugehen. Wenn die Kultur zur Identifikation beitragen soll, so ist auf diesem Gebiet noch viel zu tun.

Folglich machten die tiefgreifenden Veränderungen im Leben der Menschen vor den Familien nicht Halt. Die Beziehungen zwischen den Generationen änderten und ändern sich nachhaltig. Sie waren zentral geregelt, es gab wenig Kindergeld, aber Ausbildungsfreiheit, Stipendien und Renten für die Alten. Zugleich waren die Einkommen und der Besitz innerhalb der Familien so beschnitten, daß man sich über die Generationsgrenzen hinweg ein wenig helfen, aber kaum unterhalten konnte. Nun sank die Geburtenrate auf die Hälfte bis ein Drittel. Die Arbeitsteilung in den Familien nahm neue Formen an, insbesondere, weil die Massenarbeitslosigkeit zu zwei Drittel die Frauen trifft. Mit anderen Worten: Auch die Lebensstruktur und die strukturellen Beziehungen der Menschen zueinander haben sich bis in den kleinsten Lebensraum hinein verändert.

Wenn es stimmt, daß das Leben durch äußere Strukturen maßgeblich beeinflußt wird, so müssen sich bei veränderten Strukturen zwangsläufig auch die Lebensbahnen der Menschen ändern. Dadurch entsteht Unsicherheit und Zwang zu einer Neuorientierung. Lernen und Umlernen fällt bei einer positiven Einstellung leicht, bei schlechter Stimmung schwer. Viele Menschen haben eine schlechte Stimmung. Dafür gibt es gute Gründe, denn viele haben kaum eine Chance, die großartigen neuen Möglichkeiten zu nutzen. Es gibt absolute und relative Verlierer der Einheit. Sie fühlen sich zurückgesetzt, um ihre Lebensleistung betrogen und vieler Hoffnungen beraubt. Gründe dafür sind nicht nur die zu enge Verstrickung in das alte Unrechtssystem, sondern auch unverschuldete Arbeitslosigkeit, Umstufungen, Rückstufungen, berufliche Nachbesserungen usw. In dieser Lage ist das Verständnis für die Notwendigkeiten der neuen Zeit begrenzt. Bei wenig Verständnis erwächst keine neue Identifikation. Es entsteht die Neigung, die Vergangenheit zu verklären. Wir erleben das Phänomen des Gedächtnisoptimismus und beobachten die Erscheinung der DDR-Nostalgie: „Wie schön war es doch, als noch für alle fast alles klar war, als das Leben geplant und sicher gewesen ist". An die schlimmen Begleitzustände und Nachteile erinnert man sich dann weniger.

Identitätsfindung

Inwieweit es gelingt, sich mit etwas Neuem zu identifizieren, hängt auch davon ab, ob und wie sehr man sich mit dem Vergangenen identifiziert hat. Darin unterscheiden sich die Bürgerinnen und Bürger der neuen Bundesländer erheblich. Es wird immer wieder deutlich, daß bestimmte, unverständlich scheinende Verhaltensweisen am leichtesten aus Erfahrungen und Lebensweisen in der Vergangenheit zu erklären sind. Wer sich mit dem Staat „DDR" und den dort herrschenden typischen Verhältnissen nicht identifiziert hat, sondern ihm insgesamt ablehnend gegenüberstand, kann keinen Verlust empfinden und kann den Wechsel in die neue Zeit leichter vollziehen als andere. Er wird nur mit einigen Illusionen in seiner Vorstellungswelt aufräumen müssen, die bei der Betrachtung des westlichen Lebens aus der Sicht des Fernsehzuschauers entstanden sind. Wer dagegen die alte Bundesrepublik, so wie es die DDR-Führer wünschten, nur als unbekanntes oder gar feindliches Ausland in grober propagandistischer Entstellung wahrgenommen hat und sich trotz mancher Vorbehalte mit dem Staat „DDR" weitgehend identifizierte, muß einen längeren Prozeß durchlaufen. Mancher ist über Nacht Vollwaise geworden: er verlor auf einen Schlag Mutter Partei und Vater Staat, die ihm doch den entscheidenden Lebenshalt boten. Niemand kann genau sagen, wie groß die Zahl solcher Menschen ist. Aber natürlich muß auch ihnen eine Chance gegeben werden, am Integrationsprozeß teilzuhaben und sich mit neuen Strukturen zu identifizieren.

Zwischen beiden geschilderten Typen gibt es unzählige Abstufungen, und alles wird überlagert von der Frage, was die neue Zeit dem einzelnen persönlich zu bieten hat, in den Extremfällen Arbeit und Aussicht auf Wohlstand oder Arbeitslosigkeit und Ausgrenzung. Aber dies ist dem ursprünglichen Verhalten nicht direkt zuzuordnen und es gibt alle denkbaren Kombinationen. Die künftige Entwicklung wird neben vielem anderen auch davon abhängig sein, wieviele Menschen sich in diesen komplizierten Verhältnissen mit ihrer neuen Umgebung und den neuen Lebensformen identifizieren.

In Sachsen-Anhalt gibt es ein zusätzliches allgemeines Identifikationsproblem mit dem Land. Eine kürzlich veröffentlichte Meinungsumfrage ergab, daß die Hälfte von etwa 600 Bürgern äußerte, das 1990 entstandene Land Sachsen-Anhalt sei bereits zu einem festen Bestandteil ihrer Identität geworden. Für die andere Hälfte spielt das Gefühl der Zugehörigkeit zu diesem Land kaum eine Rolle oder gar keine. Im einzelnen sagten 17 %, sie fühlen sich sehr stark als Sachsen-Anhaltiner, 32 % nur ziemlich stark, 35 % weniger stark und 16 % gaben an, sich gar nicht als Sachsen-Anhaltiner zu fühlen.

In diesem Zusammenhang tritt die grundlegende Frage auf, womit sich Menschen identifizieren, welche Voraussetzungen für eine Identifikation gegeben sein müssen und inwieweit ein Identifikationswechsel stattfindet. Unbestritten dürfte sein, daß sich ein Mensch am leichtesten mit dem identifiziert, was er kennt, was ihm vertraut ist, was er mag und was er einigermaßen überblicken kann. Bezogen auf seinen Lebensraum sind das leicht faßbare Größen: Das Haus, in dem er wohnt oder aufgewachsen ist – man bedenke, was es für einen solchen Menschen dann bedeutet, plötzlich dieses Haus durch Rückübertragungsansprüche wieder aberkannt zu bekommen –, das Dorf oder die Stadt, in dem er lebt und zur Schule ging und in dem er viele Mensche kennt. An dieser Form der Identifikation hat vermutlich auch die neue Zeit nichts geändert. Aber kann sich noch jeder mit anderen Menschen identifizieren wie zuvor? Bekannten- und Freundeskreise haben jedenfalls erhebliche Veränderungen erfahren.

Die Menschen identifizieren sich auch leicht mit einer Region, wie in Sachsen-Anhalt mit der Altmark, dem Harz oder dem anhaltinischen Raum. Mit Verwaltungsstrukturen identifizieren sich die wenigsten. Emotionale Einschnitte hat es bei diesen Strukturveränderungen kaum gegeben. Der Streit um die Kreissitze hat offensichtlich mehr mit der Hinwendung zur eigenen Stadt zu tun als zum neu entstehenden Kreis. Im heftig entbrannten Hauptstadtstreit zwischen Halle und Magdeburg hat man bereits im Jahre 1990 eine beginnende Identifikation mit dem Land Sachsen-Anhalt erkennen können.

Sachsen-Anhalt hat es nicht nur als neues Land schwer, weil es in seiner Geschichte nur fünf Jahre existiert hat, sondern es hat zugleich die Last des Bindestrichlandes zu tragen, eine Erfahrung, die auch alte Bundesländer gemacht haben.

In Umbruchszeiten, wie den von uns nun erlebten, kommt Traditionen eine große Bedeutung zu. In dieser Hinsicht sind wir in den neuen Ländern doppelt belastet. Zum einen trifft auch uns der allgemeine Vorwurf von Konrad Lorenz, der den Abriß der Traditionen als eine der acht Totsünden der zivilisierten Menschheit bezeichnet. Zum anderen waren die Kommunisten, sofern es nicht ihre eigene kurze Zeit betraf, ausgesprochen traditionsfeindlich, weil sie sich selbst als etwas völlig Neues verstanden, welches in keinem natürlichen Bezug zum vorherigen stand. Sie fühlten sich – biologisch gesprochen – wie eine Mutation, also ein Lebewesen, welches durch eine sprunghafte Veränderung entstanden ist und nicht seinen Eltern gleicht. Sie waren auf den von ihnen behaupteten Entwicklungsprung stolz und merzten Erinnerungen an vieles Vorheriges aus. Erst während der letzten Jahre hatte sich anscheinend bei ihnen die Einsicht durchgesetzt, daß dies ein erfolgloser Weg war, und sie ließen wieder ein wenig mehr Geschichtsbewußtsein zu, einschließlich der Traditionspflege außerhalb des eigenen Ideologiebereiches.

Verständlicherweise entwickelten sich im Laufe der Zeit auch einige DDR-typische Traditionen, doch dürften davon vermutlich nicht viele zurückbleiben. Altes setzt sich gegenwärtig wieder klar durch. Mancher Angriff auf Althergebrachtes war so plump, daß er eher das Gegenteil der Absicht bewirkte. Man denke nur an den Versuch, daß Wort Weihnachtsengel durch „Jahresendfigur mit Flügel" zu ersetzen. Auch bei dem vor vielen Jahren als Feiertag abgeschaffte Himmelfahrtstag tauchte allmählich wieder der Brauch durch, Urlaub zu nehmen und Herrenausflüge zu organisieren. Kirchliche und Familienfeste sind offensichtlich traditionell nur insofern abgeändert worden, wie der nachlassende Einfluß der christlichen Kirchen es ohnehin zur Folge hat.

Nachhaltig schlimm ist die bewußte Zerstörung alter Stadtbilder. Zerstörung durch Unterlassung war die Regel. In schönen Gebäuden sah man zugleich auch bürgerliche Überreste, mit denen man fertig werden mußte. Der Krieg hatte weniger zerstört als die Ideologie, doch ist hier nicht der Platz, darauf näher einzugehen.

Vergleicht man das Leben in alten und neuen Strukturen und betrachtet den Vorgang der Umgestaltung, so erkennt man einen Prozeß nie dagewesenen Ausmaßes, der es den Menschen außerordentlich schwer macht, sich zu orientieren und zu identifizieren. Um so bewundernswerter sind die Anstrengung und die schon weit gediehenen Erfolge.

Es gilt nur, auch solche Gesichtspunkte nicht zu vergessen, wenn man die Beziehungen zwischen alten und neuen Strukturen und Lebensformen, Traditionen und Indentifikationsmöglichkeiten sowie den besonderen Erscheinungen des Umbruchprozesses betrachtet.

Zusammenfassend ist folgendes festzustellen: Normalerweise wirken die Menschen durch ihre Arbeit und ihr Verhalten aktiv auf die Gestaltung ihrer Umwelt und Umgebung ein und haben dabei die Möglichkeit, sich in die allmählich verändernden Verhältnisse einzufügen. Seit 1990 verläuft in den neuen Bundesländern ein einmaliger umgekehrter Vorgang. Nahezu alle hier lebenden Menschen müssen sich in kürzester Zeit den plötzlich vorhandenen Umständen anpassen. Von ihnen wird Unerhörtes verlangt, was selbst bei grundsätzlicher Zustimmung schwer zu leisten ist. Eine prägende Vergangenheit muß bewältigt werden, ohne daß man sie auslöschen oder nachträglich beseitigen könnte.

Betroffen von diesem Ereignis sind auch die Menschen und Regionen der alten Bundesländer. Kein Land oder Organismus kann einen so großen Brocken wie die DDR in sich aufnehmen, ohne erhebliche Verdauungsbeschwerden zu bekommen und sich selbst zu verändern. Es gilt dafür einzutreten, daß die Veränderungen akzeptiert werden und das Ergebnis so gestaltet wird, daß ein einheitliches Deutschland ohne unerträgliche innere Spannungen entsteht, ein Land, das ein gleichwertiges Leben in vergleichbaren Strukturen für alle und eine ungeteilte Identifizierung ermöglicht.

Angelika Barbe

Schlußstrich oder Auseinandersetzung?

Worum geht es bei dieser Diskussion, die seit geraumer Zeit mit mehr oder minder großer Intensität die öffentliche Diskussion zu beherrschen scheint? Ist es tatsächlich so, daß ein Schlußstrich das Gebot der Stunde ist, „weil das Land Versöhnung braucht"? Sollen wir uns also nicht mehr mit solch „unappetitlichen Sachen" (H. Kohl) wie den Stasiakten beschäftigen, die, wie der Bundeskanzler im selben Atemzug formulierte, nur die Atmosphäre vergiften würden?

Bei näherer Betrachtung fällt auf, daß die Forderung nach einem Schlußstrich zumeist eine zweifache ist. Zum einen ertönt der Ruf nach einer umfassenden Amnestie der in der ehemaligen DDR erfolgten politisch motivierten Rechtsverstöße. Zum anderen verlautet in diesem Zusammenhang, daß es doch an der Zeit wäre, die Stasiakten zu schließen.

Betrachtet man die Schlußstrichdebatte, so kristallisieren sich mehrere Argumentationsmuster heraus, die im Folgenden genauer untersucht werden sollen.

Die lästige Zivilcourage

Die erste Gruppe fordert den Schlußstrich in der Erwartung, so zur Herstellung des gesellschaftlichen Friedens und zum Zusammenwachsen der Deutschen in Ost und West einen wesentlichen und unverzichtbaren Beitrag leisten zu können.

Hinter dieser Position steht die Grundannahme, daß ein großer Teil der vorhandenen Ost-West-Gegensätze darauf zurückzuführen sei, daß die Aufarbeitung der DDR-Geschichte sich auf die „Entstasifizierung" reduziere. Schließlich sei durch die Stasidebatte das Klima inzwischen derart vergiftet, daß die große Mehrheit der Ostdeutschen als ein Volk von Spitzeln erscheine. Dadurch gerate aber in den Köpfen vieler Ostdeutscher in den Hintergrund, was durch die Einheit bereits gemeinsam geleistet wurde, so ein weiteres Argument.

Forderungen nach einem Schlußstrich im Interesse des gesellschaftlichen Friedens sind intentional zunächst nicht verwerflich, falls sie auf diesen Argumenten beruhen.

Allerdings offenbaren sie in weiten Teilen ein bedenkliches Geschichts- und Gesellschaftsverständnis, da damit die Rolle individuellen Handelns und individueller Verantwortung geringgeschätzt wird. So soll auf fragwürdige Weise ein gesellschaftlicher Konsens erzwungen werden, der Zugeständnisse ausschließlich von den Opfern des SED-Regimes abverlangt, die sich erneut unterzuordnen haben. Dies zeigt sich in der Feststellung, daß die Zivilcourage Einzelner zwar Respekt abverlange, keinesfalls aber als Norm gesetzt werden dürfe.

Ist es nicht vielmehr die Hauptlehre aus den beiden Diktaturen Deutschlands im 20. Jahrhundert, daß Diktatoren dort ein fruchtbarer Boden bereitet wird, wo die Fähigkeit zur Unterordnung und nicht die des Widerstehens zum wichtigsten gesellschaftlichen Verhalten deklariert wird? Provozieren nicht im Gegenteil gerade Wegschauen und fehlende Zivilcourage in der Gegenwart immer wieder aufkommende fremdenfeindliche Ausschreitungen?

Befremdlich ist allerdings, wenn unterstellt wird, daß mit dem „Opferbonus“ ein „würdeloser Mißbrauch“ betrieben werde (P. Bender), um anschließend die suggestive Frage zu stellen, „ob es denn ganz und ausschließlich das Verdienst der Opfer sei, daß ihre Biographie sie nicht zu Tätern werden ließ“.

Grundsätzlich zweifelt der Fragesteller damit an, daß Widerstand und Widerstehen gegen Diktaturen legitim sind. Selbst der berechtigte Mindestanspruch der Opfer auf gesellschaftliche Achtung nach dem Zusammenbruch der Diktatur, steht somit in Frage.

Hier offenbart sich ein Verhalten, das Henryk M. Broder polemisch zugespitzt, aber dennoch zutreffend formuliert: Deutschland sei offenkundig ein Land, in dem man viel Verständnis für Täter und Mitläufer habe, gleichzeitig aber die Opfer verachte.

Die Diffamierung der Opfer als Ruhestörer und Hindernis für den gesellschaftlichen Frieden, wodurch diese erneut an den gesellschaftlichen Rand gedrängt werden, ist die am schwersten zu ertragende Konsequenz dieses Ansatzes.

Dahinter verbirgt sich nämlich eine Vorstellung von gesellschaftlichem Frieden, die nicht den notwendigen Konflikt – der aus der Vergangenheit herrührt – öffentlich macht, sondern einen alle gesellschaftlichen Gruppen vereinenden Kompromiß herbeisehnt, der auf Kosten der Opfer hergestellt und damit fragwürdig wird.

Gleichzeitig erfährt die individuelle Verantwortung eine erschreckende Geringschätzung. Gerade nach den Erfahrungen zweier diktatorischer Regime in Deutschland sollte diese ein unverzichtbarer Bestandteil demokratischer Kultur in Ost wie West sein.

DDR-Nostalgie oder Terraingewinn?

Verbirgt sich hinter dem Ansatz des „Schlußstrichs im Interesse des gesellschaftlichen Friedens" noch eine gutmeinende Absicht mit allerdings äußerst zweifelhaften Implikationen, so kann man selbst das von der nächsten Gruppe nicht mehr sagen. Dieser – vor allem von der PDS und ihrem weiteren Umfeld vertretene – Personenkreis plädiert in offenem Lobbyismus zu Gunsten der Priviligierten des früheren Systems für einen weitestgehenden Schlußstrich.

Ausgangspunkt des von dieser Gruppe vorgetragenen Argumentationsmusters ist ebenfalls der innerdeutsche Ost-West-Gegensatz. Hier erfolgt eine bewußte Vermengung dieses Gegensatzes und der Stasiproblematik in zugespitzter Form, die zunächst die sozialen Ansprüche ihres Wählerklientels legitimieren soll.

Offen diffamieren PDS und ihr Umfeld die Vergangenheitsaufarbeitung als „Hexenjagd". Diese diene nur den Interessen der Rechten und westlicher „Kolonisatoren", die den ehemaligen DDR-Bürgern den Rest ihrer Würde nehmen wollen. Wer dieses Handeln nicht kritisiere, schade der Durchsetzung ostdeutscher Interessen (U.J. Heuer). Dabei erfolgt eine schrankenlose argumentative Gleichsetzung von Systemprivilegierten und damit implizit auch von Tätern mit der Mehrheit der ostdeutschen Bevölkerung, die weder priviligiert war, noch das System zu verantworten hatte.

Die Verfolgung ehemaliger Funktionsträger sei nichts weiter als „politische Justiz", diene der Durchsetzung westlicher materieller Interessen und solle von den Defiziten der westlichen Gesellschaftsordnung ablenken.

Besonders die Entquetekommission des Bundestages zur Aufarbeitung der DDR-Vergangenheit schaffe die ideologisch-zeitgeschichtlichen Grundlagen für diese Art von „Siegerjustiz". Hauptmotiv sei die Festigung der in der Bundesrepublik bestehenden politischen Verhältnisse. Insbesondere müßten sich die Ostdeutschen gegen den Begriff „Unrechtsstaat" zu Wehr setzten, der 40 Jahre DDR-Geschichte kriminalisiere und damit aus politischen Gründen umgeschrieben werden solle. Anstelle einer Fortsetzung des Kalten Krieges, wodurch nur neues Unrecht geschaffen würde, gelte es, einen Weg der Versöhnung zu beschreiten und damit eine nationale Klammer zu schaffen.

Von größter Bedeutung ist in diesem Zusammenhang die Forderung nach einem Schlußstrich, der viel weitergehender ist, als die nur auf den justitiablen Bereich eingegrenzte Amnestie. Diese ist zwar vorläufig das wichtigste Ziel dieser Gruppe, doch geht es vor allem um die Wiederherstellung alter Privilegien. Angestrebt wird ein zumindest partieller historischer Revisionismus, der eine Amnestie voraussetzt. Die PDS offenbart ein Geschichtsbild, dessen populäre Charakterisierung als „DDR-Nostalgie" zu kurz greift und verharmlosend wäre.

Das hier offensiv vorgebrachte Geschichtsverständnis besteht im wesentlichen aus einigen zentralen Elementen. So fordert die PDS, die DDR nur anhand systemeigener Maßstäbe zu bewerten. Keinesfalls dürfe man z.B. die DDR nach den Maßstäben eines Rechtsstaates bewerten, da dieser nicht Systemziel gewesen sei. Das aber heißt, DDR-Geschichte nur daraufhin zu befragen, ob das Staatsziel Sozialismus verwirklicht worden sei. Die hinter dem System stehende Ideologie dürfe ebenfalls nicht auf ihre Legitimität und ihren Anteil an der Entwicklung kritisch abgeklopft werden.

Auch dürfe man bei der Bewertung der Geschichte nicht den Kalten Krieg vernachlässigen, der die Verantwortung einheimischer Machthaber erheblich relativiere.

Wesensmerkmal dieser Geschichtsauffassung ist es, eine Teilentlastung von DDR-Geschichte als einer widersprüchlichen Geschichte zu erreichen. Es habe zwar manche Abweichungen vom Ideal gegeben, doch dürfe man keinesfalls das gesamte System als diktatorisch bewerten. Gemäß dieser Auffassung sind zwar ernsthafte Verstöße gegen das gesellschaftliche Idealbild vorgekommen, dennoch ist es deswegen historisch keineswegs überholt. Hier zeigt sich im wesentlichen ein marxistisch-leninistisches Geschichtsbild, welches Fehlentwicklungen im Sozialismus ausschließlich auf „subjektive" Faktoren zurückführen will.

Ein weiteres Argument istm daß die Opfer kein Recht hätten, ihre Geschichtsauffassung der Gesellschaft aufzuerlegen, da ihre Lebensläufe nicht typisch für die der DDR-Bevölkerung gewesen seien.

Im übrigen wird konstatiert, es habe in der DDR zwar einen Mangel an politischen Menschenrechten gegeben, doch seien im Gegensatz zur Bundesrepublik die sozialen Menschenrechte immer gewährleistet worden. Dabei soll hier nur am Rande auf die Verlogenheit dieser Argumentation hingewiesen werden. Denn selbst soziale Rechte unterlagen willkürlichen Entscheidungen (Wohnungsvergabe, Oberschul- und Studienplatzvergabe, Berufsboykotte usw.), die weder verwaltungsrechtlich noch verfassungsrechtlich angefochten werden konnten.

Zusammengefaßt ist hier ein revisionistisches Geschichtsbild entstanden, das als legitimatorische Grundlage für einen langfristigen politischen Terraingewinn der PDS dienen soll. Somit ist die Schlußstrichforderung der PDS auch nicht prinzipieller, sondern lediglich taktisch-instrumenteller Art. Ein Schlußstrich wird nur gegenüber den Anliegen der Opfer gefordert. Keineswegs aber ist damit eine entschiedene Absage an die Realität der DDR verbunden, die vielmehr durch den Schlußstrich noch nachträglich rehabilitiert werden soll.

Eine dritte Gruppe erhebt die Forderung nach einem Schlußstrich vorrangig aus wahltaktischen Gründen. Die in diesem Zusammenhang vorgebrachten Argumentationsmuster weichen im wesentlichen nicht von denen der ersten beiden Gruppen ab. Abgesehen von moralischen Aspekten ist es allerdings höchst fragwürdig, ob sich die Wähler tatsächlich durch einen solchen taktischen Schritt ansprechen lassen.

Vergangenheitsaufarbeitung oder Spießermentalität!

Bei der Betrachtung der Schlußstrichdebatte fällt auf, daß hier ausschließlich von den Opfern Entgegenkommen erwartet wird. Teilweise werden sogar offen ihre rechtmäßigen Ansprüche auf gesellschaftliche und soziale Rehabilitierung in Frage gestellt.

Besonders schwer erträglich ist es, wenn Täter von den Opfern einen Schlußstrich mit der Begründung einfordern, daß sie sich immer, im Gegensatz zu den Opfern, im Einklang mit der DDR-Bevölkerung wußten. Dadurch wird die DDR-Bevölkerung zu Unrecht in eine Quasi-Komplizenschaft gebracht. Besonders zu betonen ist, daß durch die Aufarbeitung der Vergangenheit eben kein ganzes Volk an den Pranger gestellt wird. Im Gegenteil soll individuelle Verantwortlichkeit herausgearbeitet werden. Dadurch erst können die Opfer aus der Anonymität heraustreten. Dieses Herausarbeiten und Bewerten von Geschehnissen und Taten ist auch keine „Hexenjagd", wie manche Gruppen absichtsvoll unterstellen. Mit diesen Diffamierungen soll die legitime Vergangenheitsaufarbeitung aus der Sicht der Opfer prinzipiell kritisiert werden.

Ein merkwürdiges Verständnis wird offenbar, wenn heute diejenigen als Denunzianten bezeichnet werden, die frühere Denunzianten benennen. Damit werden Unschuldige in das Schweigen zurückgedrängt, während Mitläufer und Täter sich angeblich „normal" verhalten haben (B. Bohley).

Das Argument, die „Vorkommnisse" im real-existierenden Sozialismus geschahen aus hehren Motiven, kann das schwere Schicksal der Opfer nicht ungeschehen machen.

Verschwiegene Konflikte können weder den gewünschten gesellschaftlichen Frieden befördern, noch zu einem Schluß der Debatte führen, der sich schon gar nicht von oben verordnen läßt. Beleg hierfür ist das rumänische Beispiel. Dort beschloß das Parlament, für einen Zeitraum von 40 Jahren die Geheimdienstakten zu schließen. Das Ergebnis dieses Beschlusses ist, daß jeder jeden in der politischen Auseinandersetzung verdächtigt, und damit die politische Atmosphäre völlig vergiftet ist. Dies erschwert den Weg des demokratischen Aufbaus aber wesentlich.

Ein erzwungener Schlußstrich stellt auch eine Entmündigung der Gesellschaft dar und fördert hauptsächlich Entpolitisierung und die Einstellung, Politik sei eben ein schmutziges Spiel.

Durch einen Schlußstrich, d.h. durch einen Verzicht auf eine umfassende Rehabilitierung der Opfer und auf eine Aufarbeitung der Vergangenheit wird nicht nur das Rechtsempfinden der Opfer gestört, sondern auch eine Spießbürgermentalität gefördert, die nach dem Motto verfährt, wer Zivilcourage zeigt und dafür von den Machthabern zur Rechenschaft gezogen wird, hat selber Schuld. Erst die offenen Akten ermöglichen die Aufarbeitung der Vergangenheit wirkungsvoll.

Die Öffnung der Akten ist vor allem ein Beitrag dazu, mit dem Prinzip der Konspiration in der Politik zu brechen, die eines der Haupthindernisse für die Offenheit der Gesellschaft darstellt. Bei der Vergangenheitsaufarbeitung geht es darum, Fragen nach alternativem Verhalten auch in einer Diktatur zu stellen, um auf diese Weise Legendenbildungen entgegenzutreten und umsetzbare Lehren aus der Geschichte ziehen zu können.

Es muß immer wieder betont werden, daß juristische und moralische Aufarbeitung von Vergangenheit auf zwei verschiedenen Ebenen stattfindet. Fatal wäre es, wenn sich wieder, wie nach 1945, Vergangenheitsaufarbeitung behindernde Blockademuster durchsetzen würden. Leider scheinen sich auch tatsächlich Parallelen anzudeuten.

Einer der wesentlichen Faktoren, die nach 1945 die Vergangenheitsaufarbeitung behinderten, war die unter vielen Deutschen verbreitete Einstellung, die Alliierten hätten – gerade in den Nürnberger Prozessen – den Begriff der Kollektivschuld des gesamten deutschen Volkes eingeführt. Außerdem hätten alle alliierten Gerichtsverfahren auf dem Vorwurf des unterlassenen Widerstandes basiert und im Ergebnis nur neues Unrecht geschaffen. Im Gegensatz zu diesem populären Abwehrverhalten, welches noch bis in die Gegenwart hineinreicht und im Zusammenhang mit der Stasidebatte neue

Aktualität erfährt, ist festzustellen, daß die Alliierten den Begriff der Kollektivschuld gerade nicht verwendeten. Vielmehr sollte durch die Nürnberger Prozesse die konkrete individuelle Verantwortung für geschehenes Unrecht deutlich gemacht werden. Darum geht es auch heute.

Unzutreffend ist auch die Behauptung, in Deutschland würde ein von Ordnungsfanatikern beherrschter, besonders strenger Umgang mit ehemaligen Funktionsträgern der ehemaligen DDR die Szene beherrschen. In Deutschland ist im Gegensatz zur Tschechoslowakei kein Gesetz erlassen worden, welches die kommunistische Partei als kriminelle Vereinigung deklariert und ihre ehemaligen Funktionäre generell für fünf Jahre von allen öffentlichen Ämtern ausschließt.

Daß es richtig war, die Stasi-Akten in einem transparenten und geregelten Verfahren für die Betroffenen zu öffnen, zeigt sich auch im Vergleich mit dem polnischen Beispiel. Dort war 1992 geplant, eine Liste mit ehemaligen Geheimdienstmitarbeitern und -zuträgern im öffentlichen Dienst zu veröffentlichen, aus der individuelle Verantwortlichkeiten nicht ablesbar und überprüfbar gewesen wären. Hier hätte nämlich das Innenministerium über Inhalt und Zeitpunkt der Veröffentlichungen verfügen können. Ein Zugangsrecht für Betroffene war nicht vorgesehen. Dieses geplante und vom Parlament schon verabschiedete Verfahren hätte in der Tat nur der Instrumentalisierung in aktuellen politischen Auseinandersetzungen gedient. In der öffentlichen Debatte führte dieses Vorhaben zu einer solchen Polarisierung, daß schließlich die dafür maßgeblich verantwortliche Regierung zurücktreten mußte, ohne daß es seitdem zu einer wirklichen, dauerhaften Lösung in der Frage des Umgangs mit den Akten gekommen wäre.

Eine Versöhnung unter Ausschluß der Opfer darf und kann es nicht geben. Ein solcher Schlußstrich würde vielmehr dazu beitragen, bestehendes Unrecht festzuschreiben. Gerade der 1990 für alle Bürger erkämpfte freie Zugang zu den Akten eröffnet ihnen die Möglichkeit eines freien und selbstbestimmten Umgangs mit ihrer Vergangenheit. Hier handelt es sich um einen bisher einmaligen und zukunftsweisenden Fall, der bewußt mit den Traditionen von Geheimhaltung und Obrigkeitsstaatlichkeit bricht.

Im übrigen ist die Behauptung falsch, daß durch kritische Ausarbeitung die Erfahrungen aus 40 Jahren DDR-Geschichte wertlos werden: „Die rücksichtslose Abrechnung mit dem SED-Staat ist keine Vernichtung der Biographie derer, die es ehrlich gemeint haben, und vielleicht die besten Jahre ihres Lebens für das gescheiterte System geopfert haben – es ist im Gegenteil die einzige Chance zur Rettung ihrer Biographie.“[1]

Genügend historische Beispiele belegen eindrucksvoll, daß stets neue Probleme geschaffen werden, wenn man sich vor der Vergangenheit drückt. Die Vergangenheitsverdrängung nach 1945 wurde von den nachfolgenden Generationen besonders heftig kritisiert und sollte uns heute kein Vorbild sein.

Gemeinsam müssen wir verhindern, daß durch einen Schlußstrich die Opfer des SED-Regimes erneut an den gesellschaftlichen Rand gedrängt werden. Nur auf diesem Wege können wir auch jenen Entwicklungen entgegentreten, die – wie M. Wolffsohn es treffend ausdrückte – in einigen Köpfen eine neue DDR entstehen lassen.

Anmerkungen

1 Armin Mitter / Stefan Wolle, Untergang auf Raten, München 1993, S.9

II.
Ost- und Deutschlandpolitik in der Diskussion

Hartmut Soell

Wandel durch Annäherung – bei normativer Distanz

Die Bonner Ost- und Deutschlandpolitik in den sechziger und siebziger Jahren im internationalen Rahmen

Wer Reichweite und Bedeutung der Ost- und Deutschlandpolitik bewerten will, die seit Herbst 1969 von der sozialliberalen Bundesregierung unter Führung Willy Brandts betrieben wurde[1], darf die internationalen Rahmenbedingungen, unter denen die Bundesrepublik Deutschland und die DDR entstanden waren und in die sie eingebettet blieben, keinen Augenblick außer acht lassen.

Beide Staatsgründungen waren die Folge eines weltpolitischen Konflikts, der nicht nur aus herkömmlichen machtpolitischen Gründen entstanden war: beim Streit von Siegern über die Beute. Hinzu traten zwei weitere Ursachen: Der seit 1917 sich entwickelnde Gegensatz zwischen den liberalen Demokratien des Westens und der kommunistischen Parteidiktatur des Ostens, der durch die Anti-Hitler-Koalition kurzzeitig überlagert und zurückgedrängt worden war, aber nach Kriegsende durch die Sowjetisierung Mittel- und Osteuropas sowie durch die Auseinandersetzung um die innere Ordnung Deutschlands sich wesentlich schärfer ausprägte und deshalb andere Antworten verlangte, als in den zwanziger und dreißiger Jahren gegeben wurden.

Der Systemgegensatz verhinderte auch – mehr als die unterschiedlichen machtpolitischen Interessen – die Verwirklichung des in der Charta der Vereinten Nationen enthaltenen Ziels, ein weltweites kollektives Sicherheitssystem zu installieren. Die als Ersatz dafür organisierte kollektive Selbstverteidigung in Gestalt permanenter Militärbündnisse – zuerst der Brüsseler Pakt, dann der Nordatlantikpakt, schließlich der Warschauer Pakt – schufen zwar ein gewisses Maß an Sicherheit in Europa; aber diese jeweils einseitige Sicherheitsvorsorge blieb prekär, weil sie dazu neigte, die gegenseitigen Feindbilder zu überhöhen. Hinzu kam die Entwicklung der nuklearen Massenvernichtungswaffen und der Raketentechnologie sowie die sich darauf stützenden Abschreckungsdoktrinen. Sie überdeckten nur mühsam die bestehenden geostrategischen und militärischen Asymmetrien in Europa und trugen gleichzeitig dazu bei, die Abwehr der Bedrohung stets alarmistisch zu organisieren und den potentiellen Gegner als die Verkörperung des absolut Bösen wahrzunehmen. Denn nur diese Wahrnehmung rechtfertigte die Drohung, auf jeden Angriff mit massiver atomarer Vergeltung zu reagieren.

Trotz dieser stets vorhandenen – in der Praxis aber meist verdrängten – Gefahr des Rückfalls in absolute Feindbilder hat die waffentechnologische Entwicklung seit Ende der fünfziger Jahre in Washington und Moskau zur Wahrnehmung einer partiellen Interessenidentität beider Weltmächte hinsichtlich der Kontrolle nuklearstrategischer Rüstungen geführt, die 1963 mit dem Teststoppabkommen für oberirdische Nuklearwaffenversuche ihren ersten Ausdruck fand und im Nichtverbreiterungsvertrag von 1968 sowie im ersten Abkommen über die Begrenzung strategischer Nuklearwaffen (SALT 1) von 1972 ihren vorläufigen Höhepunkt erreichte.

Diese weltpolitische Interessenkonstellation überwölbte und ergänzte jene beiden durch den Sieg der Alliierten über Hitlerdeutschland und den Ost-Westgegensatz entstandenen Rahmenbedingungen, die jede deutsche Politik zu beachten hatte: 1. Das Bestreben, jeden Versuch, aus den „deutschen Fragen“ einen Krieg entstehen zu lassen und/oder wieder eine deutsche Hegemonie errichten zu wollen, zu verhindern, blieb – wenn auch meist unausgesprochen – das gemeinsame Minimalziel aller Großen Vier. 2. Auch die westlichen Bündnisstrukturen, in die die Bundesrepublik Mitte der fünfziger Jahre durch die Pariser Verträge integriert wurde, enthielten neben dem Moment der Sicherheit *für* den Bonner Staat auch das Element der Kontrolle, also Sicherheit *vor* deutschen Sonderwegen.

Deutschlandpolitik in der Adenauer-Ära

Dieses Konzept der „doppelten Eindämmung“[2] war ursprünglich eine Erfindung der britischen Politik, das nach anfänglichem Zögern – beschleunigt durch die Erfahrungen der Berliner Blockade – von den Amerikanern übernommen wurde. Der erste Generalsekretär der NATO, Lord Ismay, hat dieses Ziel in drastischer Deutlichkeit formuliert: Die NATO habe die Funktion, die Amerikaner drin, die Russen draußen und die Deutschen unten zu halten.[3]

Aus diesen Gründen hatten sowohl sowjetische Forderungen, ein wiedervereinigtes Deutschland dürfe keinem Bündnis angehören wie auch die Gegenforderung der Bundesregierung, eine gesamtdeutsche Regierung müsse frei über die Bündniszugehörigkeit entscheiden können, allenfalls propagandistische Bedeutung. Adenauer selbst hatte daraus im übrigen nie einen Hehl gemacht. In den Beratungen über den Deutschlandvertrag scheiterte er mit seiner Absicht, auch ein vereinigtes Deutschland ausdrücklich an westliche Sicherheitsstrukturen zu binden, nur am Widerstand innerhalb seiner eigenen Partei und am Koalitionspartner FDP.

Die Vorteile der Westintegration der Bundesrepublik nach außen wie innen zu betonen, wurde er gleichwohl nicht müde. Nach außen: Ein Mehr an Sicherheit gegenüber der sowjetischen Bedrohung, an Souveränität und Gleichberechtigung. Nach innen: Die Möglichkeit, für ein Jahrzehnt die Mehrheit der Westdeutschen einschließlich der Vertriebenen und Flüchtlinge glauben zu machen, durch ihre Zugehörigkeit zum Westen könnten sie nicht nur vermeiden, einmal die Rechnungen für den von Hitlerdeutschland begonnenen und verlorengegangenen Krieg und die dabei begangenen Verbrechen zahlen zu müssen, sondern auch in einem überschaubaren Zeitraum die Wiedervereinigung zu erreichen. Seine eigenen Zweifel, ob das letztgenannte Ziel noch zu seinen Lebzeiten erreichbar sein würde, wuchsen in der zweiten Hälfte der fünfziger Jahre. Deshalb bot er schon 1958 Moskau unter der Hand eine „österreichische“ Lösung für die DDR unter der Voraussetzung an, daß diese nach innen ihre Geschicke selbst bestimmen konnte. Obwohl er in Moskau auf Ablehnung stieß, machte er im Juni 1962 mit einem auf zehn Jahre befristeten „Burgfrieden" eine neue Offerte, die ebenfalls negativ beschieden wurde.[4]

Obwohl er insgeheim spürte, daß der durch die Entwicklung der Nuklearwaffen verstärkte Zwang der Weltmächte zur Kriegsverhütung durch Rüstungskontrolle immer mehr zur Auflösung des Junktims, das Rüstungskontroll- und Abrüstungsvereinbarungen an Fortschritte in der Wiedervereinigungsfrage band, führen mußte, versuchte er in der offiziellen Politik die westlichen Verbündeten immer wieder auf es einzuschwören. Dadurch geriet die Bundesregierung zunehmend in die Defensive, zeitweise schon am Ende der Eisenhower-Ära gar in Widerspruch zu ihrem Hauptverbündeten.

Als im Zusammenhang mit dem Berlin-Ultimatum seit November 1958, vor allem im Herbst 1959, nachdem die Bundesrepublik und die DDR an den „Katzentischen" der Genfer Gipfelkonferenz zum ersten Mal international gleichbehandelt worden waren, bei den Gesprächen Eisenhower-Chruschtschow in Camp David sich die Möglichkeit abzeichnete, daß die amerikanische Politik eine praktische Berlin-Regelung nach dem Muster der zuerst vom amerikanischen Außenminister kurz vor seinem Tod formulierten „Agententheorie" – also DDR-Grenzbeamte bei der Kontrolle der Zugangswege als „Agenten" der Sowjets – akzeptieren würde, war aus Sicht Adenauers, wie die Aufzeichnungen über seine damaligen vertraulichen Gespräche mit Chefredakteuren zeigen, die Tendenz zur internationalen Anerkennung der DDR unaufhaltsam. Jedes Ereignis, das dieser Tendenz zuwiderlief, wurde von ihm begrüßt. Als die Pariser Gipfelkonferenz im Mai 1960 wegen des Abschusses eines die Sowjetunion ausspionierenden amerikanischen Aufklärungsflugzeuges platzte, teilte er seinem Pressechef Felix von Eckardt freudestrahlend mit: „Wir haben noch mal fies Jlück jehabt".

Die sozialdemokratische Opposition hatte in ihrem in den fünfziger Jahren immer wieder vor internationalen Konferenzen vorgetragenen Wiedervereinigungskonzept – zuletzt sehr detailliert in einer von Herbert Wehner geleiteten Arbeitsgruppe im Frühjahr 1959 vor dem Genfer Gipfel – zwar auch den Zusammenhang von Schritten zur Lösung der europäischen Sicherheitsprobleme und den einzelnen Stufen eines Wiedervereinigungsprozesses betont. Im Unterschied zur Bundesregierung ging sie aber davon aus, daß die Bündnisse in Ost und West durch ein kollektives Sicherheitssystem in Europa, garantiert von beiden Weltmächten, abgelöst werden sollten.

So zukunftsweisend gerade aus heutigem Blickwinkel dieses Konzept erscheinen mag, so sehr wurden dabei die Erfahrungen aus der Völkerbundszeit vergessen, durch die klar geworden war, daß in einer ideologisch gespaltenen Welt sich die Staaten nie Sanktionen gegen Agressoren aus dem eigenen Lager anschließen würden. Gegen Nuklearmächte waren überdies wirkungsvolle militärische Sanktionen ohnehin undenkbar geworden.

Immerhin konnte die SPD geltend machen, daß sie mit ihren Vorschlägen auch den Sicherheitsbedürfnissen der Sowjetunion Rechnung tragen wollte. Den ideologischen Ansprüchen der östlichen Seite konnte sie allerdings in keiner Weise entgegenkommen. Nicht nur aus traditioneller Gegnerschaft – die SPD als die Verkörperung des ideologischen Feindbildes des „Sozialdemokratismus" – , sondern auch wegen der ideologischen Bedeutung der DDR für das Funktionieren des sowjetkommunistischen Modells.

Wenige Wochen vor dem Bau der Mauer begründete Anastas Mikojan, Politbüromitglied der KPdSU und Außenhandelsminister, in einem Kreis sowjetischer und deutscher Kommunisten, weshalb die DDR, obgleich dort der Lebensstandard der Bevölkerung höher sei als der der Sowjetbürger, mit Lieferungen bevorzugt würde: Im Westen herrsche verbreitet die Meinung, der Sozialismus/Kommunismus möge für unterentwickelte Länder geeignet sein, für die Industriestaaten des Westens hingegen sei er absurd. Viele schauten deshalb auf die DDR, weil sie ein solcher hochentwickelter Industriestaat sei. Wörtlich führte er aus: „Die DDR, Deutschland ist das Land, in dem sich entscheiden muß, daß der Marxismus-Leninismus richtig ist, daß der Kommunismus auch für Industriestaaten die höhere, bessere Gesellschaftsordnung ist. Und weil das so ist, deshalb ist die Bewährung des Sozialismus in Deutschland nicht nur Eure Sache allein. Der Nachweis für die Richtigkeit des Marxismus-Leninismus in Deutschland ist eine grundsätzliche Frage für die kommunistische Weltbewegung."[5]

Die alte, ursprünglich auf Lenin zurückgehende Vorstellung, die Oktoberrevolution habe nur einen vorläufigen Charakter, erst die proletarische Revolution in Deutschland werde den weltrevolutionären Durchbruch erzwingen, die führende deutsche Kommunisten bis hin zu Ulbricht und seiner strategischen Clique jahrzehntelang vom „deutschen Oktober" träumen ließ und sie auf immer neue Holzwege brachte, gab es also immer noch, selbst wenn die etwas stilisierte Form der Aussage Mikojans mindestens ebenso dazu diente, der unter Druck stehenden SED-Führung psychisch den Rücken zu stärken wie die aktuelle Einstellung der sowjetischen Führung zu beschreiben.

Spätestens seit dem Gespräch Fritz Erlers und Carlo Schmids mit Chruschtschow im März 1959 in Moskau mußte der SPD-Führung jedenfalls bekannt sein, daß die DDR nicht nur aus sicherheitspolitischen, sondern auch aus ideologischen und ökonomischen Gründen für die Sowjetunion unentbehrlich war und jede Annäherung in der Vereinigungsfrage vom Faktum des DDR-Staates auszugehen hatte.

Auch wenn sie wenig später bereit war, sich auf den Boden der durch die Westintegration geschaffenen Tatsachen zu stellen – und die Wehner-Rede im Bundestag am 30. Juni 1960 enthielt wesentlich nur das, was durch den Meinungsbildungsprozeß innerhalb der Führung seit Monaten vorbereitet worden war[6] –, mit der Auflösung des faktischen Junktims von europäischer Sicherheit und deutscher Frage tat sie sich schwerer; von der offiziellen Anerkennung der DDR ganz zu schweigen, weil diese sofort die Frage nach deren demokratischer Legitimation aufwarf.

Der erste sozialdemokratische Politiker, der offen das Ende dieses Junktims forderte, war Helmut Schmidt. In einer sorgfältig ausformulierten Rede über militärisch „verdünnte" Zonen in Mitteleuropa am 5. November 1959 im Bundestag[7] plädierte er für den Eigenwert von Rüstungsbegrenzung und Abrüstung. Sie waren für ihn nicht nur wichtige Faktoren im Prozeß der Entspannung zwischen West und Ost. Früher und genauer als Sicherheitspolitiker in Deutschland und Europa hatte er die interne amerikanische Diskussion über die Abschreckungsstrategie wahrgenommen und daraus den Schluß gezogen, daß angesichts der Erreichbarkeit des amerikanischen Territoriums durch sowjetische Raketen die ohnehin problematische amerikanische Drohung, jeden östlichen Angriff in Europa mit massiver nuklearer Vergeltung zu beantworten, vollends ihre Glaubwürdigkeit verlieren mußte. Der weitgehende Rückzug fremder Streitkräfte aus dem östlichen wie westlichen Mitteleuropa – lediglich symbolische Kontingente sollten bleiben – konnte so auch zur Lösung des westeuropäischen Sicherheitsdilemmas beitragen, das durch die konventionelle östliche Überlegenheit mitverursacht worden war. Bei Schmidts Abrüstungsvorschlägen schwang unausgesprochen die Erwartung mit, daß bei deren Verwirklichung langfristig auch Fortschritte in der Lösung der deutschen Frage eintreten würden.

Dieses weitausgreifende Konzept blieb zunächst ohne Echo. Bei der Bundesregierung stieß es ohnehin auf Ablehnung[8], weil es eine offizielle Aufgabe des Junktims bedeutet hätte. Im östlichen Lager zeigte man nur in Polen Interesse, weil Schmidt die Abrüstungsvorschläge des polnischen Außenministers Rapacki konstruktiv aufgenommen hatte.

Moskau und Ostberlin setzten auf die weitere Erosion der Bonner Positionen und versuchten, die Kontrolle über den Zugang nach Westberlin als Hebel zur Anerkennung der DDR zu benutzen. Das war das Hauptziel des Berlin-Ultimatums. Da gleichwohl die Fluchtbewegung über die offene Grenze zum Westen die inneren Schwächen des DDR-Regimes immer aufs Neue enthüllte, blieb letztlich nur die Abschottung. Die Errichtung der Mauer in Berlin und der Ausbau der innerdeutschen Demarkationslinie zu einer fast unüberwindbaren Grenze seit dem 13. August 1961 konnte zwar zu Recht als Eingeständnis der Niederlage der sowjetischen Deutschlandoffensive seit Herbst 1958 verstanden werden. Aber für die kollektive Psyche der Westdeutschen bedeutete der Mauerbau eine Zäsur, das Ende der durch die offizielle Politik vor allem in Wahlkämpfen verbreiteten Illusion, die Zugehörigkeit zum Westen würde quasi automatisch zur Wiedervereinigung führen. Gravierend wurde die Zäsur im von der Perfektionierung der Teilung besonders betroffenen Westberlin empfunden.

Brandts Ziel einer Überwindung des Status quo

Zwar hatte die politische Führung der Stadt solche Illusionen nicht geteilt, geschweige denn verbreitet. Aber von den Schutzmächten, insbesondere von den Amerikanern, hatte auch sie ein sehr viel deutlicheres Geltendmachen ihrer auf dem Viermächtestatus für ganz Berlin bestehenden Rechte erwartet.
Damals wurde ein Vorhang weggezogen und es stellte sich heraus: Die Bühne war leer. Dieser Befund Willy Brandts[9] war der Ausgangspunkt der von ihm und Egon Bahr in den Jahren nach dem Mauerbau entworfenen Ost- und Deutschlandpolitik. Einen Anstoß dazu hatte schon früh der amerikanische Präsident John F. Kennedy gegeben. In seiner ernüchternden Antwort auf einen Brief, den Brandt unmittelbar nach dem 13. August 1961 geschrieben hatte, um ihm in nachhaltigen Worten die Nöte der Stadt und insbesondere die psychische Lage der Berliner darzulegen, hatte Kennedy deutlich gemacht, daß es, unabhängig von der Sicherung der drei *Essentials* für Westberlin (freier Zugang, Lebensfähigkeit, innere Selbstbestimmung) für die westliche Politik wichtig sein würde, sich nicht im politischen Status quo einzurichten.

Für Brandt war diese Idee nicht völlig neu. Auf dem SPD-Parteitag in Hannover im November 1960, auf dem er zum Kanzlerkandidaten gewählt worden war, hatte er betont, es gelte für den unheimlichen Zustand des Gleichgewichts des Schreckens neue Spielregeln zu finden: „Das Problem ist, den Status quo militärisch zu fixieren, um die notwendige Bewegungsfreiheit zu bekommen für die Überwindung des Status quo. Wir brauchen, ohne daß es unsere Sicherheit gefährdet, Raum, um die politischen Kräfte zur Wirkung zu bringen, um den Immobilismus und den ideologischen Grabenkrieg zu überwinden.“[10]

In einer Rede vor der Havard-Universität im Oktober 1962 hatte er diese Überlegungen in die weltpolitische Entwicklung eingebettet. Dort hieß es: „Die Geschichte entwickelt sich nicht so, wie sie das nach der kommunistischen Theorie tun müßte. Vor allem; sie entwickelt sich nicht einheitlich. Trotz der Machtkonzentration in Washington und Moskau, die heute die Welt in Atem hält, gibt es auch eine Tendenz zur Dekonzentration der Macht [...] Das kommunistische Konzept einer monolithischen Welt wird ad absurdum geführt." Und weiter: „Es geht um eine Politik der Transformation. Wirkliche, politische und ideologische Mauern müssen ohne Konflikt nach und nach abgetragen werden. Es geht um eine Politik der friedlichen Veränderung des Konflikts, um eine Politik der Durchdringung, eine Politik des friedlichen Risikos; des Risikos deshalb, weil bei dem Wunsch, den Konflikt zu transformieren, wir selbst für die Einwirkung der anderen Seite auch offen sind und sein müssen. Das ist nur möglich, wenn wir uns unserer eigenen Werte sicher sind [...] Unser System ist trotz aller Mängel stärker und überzeugender. Wir brauchen keine Gegenideologie, kein Anti-Dogma. Es ist unser großer Traum, daß weite Lebensbereiche von jeder politischen Wirkung frei sind. Freiheit ist stark."[11]

Nachdem ihm Kennedy während dessen Berlin-Besuchs im Juni 1963 in diesem Denken bestärkt hatte, nahm er am 15. Juli 1963 vor der Evangelischen Akademie in Tutzing den Faden wieder auf: „Eine solche Politik steht und fällt mit dem Vertrauen in die realen Gegebenheiten der westlichen Verpflichtungen. Wir können vermutlich bis zum St. Nimmerleinstag warten, bis alle Kommunisten ihre ideologischen Ziele aufgeben. Aber es spricht heute viel dafür, daß die Enkel Chruschtschows sich möglicherweise noch Kommunisten nennen, aber in Wirklichkeit keine mehr sind." Trotz aller Zuversicht in die ansteckende Wirkung dieses Transformationsprozesses war ihm jederzeit bewußt, daß es „eine Lösung der deutschen Frage nur mit der Sowjetunion, nicht gegen sie geben" würde.[12]

Sein damaliger Pressechef Egon Bahr ergänzte dieses Konzept in einem Diskussionsbeitrag am gleichen Ort mit der eingängigen Formel „Wandel durch Annäherung". Auch er griff auf Kennedys „Strategie des Friedens" zurück und erläuterte:

„Die Änderung des Ost/Westverhältnisses, die die USA versuchen wollen, dient der Überwindung des Status quo, indem der Status quo zunächst nicht verändert werden soll. Das klingt paradox, aber es eröffnet Aussichten, nachdem die bisherige Politik des Drucks und Gegendrucks nur zu einer Erstarrung des Status quo geführt hat."[13]

Während diese Überlegungen in Ostberlin auf Ablehnung stießen – der DDR-Außenminister Winzer denunzierte sie als „Agression auf Filzlatschen" –, war das Echo in der Bundesrepublik geteilt. In der öffentlichen Meinung, vor allem in ihren liberalen Teilen, gewannen solche Vorstellungen zunehmend an Boden. Auch in der FDP geriet durch die Diskussionsbeiträge Wolfgang Schollwers einiges in Bewegung. In der CDU/CSU wurde die Welt weitgehend noch so wie in den fünfziger Jahren wahrgenommen. Man folgte der Bundesregierung, die bei einer flexibleren Politik gegenüber dem Osten die Aufgabe von Rechtspositionen fürchtete. Aus der Rückschau kritisierte Wilhelm Grewe, einer der führenden Bonner Diplomaten der Adenauer-Ära und Mitautor der „Hallsteindoktrin", die Folgen der Ideenarmut jener Jahre: „Die Deutschlandpolitik der Ära Adenauer, gerichtet auf Wiedervereinigung und einen gesamtdeutschen Friedensvertrag, war Anfang der sechziger Jahre an einem toten Punkt angelangt. Sie drohte uns im westlichen Bündnis zu isolieren, ohne daß auf dem Wege zur deutschen Einheit in absehbarer Zeit greifbare Fortschritte zu erwarten waren."[14]

Nachdem Ludwig Erhard im Herbst 1963 Adenauer als Kanzler abgelöst hatte, begannen erste Versuche, das ostpolitische Terrain aufzulockern. Die Bundesregierung nahm Vorschläge auf, die der Bundestag schon im Sommer 1961 durch die Annahme des von Wenzel Jaksch, des letzten Vorsitzenden der sudetendeutschen Sozialdemokratie, verfaßten Berichtes zur Osteuropapolitik gemacht hatte. Sie richtete zunächst Handelsmissionen in Polen, Ungarn und Rumänien ein.

In der Friedensnote vom 25. März 1966 bot sie den osteuropäischen Staaten und der Sowjetunion Gewaltverzichtsverträge und den bilateralen Austausch von Manöverbeobachtern an. Die entscheidenden Defizite der Note lagen darin, daß sie die DDR aus diesem Angebot aussparte und – gravierender noch – nicht erkannte, daß jeder wesentliche Fortschritt in der Ostpolitik nur auf dem Weg über Moskau zu erreichen war. Ulbricht nützte das Versäumnis, die sowjetische Hegemonie über Osteuropa mißachtet zu haben, rigoros aus und organisierte eine Gegenbewegung. Die Aufnahme diplomatischer Beziehungen zwischen Bonn und Bukarest im Januar 1967, die als spektakulärer Durchbruch gedacht war, wurde so zum „Pyrrhussieg".[15]

Die materiellen und immateriellen Kosten für die mangelnde Bereitschaft der Bundesregierung, die wirkliche Lage im Osten anzuerkennen, stiegen auch in der zweiten Hälfte der sechziger Jahre „in dem Maße, wie in der internationalen Politik [...] die Entwicklung von der Konfrontation zur Kooperation verlief. Der Pegel der inneren wie äußeren Kritik stieg ständig. Wenn die Kompatibilität mit der Politik der Bündnispartner und der innere Konsens schwindet, fehlen entscheidende Voraussetzungen für jede Außenpolitik."[16]

In der seit Dezember 1966 regierenden großen Koalition von CDU/CSU und SPD schien zunächst der innere Konsens wiederhergestellt zu sein, weil auch Kanzler Kiesinger von der Erkenntnis ausging, daß das Verharren in der Defensive die Bundesrepublik hoffnungslos isolieren würde. Er bezog in das Gewaltverzichtsabkommen die DDR ausdrücklich ein, erkannte ihr alle Elemente der Staatlichkeit zu und beantwortete Briefe des DDR-Ministerpräsidenten Willi Stoph. In seiner Rede zum 17. Juni im Jahr 1967 sprach er gar davon, daß das wiedervereinigte Deutschland eine „kritische Größenordnung" haben würde und deshalb die Lösung der deutschen Frage nur eingebettet in den Prozeß der Überwindung des Ost-West-Konflikts in Europa möglich sei, und daß dafür ein Konzept einer europäischen Friedensordnung entworfen werden müsse.[17]

Der die ostpolitische Strategie des Westens künftig stark bestimmende Bericht des belgischen Außenministers Pierre Harmel für den NATO-Gipfel im Dezember 1967 wies zwar noch einmal darauf hin, daß „eine endgültige und stabile Regelung in Europa [...] nicht möglich [sei], ohne eine Lösung der Deutschlandfrage, die den Kern der gegenwärtigen Spannungen in Europa bildet".[18] Aber für den schwer berechenbaren Zeitraum bis zu dieser „endgültigen Regelung" forderte der Harmel-Bericht als Ergänzung der „ausreichenden militärischen Stärke" eine „Politik der Entspannung", in deren Konsequenz auch der bundesdeutschen Ostpolitik Dialogfähigkeit mit dem Osten abverlangt wurde. Kiesinger hielt, gestützt auf die CDU/CSU, am Alleinvertretungsanspruch fest, obwohl spätestens seit 1968 deutlich wurde, daß es der Bundesrepublik nicht mehr möglich sein würde, ihre alleinige Präsenz in den Sonderorganisationen der Vereinten Nationen auf Dauer durchzusetzen. Die Anträge der DDR, in die Weltgesundheitsorganisation (WHO) und Welterziehungs- und Kulturorganisation (UNESCO) aufgenommen zu werden, wurde nur noch vertagt, weil die Bundesregierung eine bevorstehende Formalisierung des deutsch-deutschen Verhältnisses auf absehbare Zeit in Aussicht stellte.[19]

Die neue Ost- und Deutschlandpolitik

Der Streit über die Außenpolitik nahm innerhalb der großen Koalition seit Frühjahr 1968 deshalb zu, weil die SPD auf ihrem Parteitag in Nürnberg der Brandtschen Formel, die Oder-Neiße-Linie zu „respektieren und anzuerkennen", zugestimmt hatte. Auch der zwischen Washington, London und Moskau abgeschlossene Nichtweiterverbreitungsvertrag für Nuklearwaffen schuf neuen Zündstoff, weil der rechte Flügel der Union, insbesondere Franz Josef Strauß, wegen der angeblichen Nichtberücksichtigung einer „europäischen Option", das heißt einer künftigen europäischen Atomstreitmacht, dem Vertrag das Etikett „Super-Versailles"[20] verlieh und die Bundesregierung daran hinderte, ihn zu unterzeichnen. Schließlich entstand durch die Intervention der Armeen des Warschauer Paktes in der Tschechoslowakei am 21. August 1968, an deren Zustandekommen Ulbricht – nicht zuletzt auf angebliche Bonner Pläne hin, das sozialistische Lager zu unterminieren – intensiv beteiligt war, eine neue Lage.

Zwar waren französische Vorwürfe, die Bundesregierung sei nicht zuletzt wegen der Eröffnung einer Handelsvertretung im Februar 1968 in Prag mitverantwortlich für diese Anwendung des „brüderlichen Internationalismus"[21], weitgehend unberechtigt, weil Dubceks Sozialismusversuch mit „menschlichem Antlitz" genügend Anlaß für das Eingreifen der Hardliner in Moskau und Ostberlin bot. Die Vorwürfe rührten wesentlich vom Scheitern der von de Gaulle und seiner Equipe genährten Hoffnung einer rein „europäischen" Lösung der Ost-West-Probleme her.

Aber die „Breschnew-Doktrin“ machte auf besonders brutale Weise klar, daß in der Ostpolitik kein Weg an Moskau vorbeiführte. Nach dem sowjetisch-chinesischen Konflikt am Ussuri im März 1969 hatte allerdings auch die sowjetische Seite wachsendes Interesse daran, sich an ihrer Westflanke politisch zu entlasten. Am 10. Juli 1969 erklärte Außenminister Gromyko vor dem Obersten Sowjet, eine „Wende“ in den Beziehungen zur Bundesrepublik sei möglich, wenn sie die bestehenden Grenzen in Europa anerkenne. Dann werde die Sowjetregierung den Dialog über den Gewaltverzicht – seine Wiedereröffnung war von Bonn eine Woche zuvor offiziell vorgeschlagen worden – bis zu einem Vertragsabschluß fortsetzen. Gromyko gab zugleich eine positive Antwort auf den kurz zuvor von Washington ausgehenden Vorschlag, die beiderseitigen Gespräche über die Begrenzung strategischer Waffen (SALT 1) zu beginnen. Auf Anregung Brandts hatten die drei Westmächte wenig später sondiert, ob Moskau zu Gesprächen über Berlin bereit sei. Auch darauf gab es von dort eine positive Reaktion. Diese drei Komplexe – Gewaltverzicht verbunden mit der Anerkennung der Grenzen und Demarkationslinien in Europa, strategische Rüstungsbegrenzung sowie Berlin-Regelung – standen in den folgenden Jahren in einem engen verhandlungsstrategischen Zusammenhang. Wenn es auf diesen Feldern Erfolge gab, war der Weg frei für die im Budapester Appell (17. März 1969) von den Staaten des Warschauer Paktes vorgeschlagene Konferenz über europäische Sicherheit.

Der erste deutsche Politiker von Rang, der Moskau nach der Gromyko-Rede besuchte, war Helmut Schmidt, damals Vorsitzender der SPD-Bundestagsfraktion.[22] Während Gromyko im Gespräch mit Schmidt immer wieder auf die „Anerkennung der realen Lage“ zurückkam und betonte, „Kernpunkt sei die Einstellung der Bundesrepublik zu den entstandenen Grenzen der Staaten Europas“, ließ dieser keines der strittigen Themen aus. Schließlich war es der Jahrestag des Einmarsches in die CSSR. Deren Lage sei für die SPD keine „reale Tatsache, die man akzeptieren“ könne. Eine „akzeptable reale Tatsache“ sei hingegen, „daß Westberlin wirtschaftlich, gesellschaftlich, währungsrechtlich und in seiner Rechtsordnung“ aufs Engste mit der Bundesrepublik verbunden sei. Die deutsche Seite wünsche, daß es so bleibe. Gromyko werde auch von keinem deutschen Sozialdemokraten erwarten, daß er innerlich oder gar ausdrücklich die Teilung seines Landes und seines Volkes als endgültig anerkenne. Sein Volk werde niemals auf das Recht verzichten, „in einem Hause zu leben", auch wenn Gromyko sage, daß dies eine „hoffnungslose Grundlage" sei. Schmidt bot andererseits Verträge mit der DDR auf der Grundlage der Gleichberechtigung an, machte deutlich, daß die deutsche Seite „als Bundesrepublik keine territorialen Ansprüche" erhebe. Die SPD wolle im Prinzip auch den Nichtverbreitungsvertrag unterschreiben, obwohl er ein „ungleicher Vertrag" sei, der die Atommächte begünstige, die keine Verpflichtungen übernehmen müßten. Die östliche Forderung nach einer europäischen Sicherheitskonferenz befürwortete er, betonte aber, daß es eine solche Konferenz ohne die USA und Kanada nicht geben könne.[23]

Die bundesdeutschen Kommentare, die die Moskau-Reise der von Schmidt geführten SPD-Parlamentarierdelegation begleiten, gaben einen Vorgeschmack auf die innenpolitischen Auseinandersetzungen, sobald eine von der SPD geführte Regierung mit ihrem Willen Ernst machen würde, einen geregelten und zeitlich begrenzten modus vivendi mit dem Osten einschließlich der DDR zu finden.

Da Wahlkampf war, reagierte die konservative Presse besonders hektisch. Im CSU-Organ Bayernkurier wurde die SPD einmal mehr als „Partei des Ostens"[24] apostrophiert. Die Welt sprach von einem „Persilschein für die Besatzer"[25] (der CSSR) und die Welt am Sonntag kommentierte die „Abenteuerfahrt" Schmidts mit den Worten: Die Sowjetunion wünsche eine SPD/FDP-Regierung, die für Moskau einen „gewonnenen dritten Weltkrieg" bedeuten würde.[26]

Für die sozialliberale Bundesregierung, die seit Oktober 1969 mit äußerst knapper parlamentarischer Mehrheit regierte, kam es zunächst darauf an, ihre Verhandlungen mit dem Osten eng mit den Partnern im Westen abzustimmen und die neue Politik in das Gesamtgeflecht des Ost-West-Verhältnisses einzubeziehen. Zwar war die von Brandt und Scheel gefundene Formel von den „zwei Staaten in Deutschland", mit der sie die Fesseln der bisherigen Formelkompromisse abgestreift hatten, eine „eigene souveräne Entscheidung"[27] der Bundesdeutschen. Dennoch hatte Bahr Kissinger, den Sicherheitsberater des amerikanischen Präsidenten Nixon, vorab informiert. Auch die westeuropäische Flanke wurde auf dem Haager EG-Gipfel Anfang Dezember 1969 abgesichert. Dort wurde die Institutionalisierung der Europäischen Politischen Zusammenarbeit (EPZ) beschlossen, sowie der Weg für Verhandlungen mit Großbritannien über dessen EG-Beitritt wieder geöffnet. Die rasche Unterzeichnung des Vertrages über die Nichtweiterverbreitung von Nuklearwaffen diente in West und Ost wie in Teilen der Dritten Welt der weiteren Auflockerung des Terrains. Für die öffentliche Meinung der Länder, die an der Kriegsallianz gegen Hitlerdeutschland teilgenommen hatten, war auch Brandts Aussage in seiner Regierungserklärung vom 28. Oktober 1969 von Bedeutung, er verstehe sich „als Kanzler nicht eines besiegten, sondern eines befreiten Deutschlands".

Dennoch war, wie der Verlauf der Bonner Verhandlungen mit Moskau, Warschau, Ostberlin, aber auch die Vierer-Gespräche über eine Berlin-Regelung in den folgenden Jahren zeigte, der Weg zum Erfolg auch auf westlicher Seite voller Fußangeln.

Die britische Politik hatte mit den ost- und deutschlandpolitischen Zielen der neuen Bonner Politik die geringsten Probleme. Mit sehr viel kritischeren Augen betrachtete sie allerdings die wachsende ökonomische Stärke der Bundesrepublik. Schon im November 1968 hatte Premierminister Wilson angesichts der die Pfundkrise verschärfende Weigerung Bonns, die DM aufzuwerten, damit gedroht, die Sicherheitsgarantien für die Bundesrepublik und Westberlin zu überprüfen.[28] Hier hatte die neue Bundesregierung durch die rasch vorgenommene Aufwertung den Briten und den anderen schwächeren Währungen Luft verschafft.

Voller Ambivalenz in der Bewertung des neuen Bonner Kurses war die politische Klasse Frankreichs. De Gaulle hatte seit Mitte der sechziger Jahre seine Vision eines Europas vom Atlantik bis zum Ural propagiert, das mit dem Dreischritt détente, entente, coopération (Entspannung, Einvernehmen, Kooperation) angestrebt werden müsse, und zugleich die französischen Streitkräfte aus der militärischen Integration der NATO herausgenommen (1966). Den Deutschen hatte er ausdrücklich zugesichert, ihnen beim schwierigen Prozeß der Wiedervereinigung zu helfen, wenn sie ihre Grenzen in Nord und Süd und in Ost und West nicht in Frage stellten. Bei seinem Moskau-Besuch (1966) erhielt er zwar für seine Politik der größeren Distanz zu den angloamerikanischen Mächten Beifall. Seine „große" Europa-Vision wurde jedoch ebenso abgelehnt wie seine auf die Achse Bonn-Paris gegründete Konzeption einer politischen Union Westeuropas, weil sie eine Machtkonzentration bedeuten würde, die langfristig auch die sowjetische Hegemonie in Mittel- und Osteuropa in Frage stellen könnte.

Nachdem die Chancen für seinen „Meisterplan" sich erledigt hatten, kehrte er nach dem Ende seiner Amtszeit zu traditionellen französischen Positionen der unmittelbaren Nachkriegszeit zurück und meinte, daß es für Frankfreich ein Gesetz der geschichtlichen Logik sei, möglichst gute Beziehungen zur Sowjetunion als „Gegengewicht" zu Deutschland zu unterhalten.[29]

Nicht nur die Studentenrevolte des Pariser Mai 1968 hatte die innere Schwäche Frankreichs offenbart. Auch die vorher schon erwähnte Währungskrise Ende 1968 hatte der französischen Führung einen schweren Schock versetzt und führte zur offenbar weitverbreiteten Auffassung, daß sich die Bundesrepublik an Stelle Frankreichs der Führung in Westeuropa bemächtigt habe.[30]

Kein Wunder, daß Pompidou, der am 15. Juni 1969 zum Nachfolger de Gaulles als Staatspräsident gewählt worden war, sich wieder den Angelsachsen näherte und sogleich ankündigte, die französische Blockade des britischen Beitritts der EG aufzugeben. Die Ausbalancierung des wachsenden Gewichts der Bundesrepublik hieß, nicht nur darauf zu drängen, die bilaterale deutsche Ostpolitik, die von Zeit zu Zeit das Rapallo-Trauma wachrief, in eine multilaterale Entspannungspolitik einzubinden, sondern auch die Intensivierung der Beziehungen zu den drei anderen Siegermächten sowie zu den kleineren Staaten Osteuropas. Mit Befriedigung wurde während des ersten Moskau-Besuches im Oktober 1970 auf französischer Seite registriert, daß Breschnew und Kossygin versicherten, eine

Wiedervereinigung Deutschlands sei für die Sowjetunion, selbst unter kommunistischen Vorzeichen, inakzeptabel.

Über die Verhandlungen mit Moskau wurden die Westalliierten über ihre Bonner und Moskauer Botschafter laufend – meist von Egon Bahr selbst – unterrichtet. In der Schlußphase, während des Aufenthaltes von Außenminister Scheel Ende Juli/Anfang August 1970 in Moskau, trafen deutsche Delegationsteilnehmer viermal mit den drei westalliierten Botschaftern zusammen. Außer vom britischen Geschäftsträger, der offenbar in Unkenntnis seiner Befugnisse vor einer Zustimmung Weisungen des Foreign Office einholen wollte, was Scheel aber ablehnte, gab es keine Einwände. Da es sich um einen bilateralen Vertrag handelte, der andere vertragliche Verpflichtungen der beiden Partner unberührt ließ, konnte dies schon formal gar nicht anders sein.

Aus französischer Sicht erschien insbesondere Egon Bahr als hartnäckigster Vertreter deutscher Interessen, während die Opposition im Bundestag und die konservativen Meinungsmacher ihn des Ausverkaufs nationaler Interessen bezichtigten. Das galt auch für die Berlin-Verhandlungen, die die bundesdeutsche Diplomatie von außen, da sie nicht am Verhandlungstisch saß, mit dem Vorschlag voranzutreiben versuchte, zuerst Fragen des Zugangs und des innerstädtischen Verkehrs zu erledigen, um deutsch-deutschen Parallelverhandlungen unter einem alliierten Dach grünes Licht zu geben.

Die französischen Unterhändler beharrten aber darauf, zuerst die Grundfrage, die Mitverantwortung der Sowjetunion auch für den Zugang nach Westberlin, vertraglich zu regeln. Neben der Absicht, Westberlin auf einer Viermächtegrundlage zu sichern, waren dabei gewiß machtpolitische Kompensationsbedürfnisse in Gestalt auch künftiger französischer Mitspracherechte im Spiel. Dennoch hat die französische Hartnäckigkeit letztlich den Interessen Westberlins und der Bundesrepublik gedient.

Der Durchbruch bei den Berlin-Verhandlungen im Sommer 1971 war durch sowjetisches Nachgeben in dieser Grundfrage möglich geworden. Dabei hat das Bonner Junktim[31], das die Ratifizierung des Moskauer und Warschauer Vertrages von einer befriedigenden

Berlin-Regelung abhängig machte, eine wichtige Rolle gespielt. Mit den Ausschlag gab auch die verhandlungstaktische Verknüpfung, die Kissinger zwischen den Berlin- und SALT-Verhandlungen herstellte. Wahrscheinlich hat auch die Ankündigung des für Anfang 1972 vorgesehenen China-Besuchs Präsident Nixons Mitte Juli 1971 die sowjetische Konzessionsbereitschaft erhöht.[32]

In den Berlinverhandlungen ist nicht nur die Mehrebenenstruktur der Entspannungsbemühungen, sondern auch die von Mißtrauen freiere Verhaltensweise der US-Regierung gegenüber der Bonner Ostpolitik deutlich geworden.

Die neue Ostpolitik wurde von Nixon und Kissinger als eine nützliche Ergänzung zur eigenen Politik gegenüber dem Osten betrachtet, immer unter der Voraussetzung, daß sie vorsichtig und nicht an der amerikanischen Politik vorbei betrieben wurde. Während der Verhandlungsphase 1970/71 gab es immer wieder die Sorge – etwa bei dem auf Einladung Breschnews in Oreanda auf der Krim stattfindenden Treffen mit Brandt im September 1971 –, daß die Sowjetunion die Ostpolitik als taktisches Mittel mißbrauchen könnte, um einen Keil zwischen die USA und ihre westeuropäischen Verbündeten zu treiben. In seinen Memoiren würdigt Kissinger, der dort gelegentlich zu erkennen gibt, daß er mit Bahr wegen der Urheberschaft an bestimmten Lösungsvorschlägen rivalisierte, den Neuansatz in der deutschen Ostpolitik als eine „historische Entscheidung“, die von den USA „ohne Begeisterung aber nicht ohne Zuversicht“ unterstützt worden sei.[33]

In den späteren Jahren, als die ostpolitischen Interessen der Bundesrepublik ihr Eigengewicht erhielten, wurden häufiger politische Differenzen mit den USA sichtbar und entsprechend ausgetragen. Dabei handelt es sich nicht nur um die alltäglichen Brot- und Butterfragen etwa im Zusammenhang mit dem Energieversorgungs- und Handelsnetz, das die Bundesrepublik nach Osten ausbaute und dabei zeitweise auf amerikanische Handelsembargos stieß. Es gab auch Unterschiede im langfristigen strategischen Ansatz. Während die USA auf ein stabiles *System* in Europa setzte, dessen wichtigste Stütze die Bundesrepublik war (und ist), ging es der Bundesrepublik um einen kontrollierbaren *Prozeß*, der die Wiederannäherung beider Teile Europas und – darin eingebettet – auch Deutschlands erreichen wollte. Eben Wandel durch Annäherung!

Dieser von Zeit zu Zeit zwischen Bonn und Washington ausbrechende Streit nahm allerdings nie so existentielle Formen an, daß Kompromisse nicht mehr möglich wurden. Die Bundesrepublik war machtpolitisch kein Rivale der USA. Diese hat deshalb das Recht auf Selbstbestimmung auch für die Deutschen stets voraussetzungsloser unterstützt als die westeuropäischen Partner, die sich mit der Bundesrepublik in einem unmittelbaren Wettbewerb befanden.

Das gilt insbesondere für Frankreich. In dieser Hinsicht stimmte die ganze französische Klasse überein. Nach einem Treffen mit Willy Brandt im Mai 1973 schrieb der damalige sozialistische Oppositionsführer Mitterand in einem Organ seiner Partei: „Ich sage im Namen meiner Freunde, warum es (Deutschland) uns beunruhigt. Zurückgekehrt auf den Rang eines Imperiums (!) – wie sollte es sich versagen, dessen Träume zu träumen? Deutschland gewinnt in demselben Maße an Gewicht, in dem unser Europa zurückfällt. Das ist sicherlich nicht seine Schuld. Es ist ein Glück, daß die Gegenwart von Willy Brandt und die Reife der SPD noch für lange Zeit die Gefahr bannen werden.“[34]

Deutschland als „Imperium“? Das mochte, weil literarisch stilisiert, in deutschen Augen – angesichts der nach wie vor bestehenden deutsch-deutschen und deutsch-sowjetischen Grundsatzprobleme – als Übertreibung erscheinen. Unter „unser Europa“ verstand er wie die meisten Franzosen ein stark an Paris ausgerichtetes Europa, was nicht nur von den Deutschen, sondern auch von den anderen EG-Partnern nicht mehr akzeptiert wurde – nicht zuletzt wegen der häufigen französischen Rückfälle in nationale Verhaltensweisen. Gleichwohl blieb die Bundesrepublik mit Frankreich als dem wichtigsten europäischen Partner auf Gedeih und Verderb verbunden. Ein Bruch oder nur eine langanhaltende Entfremdung hätte nachteilige Folgen für die Bonner Ost- und Deutschlandpolitik gehabt. Aus Rücksicht auf Bonn hatte Frankreich sich immerhin bei der Aufnahme von Beziehungen zur DDR so lange zurückgehalten, bis der deutsch-deutsche Grundlagenvertrag unter Dach und Fach war.

Nicht nur deshalb, sondern auch um das weltpolitische Gewicht des deutsch-französischen Tandems als Motor der EG zu erhöhen, war es wichtig, daß der Nachfolger Brandts als Kanzler die enge Zusammenarbeit mit Frankreich nicht nur fortsetzte, sondern noch intensivierte. Schmidt und Giscard d'Estaing regten zusammen den Weltwirtschaftsgipfel der sieben wichtigsten westlichen Industrienationen an und riefen die europäische Währungsschlange ins Leben – beides wichtige Instrumente, um in den Jahren der anhaltenden Dollarkrise und der mehrfachen Ölpreissprünge die Neuauflage einer Weltwirtschaftskrise zu verhindern. Ein wirtschaftliches Massenelend auch im Westen hätte jedenfalls dessen wachsende Attraktivität bei den Völkern Osteuropas gestoppt und die Legitimation der kommunistischen Regime dort erhöht.

Zusammenfassung und Ausblick

Die Bundesrepublik war durch die neue Ost- und Deutschlandpolitik weder zum „Imperium" geworden noch zu einem mit den Großmächten in West und Ost vergleichbaren weltpolitischen Akteur. Aber sie hatte eine Reihe von Vorteilen gewonnen, die sich sowohl auf die Außen- wie die Innenpolitik auswirkten:

- Ihr gelang es, für die Zeit des befristeten Nebeneinanders beider deutscher Staaten den wichtigsten Aspekt gesamtdeutscher Politik zu realisieren, nämlich das weitere Auseinanderleben der Menschen in beiden Teilen durch konkret erfahrbare Verbesserungen zu verhindern.[35]
- Die Ergänzung der Westpolitik durch eine wirksame Ostpolitik vergrößerte ihren außenpolitischen Manövrierraum und schuf eine zentrale Bedingung globaler Entspannung.
- Die Beseitigung politischer Hypotheken und damit auch des Konfliktpotentials trug zu ihrer Aufwertung ebenso bei wie zur Stabilisierung der NATO und der EG.
- Sie konnte in einem begrenzten – von außen (und teilweise auch in vulgärmarxistischen Analysen) meist grotesk überschätzten – Umfang ihren Osthandel erweitern.

- Sie wurde durch ihre innovative Rolle im Entspannungsprozeß weltweit sehr viel stärker als demokratische Alternative zum Deutschland Hitlers, Wilhelm II. und zur DDR wahrgenommen.
- Schließlich hat die Vertragspolitik – in des Wortes doppelter Bedeutung – auch wesentlich zur Veränderung der innenpolitischen Landschaft beigetragen. Und dies in mehrfacher Hinsicht!

Zunächst hat sich durch die Auseinandersetzung um die Verträge in der CDU/CSU eine Strömung herausgebildet, die ein präziseres Verständnis für die – nicht zuletzt als Folge der Verträge – komplexer werdende Interessenlage der einzelnen Staaten Osteuropas entwickelte. Die Angst vor den Deutschen und ihren revisionistischen Ansprüchen, die das wichtigste Bindemittel des „sozialistischen Lagers“ war und die dessen osteuropäische Mitgliedstaaten – von Stalin bewußt wachgehalten und durch die Grenzverschiebungen und die Vertreibung der Deutschen aus dem östlichen Mitteleuropa enorm verstärkt – auf dem Niveau des aus dem 19. Jahrhundert bekannten Risorgimento-Nationalismus jahrzehntelang festgehalten hatte, verschwand mehr und mehr und wurde in den demokratischen Oppositionsbewegungen dieser Länder teilweise durch ein Votum für das Selbstbestimmungsrecht der Deutschen als eine der Voraussetzungen für das Zusammenwachsen Europas abgelöst.

„Ohne diesen Differenzierungsprozeß“ auch innerhalb der damaligen Bonner Opposition „wäre die weitgehende Kontinuität sozialliberaler Ostpolitik nach dem Regierungswechsel 1982 kaum denkbar“ gewesen.[36]

Dieser langwierige Prozeß, der während der Ratifizierungsdebatten des Moskauer und Warschauer Vertrages zaghaft begonnen hatte, wurde am Vorabend der KSZE-Konferenz, deren erfolgreichen Abschluß die Bonner Ostpolitik entscheidend den Weg geebnet hatte, zunächst noch jäh unterbrochen.

Am 25. Juli 1975 brachte die CDU/CSU-Fraktion im Bundestag einen Entschließungsantrag ein, der die Bundesregierung aufforderte, die Schlußdokumente der gesamteuropäischen Konferenz für Sicherheit und Zusammenarbeit in Helsinki nicht zu unterzeichnen. Begründung: Maßgebliche Inhalte der Dokumente würden wesentlichen Interessen des geteilten Deutschlands und seiner Menschen nicht gerecht; sie erschwerten die Ausübung des Selbstbestimmungsrechts des ganzen deutschen Volkes; sie schafften statt Entspannung neuen Konfliktstoff und dienten einer weltweiten Täuschung über die wahre Sicherheitslage in der Welt.

CDU und CSU waren mit dieser Einstellung international isoliert. Die italienischen Neofaschisten und die albanischen Kommunisten waren ihre einzigen Partner in der Ablehnungsfront.

Dennoch muß zu denken geben, daß fünfzehn Jahre später nicht die SPD, die in den siebziger Jahren – anfangs durchaus gegen die Mehrheit der Bevölkerung – die Vertragspolitik und den Beginn des KSZE-Prozesses durchgesetzt hatte, sondern die Union den Hauptertrag dieser Strategie geerntet hat.

Einige dieser Gründe dafür können hier nur kurz skizziert werden. Wichtige Koordinaten des sozialdemokratischen Geschichts- und Weltbildes hatten sich seit Ende der sechziger Jahre durch das Aufkommen des Neomarxismus aber auch durch die Entzauberung der USA im Zuge ihrer Intervention in Vietnam vor allem in der jüngeren Generation verschoben.

Der von den Sozialdemokraten ein halbes Jahrhundert geführte Kampf gegen totalitäre Machtansprüche, auch gegen solche der Kommunisten, wurde als „Antikommunismus" verketzert, obwohl er nicht von einer Antihaltung lebte, sondern Freiheit, Demokratie und Menschenrechte verteidigte. Dagegen wurde der von der SED zur Legitimation ihrer Diktatur wie eine Monstranz einhergetragene Antifaschismus von Teilen der Linken, auch der SPD-Linken, für moralisch höherwertig gehalten als die in Teilen gewiß verspätete und mühsame, aber immer die offene Diskussion suchende Auseinandersetzung über die Nazi-Vergangenheit in der Bundesrepublik. In Vergessenheit geraten war nicht nur der Anteil der KPD an der Zerstörung der ersten deutschen Demokratie, sondern auch der Anteil Moskaus an der Entfesselung des Zweiten Weltkrieges, an der Entstehung des Kalten Krieges und der Teilung Deutschlands.

Die Gewöhnung an den SED-Staat als mindestens ebenso legitimen Erben deutscher Staatlichkeit nahm auch dadurch erheblich zu, daß es bei führenden Vertretern aller Bonner Parteien seit Anfang der achtziger Jahre Mode wurde, medienwirksame Auftritte und Gespräche mit SED-Prominenz zu haben. Obwohl dabei einzelne Politiker wie Franz Josef Strauß Spitzenleistungen in Kumpanei erreichten, fiel es den Christlichen Demokraten in der Regel leichter, die normative Distanz zur SED zu wahren. Diese offiziellen Besuche – einschließlich des Honecker-Besuches 1987 in Bonn – haben in großen Teilen der öffentlichen Meinung das Bild verstärkt, daß die DDR zu einem normalen Staat in Mitteleuropa geworden sei.

Hinzu kam, daß die Generation der Achtundsechziger, die gegenüber Menschenrechtsverletzungen in der Dritten Welt und in der Bundesrepublik sehr sensibel reagierte, durch die in der Regel subtileren, aber nicht minder terroristischen Praktiken des SED-Staates allenfalls dann in Bewegung geriet, wenn Oppositionsgruppen in der DDR, wie bei der Ost-Berliner Demonstration am Jahrestag der Ermordung Rosa Luxemburgs im Januar 1988, unter linken Vorzeichen auftraten.

Die oft zurecht beklagte Marginalisierung der ostdeutschen Bürgerrechtsgruppen ist nicht nur durch die Dominanz der westdeutschen Parteien in den Wahlkämpfen des Jahres 1990 zu erklären. Mangelnde Resonanz im linken Spektrum der Bundesrepublik vor dem Herbst 1989 hat ebenso dazu beigetragen. Nicht nur in der deutsch-deutschen Entwicklung hatte sich in diesem Teil der westdeutschen Öffentlichkeit der Blick auf die komplexe Wirklichkeit zunehmend getrübt.

In der Sicherheitspolitik war das gleiche Phänomen zu beobachten: Seit Mitte der siebziger Jahre ging links von der Mitte auch in der SPD das Bewußtsein weitgehend verloren, wie notwendig militärisches Gleichgewicht ist. Stattdessen fand diese These Anhänger: Angesichts der auf beiden Seiten vorhandenen Fähigkeiten des vielfachen nuklearen Overkills würde jede weitere Rüstungsmaßnahme nicht mehr, sondern weniger Sicherheit bedeuten. Die SPD, die sich nur halbherzig an die Notwendigkeit von Rüstungsmaßnahmen gewöhnt hatte, suchte Anschluß an eine Massenbewegung, die ihren Protest mit rationalen Argumenten gegen Hochrüstung und nukleare Abschreckung, aber genauso mit irrationalen Ängsten begründete.

Auch in den Augen vieler SPD-Anhänger hatte der Vorwurf der Friedensbewegung, der Doppelbeschluß beschwöre die Gefahr des atomaren Holocausts für die Deutschen herauf, die Legitimation eines Kanzlers aufgezehrt, der Anfang der 80er Jahre, als durch die Geiselnahme von Amerikanern im Iran, den sowjetischen Einmarsch in Afghanistan und die Polenkrise die Neuauflage des Kalten Krieges drohte, äußerste Anstrengungen unternommen hatte, den Dialog zwischen West und Ost nicht völlig abreißen zu lassen.

Michail Gorbatschow, inzwischen selbst Pensionär, hat Helmut Schmidt unaufgefordert bestätigt, daß er, Schmidt, es gewesen sei, der zuerst den Abbau der Mittelstreckenraketen in Gestalt der doppelten Null-Lösung gefordert habe. Allerdings seien diese neuen sowjetischen Mittelstreckenraketen bereits gebaut worden, als das Politbüro noch nichts davon gewußt habe. Auf Schmidts Frage, wer in Moskau den Vorschlag aufgenommen habe, auf Null abzurüsten, antwortete Gorbatschow: er selbst.

Die lange Opposition im Bund hat sicherlich in der SPD die Neigung verstärkt, sich zuerst als Protestpartei zu verstehen. Antihaltungen – Antikapitalismus, Antifaschismus und Antimilitarismus – haben in der neuen Weltunordnung, die durch das Scheitern des ehemals glückverheißenden kommunistischen Großprojekts noch unübersichtlicher geworden ist, dem äußeren Schein nach immer noch mehr Symbolkraft und verschaffen größere emotionale Zustimmung als im Alltagsgrau unternommene, konkrete Lösungsschritte.

Nur eine Partei, die bei der Analyse der Lage von der Wirklichkeit ausgeht und nicht von dem, was erst sein soll, den verständlichen aber irreführenden politischen Optativ also hinter sich läßt, kann diese Wirklichkeit schrittweise verändern. Das lehren uns die sechziger und siebziger Jahre, die insgesamt eine sozialdemokratische Erfolgsgeschichte bilden.

Anmerkungen

1 Aus der Fülle der Forschungsliteratur sind die folgenden Titel als Einführung und Überblick genannt: Arnulf Baring, Machtwechsel. Die Ära Brandt-Scheel. Stuttgart 1983; Heinrich End, Zweimal deutsche Außenpolitik. Internationale Dimensionen des innerdeutschen Konflikts. Köln 1973; Helga Haftendorn, Sicherheit und Entspannung. Zur Außenpolitik der Bundesrepublik Deutschland 1955-1982. Baden-Baden 1983; Gerhard Schweigler, Von Kissinger zu Carter. Entspannung im Widerstreit von Innen- und Außenpolitik 1969-1981. München/Wien 1982; Reimund Seidelmann, Die Entspannungspolitik der Bundesrepublik Deutschland. Frankfurt/New York 1982; Gerhard Wettig, Die Sowjetunion, die DDR und die Deutschlandfrage 1965-1976. Einvernehmen und Konflikt im sozialistischen Lager. Stuttgart 1976.

2 Wolfgang Hanrieder, Die stabile Krise, Ziele und Entscheidungen bundesrepublikanischer Außenpolitik 1949-1969. Düsseldorf 1971.

3 Zitiert nach Günter Gillessen, in: Frankfurter Allgemeine Zeitung, 5. August 1989.

4 Vgl. Klaus Gotto, Adenauers Ost- und Deutschlandpolitik 1954-63, in: Adenauer-Studien III. Mainz 1974, v.a. S. 49ff. und S. 202ff.

5 Zitiert nach Karl Heinz Schmidt, Die Deutschlandpolitik der SED (Expertise für die Enquêtekommission des Deutschen Bundestages „Geschichte und Folgen der SED-Diktatur in Deutschland“) 1994, S. 46.

6 Vgl. Hartmut Soell, Fritz Erler. Eine politische Biographie. Bonn 1977, Bd. 1, S. 385ff.

7 Vgl. Helmut Schmidt, Beiträge. Stuttgart 1967, S. 485-503; die der Rede zugrundeliegenden Studien bildeten die Basis des 1961 erschienenen Buches „Verteidigung oder Vergeltung“, das in mehreren Auflagen erschien und ins Französische und Englische übersetzt wurde.

8 Adenauer soll dem Vernehmen nach General Heusinger mit einer Prüfung der Vorschläge Schmidts beauftragt haben; dieser soll militärische Einwände – u.a. Vorteile für die schnellere Rückkehr sowjetischer Streitkräfte gegenüber westlichen Verstärkungen – geltend gemacht haben (Auskunft von Helmut Schmidt gegenüber dem Verfasser). Die politischen Ablehnungsgründe gaben aber offenbar den Ausschlag.

9 Vgl. die Rede Willy Brandts im Bundestag am 25. Februar 1970. Zitiert nach: Bundeskanzler Brandt, Reden und Interviews. Hamburg 1971, S. 78ff.).

10 Vgl. Protokoll des SPD-Parteitags in Hannover.

11 Willy Brandt, Koexistenz – Zwang zum Wagnis, Stuttgart 1963.
12 Die Rede ist nun abgedruckt in: Manfred Uschner, Die Ostpolitik der SPD. Berlin 1991, S. 182-202, die Zitate auf S. 198f. und S. 201.
13 Ebenda, S. 204.
14 Wilhelm Grewe, Die deutsche Frage in der Ost-West-Spannung. Herford 1986, S. 39f.
15 Wener Link, Neuanstöße in der Deutschlandpolitik 1961-63, in: Alexander Fischer (Hg.), Vierzig Jahre Deutschlandpolitik im internationalen Kräftefeld. Köln 1989, S. 36.
16 Wilhelm Bruns, Von der Deutschlandpolitik zur DDR-Politik? Opladen 1989, S. 37.
17 Zitiert nach Boris Meissner (Hg.), Die deutsche Ostpolitik 1961-1970. Köln 1970, S. 205ff.
18 Bericht über die künftigen Aufgaben der Allianz, in: NATO. Tatsachen und Argumente, hg. von der NATO-Informationsabteilung, Brüssel 1976, S. 377.
19 Vgl. W. Bruns, Die NATO-Politik der DDR. Stuttgart 1978.
20 Adenauer hatte noch kurz vor seinem Tode im März 1967 von einem „zweiten Jalta“ gesprochen.
21 Vgl. Andreas Wilkens, Der unstete Nachbar: Frankreich, die deutsche Ostpolitik und die Berliner Viermächteverhandlungen 1969-1974. München 1990, S. 34f.
22 Die Reise fand am 21./22. August 1969 statt. Schmidt wurde von seinen Stellvertretern Alex Möller und Egon Franke sowie von Eugen Selbmann, dem außenpolitischen Berater der Fraktion, begleitet.
23 Der Gesprächsverlauf ist wiedergegeben in: Hans Georg Lehmann, Öffnung nach Osten. Die Ostreisen Helmut Schmidts und die Entstehung der Ost- und Entspannungspolitik, Bonn 1984, S. 219-232.
24 Bayernkurier, 30. August 1969.
25 Die Welt, 29. August 1969.
26 Die Welt am Sonntag, 31. August 1969.
27 So die Aussage Günter van Wells, zitiert nach: Günter Schmid, Entscheidung in Bonn, Köln 1979, S. 122.
28 Vgl. Gustav Schmidt, Die Deutsche Frage und die beiden deutschen Staaten als Problem der Beziehungen zwischen den Gründerstaaten der NATO (USA-Großbritannien-Kanada) 1947/48-1968/69, in: Heiner Timmermann (Hg.), Deutschland und Europa nach dem 2. Weltkrieg, Saarbrücken 1990, S. 217/8.

29 De Gaulle im Gespräch mit dem Herausgeber der New York Times, Cyrus L. Sulzberger am 14.12.1969, veröffentlicht ebda., 11. November 1970.

30 Vgl. A. Wilkens, Der unstete Nachbar, S. 41.

31 Brandt hatte im Bericht zur Lage der Nation am 28. Januar 1971 dieses Junktim öffentlich gemacht, nachdem es schon ein halbes Jahr zuvor intern festgelegt worden war; in: Texte zur Deutschlandpolitik, Hg. vom Bundesministerium für innerdeutsche Beziehungen, Bonn 1971, S. 22f.

32 Vgl. Henry A. Kissinger, Memoiren 1968-1973, München 1979, S. 815.

33 Ebda.,S. 531.

34 In: L'Unité, 1.6.1973, zit. nach A. Wilkens, Der unstete Nachbar, S. 120.

35 Vgl. Margit Roth, Die sozialliberale Deutschlandpolitik und ihre Auswirkungen 1969-1978, Opladen 1981, S. 204ff.

36 Michael Lemke, Bundesrepublik und europäische Vertragspolitik in den Jahren 1969-1975, in: Martin Robbe und Dieter Senghaas (Hg.), Die Welt nach dem Ost-West-Konflikt. Geschichte und Prognose, Berlin 1990, S. 118.

Heinrich Potthoff

In den Fußstapfen der sozial-liberalen Deutschlandpolitik

Realität und Anspruch der CDU-Deutschlandpolitik unter Kanzler Kohl

Deutschlandpolitik war stets ein schwieriger Balanceakt an der Nahtstelle des Ost-West-Konfliktes. Zwischen dem überwölbenden System- und Interessenskonflikt der von den beiden Supermächten geführten Blöcke und den nationalen und humanitären Anliegen der Deutschen bestand eine Wechselwirkung. Mit der seit Ende der 70er Jahre wieder auflebenden Konfrontation zwischen den Hegemonialmächten (Stichworte SS 20, Nachrüstung, Afghanistan, Polen) verengten sich auch die Spielräume für die Deutschen. Ausdruck der drohenden innerdeutschen Klimaverschlechterung waren die Erhöhung der Mindestumtauschsätze durch die DDR und die sogenannten Geraer Forderungen Honeckers (beides im Oktober 1980), auf die Bonn unter anderem mit einer Stornierung beim Swing reagierte.[1]

In dieser Situation war es schon eine Leistung der Regierung Schmidt, daß das deutsch-deutsche Beziehungsgeflecht keinen Schaden nahm und Honecker beim Treffen am Werbellinsee seine Geraer Forderungen modifizierte und mäßigte.[2] Angesichts der schwierigen Großwetterlage hinterließ Helmut Schmidt seinem Nachfolger Helmut Kohl also ein eher wohldotiertes innerdeutsches Erbe. Die Steine lagen in der Sicherheitspolitik, bei der Helmut Schmidt am Ende seiner Regierungszeit den Rückhalt in der eigenen Partei zu verlieren begann. Aber auf dem Fundament, das Schmidt gelegt hatte, konnte sein Nachfolger bauen.

„Kontinuität und Dialog" im Schatten der Ost-West-Spannung

Als Helmut Kohl 1982 ins Bundeskanzleramt einzog, versprach er deutschlandpolitische Kontinuität. Indem seine Regierung und die Union die Nato als den „Kernpunkt deutscher Staatsräson" markierten[3], die Bindung an die Vereinigten Staaten akzentuierten und die volle Durchführung des Nato-Doppelbeschlusses bis zur Stationierung zusagten, ließen sie keinen Zweifel zu, daß sie im Ost-West-Konflikt fest auf der Seite des Westens standen. Zugleich bekannten sie sich zu der Pflicht, „in freier Selbtbestimmung die Einheit und Freiheit Deutschlands zu vollenden".[4] Die Kernfrage war, wie wohlklingende Worte in konkrete praktische Politik für die Menschen umgesetzt werden sollten und drohende Verhärtungen vermieden werden konnten.

Die Ost- und Deutschlandpolitik der sozial-liberalen Koalition hatte die Unionsparteien in schwere Probleme verstrickt. Bedingt durch ihre Stimmenthaltung beim Moskauer und Warschauer Vertrag und ihr Nein zum Grundlagenvertrag mit der DDR haftete ihnen das Odium des Verweigerers an. Noch 1975 lehnten CDU/CSU den KSZE-Prozeß und Helsinki ab, obwohl damit erstmals die Menschenrechtsfrage (Korb 3) zum verpflichtenden Element der West-Ost-Beziehungen wurde.[5] Sie standen mit dem Nein zusammen mit Albanien allein auf weiter Flur. Doch zur gleichen Zeit knüpfte Walter Leisler Kiep, der außenpolitische Sprecher des CDU-Präsidiums, mit Rückendeckung des Parteivorsitzenden Helmut Kohl und des damaligen Generalsekretärs Biedenkopf schon vertrauliche Kontakte zum SED-Regime.[6] Später klingten sich noch andere, vor allem Ottfried Hennig ein.[7]

Es war das Problem der Unionsparteien, daß es in ihren Reihen ein breites Spektrum deutschlandpolitischer Positionen gab und der Streit um die Anerkennung der Oder-Neiße als polnische Westgrenze stetig schwelte. Zweifellos spielten dabei Rücksichten auf die Vertriebenen, ihre Verbände und Stimmen ebenso mit wie die Furcht vor der nationalistischen Rechten, die in den 80er Jahren mit dem Aufkommen der Republikaner neue Nahrung fand. Selbst noch in seinem Zehn-Punkte-Programm vom 28.11.1989 erwähnte Kohl die Grenzfrage nicht. Zusätzlich kompliziert wurde die Lage der Union dadurch, daß sich die sachlichen Differenzen mit innerparteilichen Machtkämpfen und persönlichen Rivalitäten vermengten. Der Konflikt zwischen den Liberal-Fortschrittlichen, die für eine Akzeptanz der Ostverträge eintraten, und den konservativen Hardlinern, die gegen sie Front machten, wurde durch eine „innerparteiliche Integrationsformel" kaschiert, die kleine Schritte, Kooperation und die Absage an eine Destabilisierung der DDR mit einer rhetorischen Herauskehrung von „Rechtspositionen und Menschenrechten" gegenüber den Kommunisten verknüpfte.[8] Konturen dieser Linie wurde schon auf dem CDU-Parteitag von 1977 abgesteckt und dann von Helmut Kohl in seiner Bundestagsrede als Oppositionsführer von November 1980 präzisiert.[9] Sie markierten nach der Übernahme der Bundesregierung durch Helmut Kohl die Richtschnur für die Kanzlerpartei.

Der pragmatische Ansatz der Kohlschen deutsch-deutschen Politik knüpfte in der Praxis bei dem an, was Hennig für die CDU der DDR schon 1978 signalisiert hatte: Der SED-Staat werde „letztendlich" mit einer Kohl-Regierung „besser zurecht kommen" als mit der „Sozialliberalen Koalition. Konservative Politiker hätten weit mehr Möglichkeiten, mit der DDR zusammenzuarbeiten als die jetzige Regierung".[10] Als deutliches Zeichen seiner Botschaft an die DDR, daß „er auf Kontinuität und Dialog Wert lege"[11], bekräftigte Helmut Kohl nach seinem Amtsantritt die Einladung an Erich Honecker zu einem Besuch in Bonn mit der Bemerkung: „Die Menschen knüpfen an ein solches Treffen hohe Erwartungen." Die Bundesregierung sei „an guten Beziehungen zur Deutschen Demokratischen Republik" auf der Basis des Grundlagenvertrags interessiert, und er teile mit Honecker „die Überzeugung, daß von deutschem Boden nie wieder Krieg ausgehen darf".[12] Im Januar 1983 nahm Kohl telefonisch direkten Kontakt auf, um seine Bereitschaft zu signalisieren, „in aller Diskretion" über die anstehenden Fragen, d.h. Verbesserungen im Reiseverkehr, Mindestumtausch, Elbgrenze und Milliarden-Kredit zu sprechen.[13] Die Weichen seiner „praktischen Deutschlandpolitik" hatte der Bundeskanzler und CDU-Vorsitzende ganz in Richtung konkrete Zusammenarbeit und Dialog gestellt,

Honecker psychologisch geschickt Brücken gebaut und Reibungspunkte vermieden.

DM gegen humanitäre Zugeständnisse

Der pragmatische Ansatz von Bundeskanzler Kohl, der auf eine Politik gleichberechtigter Kooperation mit der DDR setzte, stieß in der Union zunächst noch auf scharfe Kritik, weil die Verfechter einer harten Linie der „Eindämmung“ die erwartete deutschlandpolitische „Wende“ einklagten. Der Streit wurde nach den Bundestagswahlen in der neuen Kohl-Regierung in aller Schärfe ausgefochten. Zündstoff erhielt er durch den Tod des Transitreisenden Rudolf Burkert (am 10.4.1983), die Profilierungssucht von Franz Josef Strauß und die Rivalität von Kohl und Strauß. Das führte zu Irritationen auf beiden Seiten mit der Konsequenz, daß das Kohl-Mittag-Gespräch über den Kredit platzte und der Honecker-Besuch zunächst storniert wurde.[14] Für die Öffentlichkeit völlig überraschend mündete der Konflikt in die deutschlandpolitische „Wende“ von Strauß.[15] Die nächtliche Kabinettsitzung von März 1983, in der er von der Einladung Kohls an Honecker erfuhr, nennt er „die geistige Geburtsstunde des Milliardenkredits“, den er mit – so Strauß – dem „ebenso gewandten wie zuverlässigen ‚Intermediator‘“ Schalck-Golodkowski aushandelte und zu dem Josef März die Fäden schon lange zuvor geknüpft hatte.[16]

Dieser ungebundene Kredit markierte eine qualitative Weiterentwicklung in der Deutschlandpolitik. Vor allem in der CSU stieß der abrupte Kurswechsel von Strauß auf harsche Kritik. Damit verloren die „Hardliner“ in der Union ihren stärksten Rückhalt. Der Kredit half dem DDR-Regime bei der Überwindung akuter Zahlungsbilanzprobleme und wirtschaftlicher Schwierigkeiten. Er trug so dazu bei, das System ökonomisch zu stabilisieren und ermöglichte es ihm, ohne wirkliche Reformen weiterzumachen. Im Verbund mit den anderen Geld- und Transferleistungen wirkte er wie ein Beitrag zum Überleben, zu einer „relativen Stabilität“ mit einer Art bescheidenen „sozialistischen Konsumgesellschaft“, was dem Regime letztlich politisch zu Gute kam.[17]

Die DDR honorierte die Verdienste von Strauß mit einem Empfang bei Honecker, für den er als Eintritts-Preis noch eine Entschuldigung (wegen seines Ausdrucks „Mord“ zu Burkert) zu entrichten hatte. Strauß war von Honecker, wie zuvor schon von Schalck-Golodkowski, stark beeindruckt. Befriedigt konstatierte er sichtbare Fortschritte und bedankte sich „für die jetzige Handhabung der Grenzkontrollen durch die Organe der DDR“, die auch der Bundeskanzler als „wohltuend“ empfinde.[18] Diese „neue Deutschlandpolitik“ erzielte mit dem ab Ende September 1983 beginnenden Abbau der barbarischen automatischen Selbstschußanlagen unstreitig einen großen Erfolg.[19] Beim „Schießbefehl“ aber verschanzte sich Honecker hinter dem Argument, die Regelungen über den Schußwaffengebrauch seien die gleichen wie „für die Polizei in der BRD“, und er berief sich später darauf, daß Strauß ihm das auch konzediert hätte.[20] Die Grenze der Zivilisierung der inhumanen Grenze und der Humanisierung des Systems durch Geld, die sich ab 1984 auch in einem starken Anstieg der Häftlingsfreikäufe niederschlug, schien gekommen, wenn die Insignien der Souveränität und das Herrschaftsmonopol berührt wurden.

„Koalition der Vernunft“

Noch segelten die beiden so unterschiedlichen deutschen Schiffe im Gegenwind der Ost-West-Konfrontation; Raketenstationierung und atomares Wettrüsten waren die eigentlichen zentralen Themen dieser Zeit. Unionsparteien und Bundesregierung gaben sich entschlossen, bei einem Scheitern der Verhandlungslösung mit der Stationierung im Herbst 1983 zu beginnen, die Sowjetunion bekundete ihren Willen, dann weitere „effektive atomare Waffensysteme“ in ihrem westlichen Vorfeld zu installieren und die INF-Verhandlungen gingen ergebnislos im November 1983 zu Ende.[21]

Es fällt auf, daß Bundeskanzler Kohl in dieser Lage freundliche Töne anschlug. Gegenüber Honecker betonte er im Dezember 1983 die „Verantwortungsgemeinschaft“ der beiden deutschen Staaten „vor Europa und vor dem deutschen Volk“. Sie könnten „einen wichtigen Beitrag für Stabilität und Frieden in Europa leisten, wenn sie aufeinander zugehen und das jetzt Machbare an Zusammenarbeit voranbringen". Kohl sprach sich für „eine Höchstmaß an Dialog und Zusammenarbeit" aus, um die Beziehungen „auf ein normales Gleis zu bringen", und regte an, darüber „alsbald in einen umfassenden Dialog" zu treten. Trotz konträrer Standpunkte in der Stationierungsfrage, deutete sich eine Gemeinsamkeit der Regenten von Bundesrepublik und DDR an, auf eine Rüstungsbegrenzung hinzuwirken und einen eigenständigen Beitrag zur Friedenssicherung zu leisten.[22]

Für das bilaterale Klima war es wichtig, daß Unions-Politiker der schon fast pathologisch auf Aufwertung und Anerkennung erpichten DDR-Führung in Statusfragen entgegenkamen[23] und Kohl und Generalsekretär Honecker einen persönlichen Draht zueinander fanden. Fast familiär verständigten sich beide in einem Telefonat vom 19. Dezember 1983 über die Entsendung von „Vertrauensleuten" und die Durchführung des Honecker-Besuchs in einer Situation, „die auch einen normalen Ablauf" ermögliche. Honecker mahnte freundlich seine vier Geraer Essentials an und offerierte, daß eine Regelung der Elbgrenze „von uns aus honoriert (wird), da ja das, was wir hier besprechen, unter uns bleibt". Auf „Grund der geltenden Verträge", betonte Kohl, gäbe es „eine gute Chance", in den bilateralen Beziehungen „mit Vernunft und Augenmaß das Richtige zu tun" und „in aller Souveränität" das „mühsam aufgebaute" fortzuentwickeln. Bürger- und Menschenrechte wie die Einheit der Nation erwähnte Kohl mit keinem Wort. In der ihm eigenen Art hob er auf ihre „ganz persönliche" Verantwortung ab und versicherte dem SED-Generalsekretär wörtlich: „Sie können vor allem davon ausgehen, das glaube ich, ist sehr wichtig: Sie sprechen hier mit einem Mann, der nichts unternehmen wird, um Sie in eine ungute Lage – ich will es nicht näher interpretieren – in eine ungute Lage zu bringen."[24]

Heute möchten Unionspolitiker dieses Tête-a-tête am liebsten ungeschehen machen. Aber was immer Kohls geheimste Gedanken dabei gewesen sein mögen, es war ein klares Versprechen des Kanzlers, alles zu unterlassen, was die Herrschaft Honeckers hätte gefährden können. Es bedeutete in seiner vollen Tragweite selbst den

Verzicht auf eine Reformierung des SED-Regimes und die Stützung und Stabilisierung des Systems, wie es Ende 1983 war. Die Kehrseite der personenbezogenen Politik Helmut Kohls war, daß er einseitig auf die Herrschenden baute und sie in einem diktatorischen System wie der DDR damit in ihrer Herrscherposition mittelbar noch stärkte.

Als sich Kohl und Honecker dann erstmals persönlich (am 13. Februar 1984) in Moskau trafen, war die Gesprächsatmosphäre entspannt. Dagegen deutete die wenige Tage danach versandte Antwort Honeckers auf Kohls Dezember-Brief eher auf eine gewisse Intransigenz.[25] Offenbar rangen im Frühjahr 1984 verschiedene Strömungen in der SED-Führung miteinander, wie die Beziehungen zur Bundesrepublik zu gestalten seien.[26] Von der Bonner Regierungskoalition kamen jedenfalls eher freundliche Signale. Der FDP-Fraktionsvorsitzende Wolfgang Mischnick, der im Auftrag Kohls die Einladung an Honecker bekräftigte, deutete ein gewisses Entgegenkommen in bezug auf Salzgitter, Elbgrenze und die „Respektierung" der DDR-Staatsbürgerschaft an.[27] Bundeskanzler Kohl versicherte Günter Mittag, er werde alles in seinen Kräften Stehende tun, damit Honeckers Besuch „von Gastfreundschaft bestimmt", „ohne harte Töne verlaufen" und „des Staatsoberhauptes der DDR würdig sein" werde, und Franz Josef Strauß bot an, in München ein „Programm" für Honecker zu gestalten. Er zeigte Veständnis für den Mindestumtausch und mokierte sich über das Medienspektakel über die Lieferung von 10.000 Golf-Pkw und „das ‚Schmierentheater', das in Berichten über Asylanten in einigen Botschaften getrieben werden würde".[28]

Was von der Bonner Koalition signalisiert wurde, ging über die Anerkennung der DDR und ihrer Herrscher als internationale Akteure deutlich hinaus; in der Substanz beinhaltete es die de facto Zuerkennung einer Art von Legitimität für das Honecker-Regime, auf die der alternde Generalsekretär in Ost-Berlin so erpicht war. Im Gegenwind der andauernden Ost-West-Konfrontation praktizierten Bundesregierung und DDR-Führung eine von beiden gelobte „Verantwortungsgemeinschaft" und „Koalition der Vernunft".[29] Sie fand mit dem zweiten großen Milliarden-Kredit (genau 950 Millionen) im Sommer 1984 ihren vorläufigen Höhepunkt. Er markierte den Willen Bonns, finanziell die DDR über Wasser zu halten, ihre ökonomische Reputation international zu unterfüttern und so weiter ihre „relative ‚Stabilität'" zu bewahren.[30]

Bonn und Ost-Berlin gerieten in eine Sonderrolle, die in beiden Blöcken Irritationen verursachten und die Grenzen der Handlungsspielräume deutlich machten. Staatsminister Jenningers Versuch, Sorgen über deutsche „Sonderwege" als unbegründet zu begegnen, scheiterte. Statt Befürchtungen zu zerstreuen, beförderte er sie eher und rief fast zwangsläufig Moskau auf den Plan. Die Sowjets verwahrten sich in scharfen Tönen dagegen, daß Bonn sich in Angelegenheiten der DDR einmische und sich zum Sprecher aller Deutschen aufspiele.[31] Bei einem „dramatischen Treffen" der Führungsspitzen der Sowjetunion und der DDR wurde Honecker die Absage seines Bonn-Besuches verordnet, die dann diplomatisch verbrämt u.a. mit der „Politik der Regierung der BRD" begründet wurde.[32]

Für Honecker bedeutete dies unstreitig ein wirkliches Opfer. Beide Seiten, Bonn wie Ost-Berlin, zogen daraus Konsequenzen. Sie akzentuierten deklaratorisch ihre jeweiligen Block- und Bündnisverpflichtungen, und trieben gleichzeitig – unter Verzicht auf die Forcierung des spektakulären Besuchs – die praktische Politik der Kooperation energisch voran.

Es war der Staatsminister im Kanzleramt, Wolfgang Schäuble, der dabei die Fäden spann. Wenige Wochen nach seinem Amtsantritt fuhr er nach Ost-Berlin, um zunächst mit Außenminister Oskar Fischer – wie es die Kleiderordnung der DDR vorsah – und mit Herbert Häber vom ZK zu konferieren. Nach dem zweiten Milliardenkredit sprach Schäuble Klartext, ohne daß dies das Klima beeinträchtigte. Er bekannte sich zur Kontinuität und zu dem von der Regierung Brandt im „Brief zur nationalen Einheit" postulierten Ziel, „auf einen Zustand des Friedens in Europa hinzuwirken, in dem das deutsche Volk in freier Selbstbestimmung seine Einheit wiedererlangt. Dies aber stehe jetzt nicht auf der Tagesordnung." Geschickt verknüpfte er „Friedenspolitik" mit Freiheit und Humanität. Das heiße, so steht es in den SED-Aufzeichnungen, „auch mehr Kontakte, mehr Menschlichkeit, mehr Bürgerfreiheit. – Die unmenschlichen Schüsse an der Mauer, die wieder ein Menschenleben gekostet hätten, würden aufs schärfste verurteilt. Die BRD habe die Veränderung an den Sperranlagen und die Verbesserung des Abfertigungsregimes durch die DDR gewürdigt. Es müsse aber gefordert werden, daß jede Art der Gewaltanwendung aufhöre."[33]

Es bezeugte das vitale Interesse der DDR am Ausbau der Kontakte, daß trotz der deutlichen Worte dann nüchtern über praktische Fragen gesprochen wurde. Natürlich ist die lange Wunschpalette, angefangen vom Mindestumtausch über den grenznahen Verkehr, eine Zweitage-Regelung auch für West-Berliner, Ausreisepraxis und bis hin zum Umweltschutz im Kontext des neuen Kredits zu sehen. Zudem deutete Schäuble bei den Geraer-Essentials Honeckers zumindest eine partielle Gesprächsbereitschaft an.

Den Kurs, der DDR einen Schritt entgegenzukommen und auf die Bedürfnisse des Honecker-Regimes nach Gleichrangigkeit und de facto-Aufwertung einzugehen, setzte Bundeskanzler Helmut Kohl bei seinem Treffen mit dem Staats- und SED-Chef Erich Honecker am 12. März 1985 in Moskau fort. Es markierte so etwas wie eine Bilanz deutsch-deutscher Politik seit 1982 und den Auftakt in eine neue Ära. Sichtlich zufrieden konstatierte Helmut Kohl, er habe seit seinem Amtsantritt „eine Reihe von Schritten getan, an die seine Vorgänger nicht zu denken gewagt, geschweige denn (sie) unternommen hätten".[34]

Mit der „Moskauer Erklärung" unterstrichen beide als ihren gemeinsamen Willen: „Von deutschem Boden darf nie wieder Krieg, von deutschem Boden muß Frieden ausgehen." Die zentrale Botschaft gipfelte in dem Bekenntnis, die „Unverletztlichkeit der Grenzen und die Achtung der territorialen Integrität und der Souveränität aller Staaten in Europa in ihren gegenwärtigen Grenzen" seien „eine grundlegende Bedingung für den Frieden".[35] Aus Sicht der SED-Führung begründete dies eine neue Qualität, d.h. über die grundsätzliche Akzeptanz der Existenz der DDR, wie sie mit dem ostpolitischen Vertragswerk der sozial-liberalen Koalition fixiert worden war, nun auch die förmliche Anerkennung ihrer „Souveränität".[36] Es war die Regierung Kohl, die dem Honecker-Regime dies konzedierte – während heute so getan wird, als habe sie trotz heftiger Attacken der Opposition hartnäckig alle Rechtspositionen gewahrt.

Mit dem Rückenwind der Entspannung

Mit der Wiederaufnahme der INF-Verhandlungen am 12. März 1985 in Genf war, so sahen es Helmut Kohl und Erich Honecker, „eine neue Phase in den West-Ost-Beziehungen eingeleitet worden".[37] Der entscheidende Faktor war Michail Gorbatschow. Mit dem neuen Generalsekretär der KPdSU, seinen abrüstungspolitischen Initiativen und seinen Signalen zur Reform zeichnete sich allmählich eine neue Ära der globalen Entspannung ab. Für die Gestaltung der deutsch-deutschen Beziehungen war das nur von Vorteil. Der von den beiden Supermächten bestimmte globale Trend und das deutsch-deutsche Miteinander liefen annährend wieder synchron.

Die insgesamt günstige Konstellation der internationalen Rahmenbedingungen warf dennoch für die Bonner Regierungspolitik ihre Probleme auf. Bei der doppelten Null-Lösung für Mittelstreckenrakten wie bei SDI gestalteten sich die Beziehungen sowohl zu den USA wie zur Sowjetunion als eher schwierig. Die in der CDU und CSU 1985 wieder aufflammende Kritik an der Unverletztlichkeit der Oder-Neiße-Linie als polnische Westgrenze schürte im Ausland Ängste und war dem Ansehen der Bundesrepublik alles andere als förderlich.[38] Gorbatschow setzte zunächst auf die USA und ließ den Kanzler der Bundesrepublik, der sich „wie ein Lakai der USA" verhalte[39], links liegen. Während Außenminister Genscher eine Brücke zu schlagen suchte, sorgte Kohl mit seinem unpassenden Goebbels-Vergleich für neue Mißstimmungen.[40]

Ein Schein von Normalität

Die Beziehungen der beiden deutschen Staaten entwickelten sich seit dem Moskauer Treffen von 1985 dagegen fast reibungslos. Kohl und Honecker setzten ihren Meinungsaustausch fort; Konsultationen zwischen den beiden Außenministerien über Abrüstungsfragen und Expertengespräche zum Umweltschutz standen auf der Agenda; ein Kulturabkommen konnte vereinbart werden; der Reiseverkehr weiterte sich erheblich aus; Städtepartnerschaften, angestoßen von der SPD und SPD-regierten Kommunen, wurden möglich. Franz Josef Strauß nannte den Stand der Beziehungen „erfreulich" und bedankte sich ausdrücklich bei Honecker für das Entgegenkommen bei sogenannten Härtefällen, beim nichtkommerziellen Zahlungsverkehr und beim Bremsen des „Asylantenzustroms".[41]

Die Behandlung der Asylfrage war bezeichnend für den erreichten Stand der innerdeutschen Beziehungen und ihre vielfältigen Implikationen, insonderheit die Verkoppelung mit der Innenpolitik der Bundesregierung und den Eigeninteressen der westdeutschen Parteien. Das System, durch westdeutsche Finanzleistungen von der DDR humanitäre Erleichterungen zu erwirken, wurde nun dazu benutzt, die Bundesrepublik gegen den Zustrom von „Flüchtlingen" abzuschirmen. In einem ersten Schritt konzedierte Kanzleramtsminister Schäuble der DDR die Anhebung des Swing. Im Gegenzug versagte die DDR aus Sri Lanka einreisenden Tamilen ein Transitvisum, wenn sie keinen Einreisevermerk des Ziellandes besaßen.[42] Diese Regelung dehnte sie im Januar 1986 auf weitere Länder aus, nachdem Schäuble gedroht hatte, ein Anhalten des Zustroms von Asylbewerbern über die DDR „in die Bundesrepublik könne die Beziehungen zur DDR belasten".[43] Wirkungsvoll zu stoppen war er damit nicht, weil das Verfahren keine Anwendung auf West-Berlin fand, so das Schäuble hartnäckig, aber ergebnislos auf wirksamere Maßnahmen drängte.

Offenkundig ging es ihm und der Union aber noch um etwas anderes. Die 1987 anstehenden Bundestagswahlen warfen ihre Schatten voraus. Die CDU/CSU suchte das Asylproblem zum Wahlkampfthema zu machen und gegen die SPD auszuspielen. Schon im Februar 1986 hatte Schäuble dies Schalck-Golodkowski bekannt, und die Realität sah auch so aus. Mit Hilfe der DDR gedachte er die SPD so in die Ecke zu drängen, daß sie einer Grundgesetzänderung zustimmen würde.[44] Ende August 1986 wurde der Kanzleramtsminister schließlich direkt bei Honecker vorstellig. Es war sicherlich kein Ruhmesblatt, daß das Oberhaupt des SED-Regimes den Vertreter einer demokratischen Regierung an das im Grundgesetz garantierte Asylrecht erinnerte.[45]

Die Fairneß gebietet es – Schäuble stand nicht allein. In der Sache bemühten sich beide große Volksparteien um eine Lösung dieses Problems und Regierung und SPD-Opposition hielten Kontakt. Durch das Ausschlachten des Asylthemas im Vorwahlkampf fühlte sich die SPD in die Defensive gedrängt. Wenige Tage nachdem Honecker und Schäuble vertraulich Expertengespräche verabredet hatten, sprach Egon Bahr im Auftrage Brandts in Ost-Berlin vor. Der Kanzlerkandidat der SPD, Johannes Rau, durfte dann die für die Bundesrepublik willkommene Regelung verkünden, durch Kontrollen im Flugverkehr eine Drosselung des Zustroms von Asylbewerbern zu bewirken. Kanzleramtsminister Schäuble wertete das als „eine gute Nachricht“ und Kanzler Kohl dankte dafür Honecker.[46]

Niemand ahnte wohl damals, daß die CDU und ihr nahestehende Publizisten daraus 1991 und jetzt erneut eine Kampagne gegen Rau anzetteln würden.[47] Denn wenn kritische Fragen zu stellen sind, dann auch an die Union. Bei der Asylfrage mochten Staatsräson und Parteieninteresse dafür sprechen, die DDR vor den eigenen Karren zu spannen. Doch die Bundesregierung – aber auch die SPD – zahlten dafür einen Preis an moralischer Glaubwürdigkeit. Um Menschen, die aus Not in die Bundesrepublik drängten, fernzuhalten, suchten sie die Handlangerdienste eines diktatorischen Systems. Sie begaben sich damit in eine Komplizenschaft mit einem Freiheit, Menschen- und Grundrechte geringschätzenden und mißachtenden Regime. Es war eine Art von zwischenstaatlicher Normalität, die der Bundesrepublik nicht zur Ehre gereichte.

Der Honecker-Besuch

Das Schielen auf den bundesrepublikanischen Wähler beeinflußte auch das Vorgehen beim Honecker Besuch. In Bonn bestand Einigkeit, daß er erwünscht sei. Aber weil er unter anderem als potentielle Wahlkampfhilfe verstanden wurde und Gorbatschow noch Einwände hatte[48], wurde er 1986 erneut vertragt. Nach Kohls Wiederwahl wurde die Besuchs-Frage zwischen Schäuble und Honecker

„vertraulich" besprochen und im Sommer 1987 schließlich auch die Moskauer Blockade durchbrochen.[49]

Vom 7. bis 11. September 1987 besuchte Erich Honecker dann die Bundesrepublik. Er wurde mit fast allen Ehren empfangen, die dem Staatsoberhaupt eines souveränen ausländischen Staates zustanden, und Kanzleramt und Adenauer-Haus sorgten dafür, daß „Protestaktionen" moderat abliefen.[50] In seiner auch vom DDR-Fernsehen übertragenen Tischrede bekannte sich der Bundeskanzler zum Auftrag des Grundgesetzes zur Vollendung der „Einheit und Freiheit Deutschlands in freier Selbstbestimmung" und zum Wunsch und zum Willen der Menschen zur deutschen Einheit. Er sprach von der Offenheit der deutschen Frage und mahnte die Achtung der Menschenrechte, die Überwindung der Mauer und Frieden an der Grenze an. Im Vergleich zu dieser öffentlichen Herausstellung der Grundpositionen ging es in den langen internen Gesprächen nüchterner zu, obwohl im „kleinen Kreis" auch die kritischen Fragen offen angesprochen wurden: so die Elbgrenze, die Kontaktverbote, Schießbefehl und „humanitäre Fragen" – von Botschaftsflüchtlingen bis zur Amnestie.[51]

Dieser deutsch-deutsche Gipfel fügte sich aus der Perspektive der Bundesrepublik in die langfristige Strategie ein, Erleichterungen für die Menschen zu erwirken und die Teilung erträglicher zu machen. Vieles deutet darauf hin, daß der persönliche direkte Draht zu Erich Honecker ein Mehr an humanitären Verbesserungen versprach, als es sonst wohl möglich gewesen wäre. Der alternde „Rote Zar" gefiel sich in der Rolle eines verständnisvollen Landesvaters und Friedensfürsten, der vorgeblich bestehende Hindernisse in seinem Staat beiseite räumte. Solche Zugeständnisse glichen ein wenig Anzahlungen auf die Eintrittskarte nach Bonn. Für Erich Honecker bedeutete dieser Besuch zweifellos die „Krönung seines Lebenswerkes"[52]. Ob diese Befindlichkeit von den Bonner Regierungs-Politikern wirklich in jedem und allem voll ausgeschöpft wurde, ist vielleicht nie völlig zu klären.

Der Besuch „und die durchgesetzte politische und protokollarische Behandlung des Genossen Erich Honecker als Staatsoberhaupt eines anderen souveränen Staates", hieß es im Bericht für das Politbüro, „dokumentierten vor aller Welt Unabhängigkeit und Gleichberechtigung beider deutscher Staaten, unterstrichen ihre Souveränität und den völkerrechtlichen Charakter ihrer Beziehung.“[53] Die Aufwertung des SED-Regimes durch Bonn und den Westen – Anfang 1988 war Honecker zu einem Staatsbesuch in Paris, westdeutsche Politiker gaben sich in Ost-Berlin die Klinken in die Hand – hob sein Selbstbewußtsein selbst gegenüber der Sowjetunion. Die durch Bonner Finanzspritzen ermöglichte materielle und soziale „Scheinblüte“ suggerierte Überlegenheit im „sozialistischen Lager“, die durch Repression, Flucht, Übersiedlung und reglementierten Reiseverkehr bedingte „Ruhe“ im Innern wiegte es in ein Gefühl der Sicherheit und Stabilität, das für den Osten vorbildhaft sein sollte[54], und alles zusammen beförderte einen wachsenden Realitätsverlust der Ost-Berliner Gerontokraten.

Am Scheideweg

Die DDR geriet 1987 an den Scheideweg. Daß mit Gorbatschows Glasnost und Perestroika weit mehr als nur „Tapetenwechsel“ (so der SED-Chefideologe Kurt Hager) anstand, haben die alten Herren offenkundig verdrängt. Auch in der DDR mehrten sich die Zeichen für eine wachsende Unzufriedenheit in der Bevölkerung. Davon zeugten der Anstieg der Ausreiseanträge, vor allem junger Menschen, und die steigende Zahl von Dissidenten und ihr wachsender Mut. Erinnert sei nur an die Friedens-, Umwelt- und Menschenrechtsgruppen, denen evangelische Kirchen eine Heimstatt boten, und die Demonstranten von Januar 1988 mit dem Luxemburg-Transparent: „Freiheit ist immer Freiheit des Andersdenkenden“.

Das SED-Regime regierte mit verschärfter Repression, Verhaftungen und Verurteilungen. Es versuchte sich gegen den Einfluß von „Glasnost“ und „Perestroika“ zu stemmen und untersagte sogar die Verbreitung sowjetischer Publikationen.[55] Zufrieden konstatierte Honecker, „daß die BRD-Regierung sich bei den jüngsten Provokationen gegen die DDR, im Gegensatz zur SPD, zurückgehalten habe“[56], wie es Schäuble auch Schalck-Golodkowski ausdrücklich versichert hatte.[57] Die Kohl-Regierung behielt diese Linie bei. Öffentlich erklärte der Bundeskanzler in seinem Bericht vom 1.12.1988 zur Lage der Nation, die Bundesregierung betrachte „die inneren Schwierigkeiten des politischen Systems in der DDR“ mit Sorge: „Wir haben kein Interesse daran, daß die inneren Schwierigkeiten in der DDR weiter zunehmen.“[58]

Eine solche Art politischen Verhaltens, die sich mit Kritik am herrschenden SED-Regime und an den Verletzungen von Menschen- und Bürgerrechten zurückhielt und vermied, Öl ins Feuer zu gießen, ließe sich als weise Mäßigung ausgeben. Ihre Begründung bezöge sie daraus, daß eine „Instabilität“ der DDR mit zu hohen Risiken verknüpft und die DDR für die Sowjetunion als Vorposten ihres Hegemonialsystems unverzichtbar schien. „Eine Destabilisierung gerade an einer besonders neuralgischen Stelle, wie es Deutschland ist“, so Schäuble im Februar 1989, „würde Reaktionen auslösen, an denen niemand gelegen sein kann.“[59]

Mit den hehren verbalen Grundsätzen der Unionsparteien vertrug sich diese „staatsmännische“ Art allerdings kaum. Mit Garton Ash wäre zu fragen, ob zu diesem Zeitpunkt nicht eine andere Politik angebracht gewesen wäre, die innere Reformen in der DDR klarer angemahnt, Dissidenten nicht entmutigt, die Achtung der Menschenrechte stärker akzentuiert und mit den finanziellen Leistungen der Bundesrepublik verknüpft hätte.[60] Ob die Kohl-Regierung und die sie tragenden Parteien nicht stärker Schritte in Richtung „Glasnost“ und „Perestroika“ hätten befördern können, bleibt letztlich offen. Undenkbar ist es wohl nicht. Ein deutlicheres Zeichen der Kritik an der Repressivität des Honecker-Regimes, das mit seinem rechthaberischen Sozialismus in der Ära von Glasnost und Perestroika zusehends in die Isolation geriet, hätten die Unionsparteien schon setzen können.

Die Bonner Politik gegenüber der DDR aber blieb bei ihrer Linie und wertete de facto die halsstarrigen Alten eher noch auf. Im Jahr 1988 kam der Besuchstourismus hochrangiger CDU-Politiker, die Honecker ihre Aufwartung machten, richtig zur Blüte. Als erster erschien der Regierende Bürgermeister Diepgen (am 11.2. und 13.3.). Ihm folgte der rheinland-pfälzische Ministerpräsident Bernhard Vogel (21.4.), der stellvertretende Fraktionsvorsitzende Volker Rühe

(28.4.) und der CDU/CSU-Fraktionsvorsitzende Alfred Dregger (27.5.). Den Reigen der Koalition schlossen 1988 Martin Bangemann, FDP-Vorsitzender und Noch-Wirtschaftsminister, und Wolfgang Schäuble. Das Verhaltensspektrum war breit. Es reichte von vorauseilendem Wohlverhalten (Diepgen für ein Rockkonzert an der Mauer) über leise Anmahnungen weiterer Besuchs- und Reiseerleichterungen (Bernhard Vogel, Dregger, auch Diepgen) bis zu Rühes deutlicheren Worten zum Thema Menschenrechte und zur Ausladung von CDU/CSU-Abgeordneten.[61]

Im Bunde mit Honecker ließ sich vieles im bilateralen Bereich bewegen, gerade weil es dies als Anerkennung von Souveränität verstand und es als Zeugnis von Liberalität ausgeben konnte. Auf dem Ohr innere Liberalisierung aber gab er sich taub. Und die Bundesregierung vermied im direkten Miteinander auch weitgehend alles, was als eine Einmischung in innere Angelegenheiten der DDR ausgelegt werden konnte. Nur ganz diskret deutete Bundeskanzler Kohl Honecker in Schreiben an, „daß es wirklichen Frieden nicht geben kann, ohne daß die Rechte der einzelnen Bürger für ein Leben in Humanität und Freiheit gewährleistet sind". Die „wichtigsten Fortschritte" seien die, „die den Menschen unmittelbar zugute kommen, ihre Freiräume vergrößern, der Humanität und damit in besonderer Weise dem Frieden dienen".[62] „Business as usual" und ein Höchstmaß an Normalität, wie zwischen zwei wirklich souveränen, gleichrangigen Staaten, waren die Eckpunkte, die das Verhalten der Bundesregierung gegenüber der DDR in dieser Phase prägten.

Faktoren und Phasen des Wandels

Die bedeutungsvolle Veränderung vollzog sich im Verhältnis Moskau-Bonn. Noch bis in den Sommer 1987 wirkte die sowjetische Führung, was bei der „Gorbimanie" leicht übersehen wird, in den deutsch-deutschen Belangen eher als retardierendes Element. Es ist schwer auszumachen, von wem wirklich die Initialzündung kam. Bewegen mußten sich beide. Den Vorreiter spielte vor allem Außenminister Genscher, was ihm das skeptisch-kritische Etikett des

„Genscherismus“ bei vielen in der CDU/CSU einbrachte. „Außerdem sprang“, so Garton Ash, Bundespräsident von Weizsäcker „in die Bresche“. Bei seinem Moskau-Besuch im Juli 1987 hörte er von Gorbatschow ein erstes Signal, daß die deutsche Zweistaatlichkeit nicht notwendig für alle Ewigkeit sein müsse.[63]

Im Juni 1988 räumte die CDU auf dem Wiesbadener Parteitag mit ihrem „ostpolitischen Bad Godesberg“ Hindernisse aus dem Weg. In dem zunächst vorgelegten Komissionsentwurf rangierte die deutsche Frage deutlich hinter der europäischen Einigung. Erst in letzter Minute wurde dies noch umgestoßen und die deutsche Einheit als vorrangiges Ziel proklamiert, wie es die CSU propagierte.[64] Im Einigungsprozeß und im politische Geschäft danach hatte es eine gewisse Bedeutung, daß die Union das Festhalten an der deutschen Nation herausgestellt hatte; denn argumentativ konnte sie so an ihre „deklaratorische“ Deutschlandposition anknüpfen. Für die praktische Politik besagten solche Bekundungen wenig, da man auch in der Union auf absehbare Zeit nicht mit der deutschen Einheit rechnete. Im Grunde folgte sie der gleichen Dialektik, die schon die Ost- und Deutschlandpolitik der sozial-liberalen Regierung prägte, daß Änderungen des status quo nur zu erreichen waren, indem man den status quo akzeptierte. Wieweit – wie damals bei Brandt und Bahr – ein bewußtes Konzept dahinter steckte, den Schlüssel zur DDR und zur deutschen Frage in Moskau zu suchen, wäre noch zu entschlüsseln. Faktisch handelte die Bundesregierung so.

Beim Besuch von Bundeskanzler Kohl in Moskau (24. bis 27.10.1988) wurde nach Helmut Kohl ein ganz „neues“ Kapitel der deutsch-sowjetischen Beziehungen aufgeschlagen. Tatsächlich geschah das wohl erst bei Gorbatschows Besuch in der Bundesrepublik (12. bis 15.6.1989). Im Nachhinein bezeichnete Kohl zwar sein Garten-Gespräch mit Gorbatschow als den „entscheidenden Moment“ auf dem Weg zur deutschen Einheit. Doch noch lagen die Positionen, soweit es die DDR betraf, weit auseinander. Wichtiger als der Dissenz war der zentrale Konsens, daß zuerst die Trennung Europas überwunden und ein Europa des Friedens und der Zusammenarbeit etabliert werden müßten.[65]

Erst im Rahmen einer solchen europäischen Friedensordnung schien es möglich, daß die Deutschen ihr Recht auf Selbststimmung in Freiheit würden wahrnehmen können. Diese um 1969 von Brandt, Bahr und Scheel entfaltete Vision machte sich Helmut Kohl mit seiner Unterschrift zu eigen, und sie bestimmte sein Handeln. Sie beruhte auf der Prämisse, daß ein Wandel nur durch die große Politik, Staaten und Staatslenker bewirkt werden könnte und daß er die Stabilität des europäischen Staatensystems wie Stabilität und Berechenbarkeit im Innern bedingte. Die tatsächliche Entwicklung verlief anders. „Im Ablauf haben sich alle geirrt. Wir haben die deutsche Einheit, aber keine europäische Friedensordnung."[66]

Mit den Menschen, die in Polen und Ungarn ihr Geschick in die eigenen Hände nahmen und ihre Länder und Staaten transformierten, entfaltete der Demokratie- und Reformbazillus eine eigene Dynamik. Im Sommer 1989 griff die Bewegung von unten vor aller Augen auch auf die DDR über. Sie begann als Massenflucht, eine „Abstimmung mit den Füßen", ermutigt und gefördert vor allem durch die Ungarn, die ihren Grenzzaun abbauten und am 11. September 1989, ohne die DDR zu fragen, die Grenze für DDR-Flüchtlinge offiziell öffneten. Im Herbst 1989 waren es dann die Demonstranten und Oppositionellen, die mit ihrem trotzigen „Wir bleiben hier" die Entwicklung vorantrieben. Als die aufmarschierten Sicherheitskräfte am 9. Oktober in Leipzig nicht das von manchen befürchtete deutsche Tiananmen veranstalteten, hatte die friedliche Revolution ihren ersten großen Durchbruch erzielt. Das Ziel dieser friedlichen Revolutionäre war nicht die Abschaffung ihres Staates, sondern die durchgreifende Reform der DDR zu einer wahren demokratischen Republik.

Die Bonner Regierungskoalition nahm die Signale zwar auf, aber sie blieb doch vorsichtig tastend bei ihrem Kurs, weiter auf den Dialog mit den Herrschenden und die Fortexistenz des zweiten deutschen Staates zu bauen und nicht zur Destabilisierung beizutragen. Bundeskanzler Kohl versicherte Honecker noch im August 1989, sein Interesse sei, „die Beziehungen in einer vernünftigen Weise", wie beim Honecker-Besuch besprochen, „weiterzuentwickeln".[67] Anfang September nannte der Kanzler vor dem Bundestag die Beziehungen zwischen den beiden Staaten „ein wesentliches Element der Stabilität in Europa" und warnte eindringlich: „Wer diese gefährdet, muß wissen, welche Folgen dies für alle Beteiligten hätte".[68] Am 26. Oktober 1989 wünschte Helmut Kohl dem Honecker-Nachfolger Egon Krenz „eine glückliche Hand und viel Erfolg" für dessen „wichtige und sehr, sehr schwierige Aufgabe" und bekundete sein dezidiertes Interesse an einer „ruhigen, vernünftigen Entwicklung".[69]

Auch nach der Öffnung der Mauer ging es dem Kanzler zunächst vorrangig um ein besseres Miteinander und Reformen im Verbund mit den vermeintlich mächtigen SED-Herrschern. So versicherte er Krenz am 11. November, die im Grundgesetz verankerte Selbstbestimmung sei „jetzt nicht das Thema, das uns im Augenblick am meisten beschäftigt, sondern ... daß wir zu vernünftigen Beziehungen zueinander kommen".[70] Am 20. November verhandelte Kanzleramtsminister Seiters dann in Ost-Berlin, um den verabredeten Kanzlerbesuch vorzubereiten.[71] Erst als bei den Montagsdemonstrationen der Ruf „Wir sind ein Volk" unüberhörbar wurde und Teltschik aus Moskau positive Signale mitbrachte, vollzog die Kohl-Regierung den Abschied von der alten Deutschlandpolitik, wie sie mit dem Mauerbau begann und mit der Öffnung der Mauer am 9. November ihr Ende fand. Vieles scheint heute schon vergessen und es wird eifrig an Legenden gewoben, als hätten Helmut Kohl und seine Union sich nie mit den kommunistischen Machthabern eingelassen und dennoch beinahe alles auf den richtigen Weg gebracht.

Deutschland- und Ostpolitik, wie sie die sozial-liberale Koalition initiierte und Helmut Kohl mit seiner Regierung mit Umsicht und Geduld weiterbetrieb, war das mühsame schwierige Unterfangen, durch Kontakte und Kooperation mit den Herrschenden einen allmählichen, schrittweise Wandel zu bewirken und die Grenze durchlässiger zu machen. Trotz des rhetorischen Beharrens der CDU/CSU auf Rechtspositionen und des unvereinbaren Systemgegensatzes zu den Kommunisten haben die verantwortlichen Unionspolitiker diesen Grundsatz rezipiert und danach gehandelt. Auch sie mußten die machtpolitischen Realitäten akzeptieren, um die Teilung erträglicher zu machen, und sie konnten nur versuchen, einen Rahmen zu schaffen und dahin zu wirken, daß die Menschen im zweiten deutschen Staat ihr Grundrecht auf Selbstbestimmung eines Tages selbst würden ausüben können. Mit der Öffnung der Berliner Mauer wurde es fundamental anders: Es begann die Geschichte der Vereinigung, bei der das Volk das Gesetz des Handelns entscheidend bestimmte und für eine kurze Zeit aus seiner Objektrolle heraustrat.

Daß Helmut Kohl die sich mit dem Zusammenbruch des SED-Regimes bietenden Chancen mit Gespür und Geschick ergriff, bleibt seine historische Leistung. Sie wird nicht dadurch geschmälert, daß er und seine CDU/CSU von 1982 bis 1989 de facto in den Fußstapfen der sozial-liberalen Deutschlandpolitiker wandelten und mit ihnen Verdienste, aber auch Irrtümer teilten. Die deutsche Einigung resultierte nicht aus Bekenntnissen und Worten, sondern aus der Implosion des sowjetischen Herrschaftssystems, die so niemand vorausgesehen hatte, und dem demokratischen Aufbruch im östlichen Europa, den die vorsichtigen Bonner so kaum ermutigt hatten. Aber nur in einem Klima des Vertrauens zwischen Ost und West konnte der Bazillus gedeihen, der die Mauer zum Einsturz brachte und den Deutschen das Tor zur Einheit öffnete.

Anmerkungen

1 Vgl. DDR-Handbuch, hrsg. vom Bundesministerium für innerdeutsche Beziehungen, 3. Aufl., Köln 1985, Bd. 1, S. 299f.

2 Statt „Anerkennung" sprach Honecker nun von „Respektierung"; Quelle die „Stenographische Niederschrift" über die offiziellen Gespräche am 12./13. Dez. 1981, in: Stiftung Archiv der Parteien und Massenorganisationen der DDR (SAPMO), ZPA u.a. IV 2/1/599.

3 U.a. in der Regierungserklärung vom 13.10.1982; Verhandlungen des Deutschen Bundestages, Bd. 121, S. 7213-29.

4 „Bericht zur Lage der Nation im geteilten Deutschland" vom 23.6.1983, in: Innerdeutsche Beziehungen. Die Entwicklung der Beziehungen zwischen der Bundesrepublik Deutschland und der Deutschen Demokratischen Republik 1980-1986. Eine Dokumentation, Bonn 1986, S. 145 ff.

5 Vgl. Timothy Garton Ash, Im Namen Europas. Deutschland und der geteilte Kontinent, München-Wien 1993, S. 152.

6 Gesprächspartner war vor allem der Abteilungsleiter im ZK der SED Herbert Häber, so am 26.6.1975, 29.4.1976, 3.10. und 11.12.1977, 17.3. und 3.6.1978; Aufzeichnungen und Berichte Häbers in SAPMO ZPA Bestand IV B2/2.028.

7 Vgl. die Berichte Häbers edb. vom 6.10. und 13.12.1977 und 27.3. und 20.6.1978.

8 Matthias Zimmer, Nationales Interesse und Staatsräson. Zur Deutschlandpolitik der Regierung Kohl 1982-1989, Paderborn 1992, S. 75.

9 Zimmer, S. 75 ff.

10 Bericht Häber vom 27.6.1978, SAPMO ZPA B2/2.028/11.

11 Aufzeichnung über das Gespräch Carstens-Genscher-Honecker am 14.11.1982 in Moskau, SAPMO ZPA IV 2/1/605.

12 Schreiben Kohls an Honecker, übergeben am 30.11.1982, in: SAPMO ZPA J IV 2/2A/2530.

13 Vgl. den vollen Wortlaut des Telefonats vom 24.1.1983 „von 10.33 Uhr bis 11.00 Uhr" in SAPMO ZPA vorl. SED 41664.

14 U.a. Franz Josef Strauß, Die Erinnerungen, Berlin 1989, S. 470; „Niederschrift" über die Gespräche Honecker-Andropow am 3.5.1983, SAPMO ZPA IV 2/1/611; Telefonat Kohl/Honecker vom 18.4.1987, Wortlaut in J IV 2/2A/2557.

15 Strauß, Erinnerungen, S. 470 ff.

16 Ebd. S. 470 und 475.

17 Kritisch dazu Garton Ash, S. 230 ff.; vgl. auch Günter Mittag, Um jeden Preis. Im Spannungsfeld zweier Systeme, Berlin 1991, S. 82 ff.

18 Strauß, Erinnerungen, S. 473 f. und 483 f. sowie „Niederschrift" über das Gespräch Strauß-Honecker am 24.7.1983, SAPMO ZPA IV 2/2/615.

19 Das wird weitgehend einhellig anerkannt.

20 Vgl. die in Anm. 18 zit. „Niederschrift" sowie Aufzeichnungen über Gespräche Honeckers mit Schäuble am 27.3.1987 und Henning Voscherau am 24.2.1989, SAPMO ZPA J IV 2/2A/2995 und IV 2/1/666 und 694.

21 Vgl. Klaus Moseleit, Die „Zweite" Phanse der Entspannungspolitik der SPD 1983-1989, Frankfurt/M. 1991, S. 37; für die Interna der östlichen Seite auch das Treffen der „Repräsentanten" der Warschauer-Pakt-Staaten am 28.6.1983, Bericht in SAPMO ZPA 2/1/615 und die Anm. 14 zit. „Niederschrift".

22 Schreiben Kohl an Honecker vom 14.12.1983, SAPMO ZPA J IV 2/2A/2621.

23 Als besonderer Erfolg wurde es z.B. gewertet, daß mit Richard von Weizsäcker am 15.9.1983 erstmals ein Regierender Bürgermeister von Berlin ohne Begleitung der Ständigen Vertretung zu Honecker kam.

24 Vollständiger Wort des Telefonats vom 19.12.1983 „von 14.07 Uhr bis 14.41 Uhr" in SAPMO ZPA 2/2A/2621.

25 „Niederschrift über das Treffen" und das Schreiben vom 17.2.1984 in SAPMO ZPA u.a. J IV 2/2A/2663 und 2924.

26 In der Politbürositzung vom 17.4.1984 kam es zu dem seltenen Fall, daß eine Vorlage betreffend Kontakte Volkskammer-Bundestag nicht bestätigt wurde.

27 Für dieses Gespräch am 5.3.1984 vgl. die Aufzeichnung in SAPMO ZPA IV 2/2/620.

28 Vgl. den „Bericht" und die „Niederschriften" Mittags über diese Gespräche am 6.4.1984 in SAPMO ZPA IV J 2/2A/2664.

29 Die Bezeichnungen gebrauchten Staatsminister Jenninger – Innerdeutsche Beziehungen (1986), S. 179 ff. und Kohl in einem Brief an Honecker vom 24.10.1983 – Texte zur Deutschlandpolitik III (1983), S. 255 ff.

30 Vgl. Garton Ash, S. 230 ff, bes. 236 und 239.

31 Innerdeutsche Beziehungen (1986), S. 178 ff.; vgl. Zimmer, S. 179 ff.

32 Garton Ash, S. 250.

33 „Bericht", „Vermerk" und „Notiz" über die Gespräche mit Fischer und Häber am 6.12.1984 in SAPMO ZPA J IV 2/2A/2713.

34 „Niederschrift“ über das Gespräch am 12.3.1985 in SAPMO ZPA J IV 2/2A/2729.

35 Text der „Gemeinsamen Erklärung“ u.a. in Bulletin Nr. 28 (14.3.1985), S. 230.

36 So wertete die DDR-Führung dies sowohl gegenüber östlichen wie westlichen Politikern.

37 In der „Moskauer Erklärung“; vgl. Anm. 35.

38 Zimmer. S. 130 ff.; vgl. Rudolf Horst Brocke, Deutschlandpolitische Positionen der Bundestagsparteien. Synopse, Erlangen 1985, S. 103 f.; Garton Ash, S. 336 ff.

39 Daniel Küchenmeister unter Mitarbeit von Gerd-Rüdiger Stephan (Hrsg.), Honecker-Gorbatschow - Vieraugengespräche, Berlin 1993, S. 99.

40 Garton Ash, S. 160 f. und 674.

41 „Niederschrift“ über das Gespräch am 1.9.1985 in SAPMO ZPA J IV 2/2A/2787.

42 Werner Filmer/Heribert Schwan, Wolfgang Schäuble. Politik als Lebensaufgabe, München 1992, S. 142 ff.

43 Anl. 2 (Gespräch mit Felfe am 28.11.1985) zum Bericht Werner Felfe in SAPMO ZPA J IV 2/2A/2826.

44 In dem „Vermerk“ Schalcks vom 4.2.1986 über das Gespräch mit Schäuble klingt das noch schärfer. SPD-Bundestagsfraktion, Dokumentation – Blüten der CDU/CSU-Ostpolitik (Bonn 1994), S. 6 f.

45 „Vermerk“ über das Gespräch Schäuble-Honecker am 29.8.1986, SAPMO ZPA IV 2/1/657.

46 Vgl. die vorige Anm. sowie Aufzeichnung über das Gespräch Honecker-Bahr am 5.9.1986 u.a. SAPMO ZPA IV 2/2.035/79 und IV 2/1/657; Filmer/Schwan, S. 148; Schäubles damalige Bewertung erfolgte u.a. in den „heute“-Nachrichten am 18.9. und eine Erklärung vom 19.9.1986; Schreiben Kohl an Honecker vom 29.10.1986, ZPA J IV J/126.

47 Vgl. Plenarprotokoll 11/42 der Sitzung des Landtags von NRW vom 13.11.1991, S. 4829 ff. und Protokollauszug der Landtagssitzung vom 2.2.1994 (vorl. MS.); Sendung „Kontraste“ vom 26.1. und 31.1.1994.

48 Garton Ash, S. 252 f.

49 Vg. Filmer/Schwan, S. 163; „Niederschrift“ über das Gespräch Schäuble-Honecker am 27.3.1987, SAPMO ZPA u.a. IV 2/1/666.

50 Vgl. Dokumentation Wer im Glashaus sitzt, S. 8; In Bonn erhielt Honecker nicht die volle Motorrad-Eskorte eines Staatsoberhauptes, dagegen jedoch in München.

51 Vgl. Der Besuch von Generalsekretär Honecker in der Bundesrepublik Deutschland. Eine Dokumentation, Bonn 1986; für die internen Gespräche auch den „Bericht“ Honeckers für das Politbüro mit 24 gesonderten Gesprächsniederschriften; SAPMO J IV 2/2A/3954. Diese sind jetzt abgedruckt in Erich Honecker, Moabiter Notizen, Berlin 1994, S. 106-246.
52 Filmer/Schwan, S. 164.
53 Siehe den Honecker-Bericht in Anm. 51.
54 So sagte Gorbatschow am 1.11.1989 zu Krenz (nach „Niederschrift“ in SAPMO ZPA IV 2/1/704), Honecker „habe sich offensichtlich für die Nr. 1 im Sozialismus, wenn nicht sogar in der Welt gehalten“.
55 Entsprechende Kritik übte Honecker auch in Gesprächen mit Gorbatschow am 28.9. und Ceaucescu am 17./18.11.1988.
56 „Niederschrift“ Gespräch Milos Jakes-Honecker am 10. März 1988, SAPMO ZPA IV 2/1/679.
57 Filmer/Schwan, S. 219.
58 Texte zur Deutschlandpolitik III/6 (1988), S. 472 f.
59 Ebd. III/7 (1989), S. 43 ff.
60 Garton Ash, bes. S. 304 ff.
61 Aufzeichnungen über diese Gespräche in SAPMO ZPA, das von Rühe am 28.4.1988 u.a. IV 2/1/679 und IV 2/2.035/84.
62 Schreiben vom 23.3. und 19.10.1988, SAPMO ZPA J IV 2/2A/3108 und 3167.
63 Garton Ash, S. 161 f.
64 CDU-Dokumentation 6/1988, S. 17 f., 12/1988, S. 6 ff., 19/1988, S. 4 ff.; Vgl. Jens Hacker, Deutsche Irrtümer. Schönfärber und Helfershelfer der SED-Diktatur im Westen, Frankurt/M., 1992, S. 193 ff.
65 Dazu Garton Ash, S. 168 ff., 176 f. und 678.
66 Egon Bahr, Die Deutschlandpolitik der SPD nach dem Kriege, in: Die Ost- und Deutschlandpolitik der SPD in der Opposition, hrsg. von Dieter Dowe, Bonn 1993, S. 21.
67 Schreiben an Honecker vom 14.8.1989, in SAPMO ZPA J IV 2/2A/3234.
68 Texte zur Deutschlandpolitik III/7 (1989), S. 232.
69 Voller Wortlaut des Telefonates „von 8.30 Uhr bis 8.44 Uhr“ in SAPMO ZPA IV 2/1/404; mit kleineren Auslassungen in „SPIEGEL“ (48/1990).
70 Voller Wortlaut des Telefonats von „10.13 Uhr bis 10.22 Uhr“ in SAPMO ZPA 2/2.039/328.
71 „Bericht“ über dieses Gespräch in SAPMO ZPA J IV 2/2A/3262.

Gert Weisskirchen

Innere und äußere Zivilisierung

Die Opposition in der DDR und in Osteuropa

> *„,Das habe ich getan', sagt mein Gedächtnis. ,Das kann ich nicht getan haben' sagt mein Stolz und bleibt unerbittlich. Endlich – gibt das Gedächtnis nach."*
> *Friedrich Nietzsche in „Jenseits von Gut und Böse. Vorspiel einer Philosophie der Zukunft".*

Vorboten der Veränderung

> *„... Diesen rosa Mantel aber*
> *riß ein Dorn entzwei*
> *und ziehende Armeen*
> *haben uns den Traum vertrieben."*

Jaroslav Seifert beschreibt in seinem Gedicht „Wenn du einmal von uns lesen wirst" die innere Bedrückung einer Zeit, in der sich der Osten als der unglückliche Teil unseres Kontinents empfand. Je länger die Herrschaft der kommunistischen Diktaturen dauerte, desto klarer erkannten die, die unter ihnen litten, nur ein Leben in der „Dissidenz" könne ihr Verlangen nach Authentizität stillen. Dissidenz war der Vorbote des Untergangs der Diktatur. In ihr sammelte sich die Widerstandskraft gegen die angeeignete staatliche Gewalt. Der nicht legitimierte Staat hatte sie als Gegner geschaffen. Schließlich ging seine Ordnung zugrunde, als er die Dissidenz in den Kernbestand seiner Macht einließ und mit ihr transitorische Übergänge zur Demokratie verabredete.

Als Formen des Widerstands hatte Richard Löwenthal – im Rückblick auf den Nationalsozialismus – drei Konstellationen voneinander unterschieden: „weltanschauliche Dissidenz", „gesellschaftliche Verweigerung" und „politische Opposition". Je nach den Chancen zu ihrer Entfaltung hat widerständiges Verhalten im europäischen Osten enstprechende Organisationen ausformen können.

Der Staat hatte den Begriff Dissidenz als Stigma verwenden wollen, um seiner Strategie der Marginalisierung oppositioneller Bestrebungen den Schein einer Mehrheitsmeinung zu verleihen. Je länger jedoch die kommunistische Herrschaft dauerte, desto offensichtlicher wurde es, daß die Dissidenz es war, die den Willen der Mehrheit zum fundamentalen Wandel ausdrückte. Sie war zum Träger der Selbstbehauptung gegen den Totalitarismus geworden.

In ihrer Verschiedenheit spiegelten die Dissidenten Osteuropas ihre jeweiligen nationalen Erfahrungen. Sie waren geprägt von ihrem kulturellen Kontext. Obzwar sie über lange Zeiträume von ihren Gesellschaften getrennt blieben, sie mit allen verfügbaren Machtinstrumenten von ihr abgespalten wurden, mißlangen schließlich alle Versuche der Marginalisierung. Aus dem Innern der Dissidenz wuchs die Fähigkeit zum gesellschaftlichen Neuaufbau. Sie dachte die friedliche Revolution, bevor sie in Polen begann und alle anderen Länder erfaßte. Die „Macht der Machtlosen“ zwang die Mächtigen zu neuem Denken. Sie störte die Logik der Staatsmacht, indem sie ihre Unmenschlichkeit bloßlegte. Ihre einzige Waffe war die Kritik. Sie entwaffnete die Macht durch ihre Unbestechlichkeit. Durch den brutalen Einsatz staatlicher Gewalt hätte sie vielleicht besiegt werden können. Aber dies hätte das Ende der kommunistischen Diktatur nur zeitlich hinausgeschoben. Eine „chinesische Lösung“ war im Herbst 1989 im europäischen Osten noch denkbar gewesen. In Moskau hatte ein „neues Denken“ jedoch schon Platz gegriffen.

Die beiden Putschversuche, zunächst gegen Michail Gorbatschow und dann gegen Boris Jelzin, zeigten in ihrer Dramatik, wie gefährdet der Weg zur Demokratie im Zentrum des Imperiums blieb und immer noch ist. Die Dissidenz lebte in struktureller Angst. Der Willkür der Parteidiktatur war sie ständig ausgeliefert. Das war die einzige Gewißheit, daß jeder Einzelne jede Privatheit aufgab, wer sich für den dissidenten Gegenpol zum verstaatlichten Machtmonopol entschied. Es war die radikale Konsequenz einer Absage an die Inhumanität ideologischer Dogmen, die sich an die Stelle der Wahrheit zu setzen suchte und jede Regung zu ersticken bereit war, die diesen Anspruch auch nur infrage stellen wollte.

„Da ich weder von der Politik noch von den Problemen der sozialen Einrichtung der Gesellschaft etwas verstehe, kann ich auch sagen – mag sein, daß das wie ein Scherz klingt –, daß ich mit der Sowjetmacht aus ästhetischen Gründen in Konflikt geraten bin." – Andrej Sinjawski beschreibt das Austauschbare des auslösenden Moments für den, der zum Dissidenten wird. Es ist ein Prozeß des langsamen, aber unwiderruflichen Abschieds. Der Anfang mag belanglos sein, aber es führt kein Weg zurück. Wer die Konstruktion der Macht antastet, sieht sich ihrer nackten Gewalt gegenüber. Jegliches Verhalten, das sich fundamental gegen das Regime richtet, in Wort und Schrift und Handeln, wird von ihm verfolgt, weil es um seine Existenz fürchtet. Die Gewalt, die die Diktatur gegen jeden aufbringt, der sie infrage stellt, ist ihr Schutz gegen die Entdeckung, daß im Innern des Regimes nichts ist als das banale Machtinteresse. Es wird mühsam verstellt vom rhetorischen Trommelwirbel der Ideologie, deren Worthülsen nur dem Klang nach noch schwach an die Verheißung zu erinnern vermögen, die einst in ihrem Inhalt verborgen war.

Zunächst waren es Einzelne, die mit ihrem Widerstand das Diktatorische des sie bedrückenden Regimes offenlegen wollten. Sie handelten aus dem Zwang ihres Gewissens. Ihr Beispiel wurde als Zeichen aufgenommen. Andere konnten sich orientieren. Es spiegelte Stimmungen und Verhalten anderer. Es verhalf zur Identität. Ernst oder auch spielerisch testete es Grenzen, überschritt sie oder blieb unterhalb der existenziell bedrohlichen Antwort des Staates.

So entwickelte sich eine „Ästhetik des Widerstands", ein kultureller Entwurf der personalen Verantwortung gegen das System der organisierten Verantwortungslosigkeit. Er antizipierte Demokratie schon in der Diktatur. Der Einzelne als unverwechselbares Individuum blieb das unverzichtbare Glied in einer Kette der „Solidarität der Unterdrückten", wie Jan Patocka es beschrieb. Von unten, aus dem Innern der kulturellen Fundamente dessen, was von den zivilen Bürgergesellschaften verblieben war, sammelten sich im Zeitablauf die Kernbestände, die am Ende der achtziger Jahre die Revolutionsabläufe gestaltete.

Dissidenz als Nukleus der Revolution

Nachdem Hitler im Namen Deutschlands und von Deutschen unterstützt Europa überfallen und sich im Krieg gegen die Welt auszudehnen begonnen hatte, konnte die Befreiung von der nationalsozialistischen Diktatur schließlich nur noch von einer Allianz der späteren Siegermächte durchgesetzt werden. Die Erweiterung der Einflußsphären der Sowjetunion nach Westen war der Preis, der in Jalta bezahlt werden mußte. Als Antwort auf die Verbrechen Hitlers mußten sowjetische Panzer sich in die Hauptstädte Zentraleuropas durchkämpfen. Die Gegengewalt, die nötig war, die NS-Diktatur zu vertreiben, schlug in der Folge des „Kalten Krieges“ rasch um in die Gewalt einer aus dem sowjetischen Modell abgeleiteten Diktatur.

Bis zu ihrer Etablierung versuchten in einer kurzen Zeitspanne jene Teile der demokratischen Kräfte, die von Hitler nicht hatten vernichtet werden können, verzweifelt, einen eigenständigen Weg der nationalen Selbstbestimmung in der östlichen Mitte Europas zu gehen. Ihr Erfolg hätte jedoch die Abreden in Jalta gestört. Weil Stalin die gewonnene Macht nicht schmälern lassen wollte, setzte er seine diktatorischen Instrumente ein und verhinderte einen neuen Anfang der Demokratie in Zentraleuropa. Eines seiner wesentlichen Ziele war es, die demokratische Arbeiterbewegung zu zerschlagen. Sie wurde, wie in der SBZ, Polen und Ungarn, Bulgarien und Rumänien, zwangsvereinigt. Die aktiven Kerne der Sozialdemokratie wurden zumeist kriminalisiert, ihre Organisationen verboten. Ein Teil ihrer führenden Mitglieder erlagen der Verlockung unbedeutender Ämter in den unter kommunistischer Herrschaft stehenden „Parteien neuen Typs“, des Staates oder der Einheitsgewerkschaften. Allein in der CSSR verblieb eine Sozialistische Partei neben der KP. Sie spielte jedoch von Beginn an nur eine in die Strukturen der Herrschaftssicherung eingepaßte untergeordnete Rolle.

Mit dem Beginn der fünfziger Jahre hatten sich die von Moskau abgeleiteten Diktaturen des Sowjetmodells festsetzen können. Zuvor hatten sie begonnen, die Reste der einzelnen Bürgergesellschaften der zentraleuropäischen Staaten, die sich gegen Hitler hatten behaupten können, aufzusaugen, zu spalten und zu marginalisieren.

Sie wurden auf eine ausschließlich kulturorientierte Rolle reduziert und politisch wehrlos gemacht. Die kommunistischen Diktaturen brachen die Stützpfeiler aus den zivilen Bürgergesellschaften heraus und befestigten an ihrer Stelle mit einer Doppelstrategie von kleinbürgerlicher Verlockung und stalinistischem Terror ihre Herrschaft.

Erleichtert wurde ihnen dies, weil die Strömungen der sozialen und liberalen Demokratie durch die vorangegangene Diktatur existenziell geschwächt waren, und die rechtskonservativen und nationalistischen Parteien der Zwischenkriegszeit ihre Glaubwürdigkeit fast gänzlich verloren hatten.

Das kurze zerbrechliche Leben der Demokratien im Zentrum und im Osten Europas zwischen den beiden Weltkriegen konnte mit einer gewissen Überzeugungskraft interpretiert werden auf dem Hintergrund der Spaltung der politischen Orientierungen der Arbeiterbewegung und wesentlicher Teile des Bürgertums. Diese strukturellen Schwächen der demokratischen Strömungen wurden durch die fast vollständige Vernichtung der kulturellen Substanz der Judenheit potenziert. Der Holocaust hatte die entscheidende Klammer zerstört, die den europäischen Osten mit seinem Westen verband: das transnationale Projekt der europäischen Moderne.

Bis zu den Tagen der gewaltfreien osteuropäischen Revolution am Ende der achtziger Jahre blieb das Bewußtsein der gesamteuropäischen kulturellen Zusammengehörigkeit wach – im Westen eher als melancholische Reminiszenz, im Osten eher als auf die Zukunft gerichtete Hoffnung. Zu ihrem Träger war im Osten die Dissidenz geworden. Sie setzte darauf, daß die Diktaturen überwunden werden konnten. Die Dissidenz hatte die inneren Schwächen der Diktatur erkundet und verlor, je stärker sie sich in den gesellschaftlichen Strukturen verankern konnte, ihre Angst vor ihrer Gewalt. Sie war zur Projektion der Wünsche der Gesellschaft auf Widerstand gegen die Diktatur geworden und repräsentierte den Entwurf für die demokratische Selbstbestimmung. Obwohl sie auf ein alternatives Modell der Demokratie zielte, um die Strukturprobleme der westeuropäischen parlamentarischen Repräsentanzdemokratie überwinden zu können, heftete sich die Hoffnung einer wachsenden Zahl von Menschen auf sie als Stellvertreterin ihrer Interessen. Zugleich konnten sich die Dissidenten jedoch zu jeder Zeit auf ihren persönlichen Willen zurückziehen. Distanz und Nähe konnte als paradoxales Konzept schon in der Diktatur eingeübt werden. Später konnte diese Erfahrung in der Phase der Transformation konstruktiv genutzt werden. Dieses Konzept ließ den Beteiligten Optionen des kritischen Verhaltens zur Dissidenz. So konnte die nötige Differenzierung widerständigen Verhaltens vorangetrieben werden. Im Schoße der Diktatur bereiteten sich die revolutionären Umbrüche vor, als die Dissidenz in die Gesellschaft hinein breiter hineinwuchs und sich tiefer in ihr verankerte.

Niederlagen als Gegenstände des sozialen Lernens

Wer die letzten beiden Zahlen des Jahres 1989 vertauscht und dabei die Zahl Neun auf den Kopf stellt, findet die Antwort auf das Rätsel des Erfolgs der „samtenen Revolution" von Prag. Die demütigende Niederlage von 1968 wurde am Ende des Jahres 1989 überwunden.

Die Panzer der Sowjetarmee hatten im Sommer 1968 den Traum des kurzen Frühlings zerstört. Erst im Rückblick wird klar, daß der Kommunismus an der Moldau seine letzte Chance selbst liquidiert hatte. Mit der Invasion unterwarfen die Diktaturen des Warschauer Pakts die reformkommunistische Idee dem Verdikt der Breschnew-Doktrin. Die Führung der KPdSU festigte wiederum ihren Monopolanspruch als Konservator, Exeget und Exekutor über die Reinheit der kommunistischen Theorie und ihrer Praxis. Jede unerlaubte Entfernung von der in Moskau festgelegten Linie konnte mit Gewalt bestraft werden. Diese Drohung auf Vernichtung lähmte von jetzt an und unwiderruflich jeden reformerischen Impuls innerhalb der sowjetischen Herrschaftssphäre. Das blutige Ende des Experiments, dem kommunistischen Projekt seine bürokratische Panzerungen zu nehmen, es zu demokratisieren und seine Wirtschaft an Kriterien der ökonomischen Effizienz zu binden, sollte seine abschreckende Wirkung bis zum Sturz des Kommunismus nicht verlieren. In der Ära der Breschnewschen Stagnation wurde die bewegungslose Starre einbetoniert. Die nackten Interessen der Nomenklatur, sich an Macht und Privilegien festzuklammern, waren zur ausschließlichen

Triebfeder geworden. Jegliche substantielle Veränderung abzuwehren wurde zum alles dominierenden Kriterium kommunistischer Herrschaft – Stabilität durch Sicherung der Diktatur.

Aber dieses falsche Verständnis von Stabilität verlangte ihren Preis. Falsch war es, weil nur orientiert an der Permanenz der nichtlegitimierten Herrschaftsstruktur und nicht an einer demokratischen Öffnung. Die alles entscheidende Modernisierung von Gesellschaft, Wirtschaft und Staat blieb aus. Sie hätte möglich werden können, wären die gewaltbesetzten Unterdrückungen des Aufbegehrens in der SBZ, in Ungarn und der CSSR und in Polen grundlegend und selbstkritisch revidiert worden. Stattdessen wurde die Militarisierung von Staat und Gesellschaft vorangetrieben. Alle gesellschaftlichen Ressourcen wurden der Aufrüstung nach außen und nach innen geopfert. Der Selbsterhaltungstrieb der Nomenklatur ließ keine andere Wahl, als den endemischen Kurs bis zur Selbstzerstörung fortzusetzen. Diese Selbstblockade schließlich war es, die die Produktivitätsrückstände der Ökonomien der Länder des Warschauer Pakts gegenüber dem Westen ins kaum noch Meßbare abfallen ließ. Allenfalls technisch nicht mehr aufschiebbare Erneuerung konnte sich an Rändern der zivilen Produktion durchsetzen. Die Möglichkeit, sozialistische Eigentumsverhältnisse mit Steuerungselementen des Marktes zu verbinden, wie sie in der CSSR praktisch erprobt werden sollten und zuvor in der wirtschaftswissenschaftlichen Diskussion Polens und nach 1968 in Ungarn erörtert wurden, war seither mit dem Moskauer Bann belegt worden. Die privaten Sektoren in der landwirtschaftlichen Produktion einiger Länder des Warschauer Pakts und die zaghaften Schritte in Dienstleistungsbereichen, etwa in Ungarn, waren zu schwach dimensioniert, als daß sie als Korrekturversuche in die Tiefe der Logik der Produktionsprozesse hätten eindringen können.

Am Anfang dissidenten Denkens stand die Niederlage. Der Erkenntnisgewinn aus dem blutigen Ende des Arbeiteraufstands von 1953 in der SBZ/DDR, der ungarischen Erhebung von 1956, des Prager Frühlings von 1968 und aus dem polizeistaatlich-militärischen Versuch, die Gegenmacht der Solidarnosc in Polen 1980/81 zu brechen, war unbezweifelbar. Die Dikatur mußte der Demokratie weichen. In der falsch konstruierten Gesellschaft konnte es kein wahres Leben geben. Die Fähigkeit, Kompromisse zu machen mit der verstaatlichten Macht, hatte die Nomenklatur zerstört. Ihr blieb nur der organisierte Krieg gegen die eigenen Bürger als einziges Instrument des Erhalts der Macht. Erlaubten es die Umstände, wurde dieser Krieg verdeckt geführt; sobald es nötig schien, auch offen.

Die Geschichte des kontinuierlichen Wachsens vom dissidenten zum oppositionellen Widerstand im europäischen Osten der Nachkriegszeit läßt sich in vier Phasen beobachten.

1. Der XX. Parteitag der KPdSU hatte die innerkommunistische Auseinandersetzung mit dem Stalinschen Terrorsystem angestoßen. Wenn auch die Periode des Tauwetters nur kurz bemessen war, so wirkte doch die Erschütterung, die sie auslöste, lange nach. Sie führte zum Versuch, ein anderes Projekt als das der bürokratischen Herrschaft zu wagen, um die Idee des Kommunismus zu retten. Den Vertretern des Reformkommunismus kam es darauf an, sich ein neues wissenschaftsorientiertes Fundament zu erarbeiten und es mit einer gesellschaftlichen Praxis der Demokratisierung zu verknüpfen. Darin lag die Glaubwürdigkeit ihres reformerischen Ansatzes. Am Aufstieg und Fall des tschechoslowakischen Experiments läßt sich exemplarisch die Vergeblichkeit ihres historischen Versuchs ablesen. Im Innern des Apparats hatte Alexander Dubcek einen neuen Weg beschritten und sich, zunächst verdeckt und schließlich gemeinsam mit Funktionären des persönlichen Vertrauens verbündet, mit den alten Methoden innerparteilich die Macht erobert. Parallel hatte sich in den wissenschaftlichen Debatten, besonders in der Sozialforschung und in der Kultur, eine akademische Elite herauskristallisiert, die ohne Vorbehalt sich mit den wissenschaftlichen Erkenntissen des Westens auseinandersetzte. Alexander Dubcek bündelte diesen Willen zur Veränderung. Er verkörperte mit seiner scheuen Nachdrücklichkeit die Hoffnung der erdrückenden Mehrheit der Tschechen und Slowaken. Mit dem Ende des Prager Frühling triumphierte die Nomenklatur der international vernetzten Sowjet-Diktatur. Hellsichtig hatte sie erkannt, daß Demokratisierung, selbst wenn sie konzeptionell begrenzt in Gang gesetzt und von der

Partei kontrolliert wird, autonome gesellschaftliche Prozesse auslöst, die wenig reguliert hätten werden können. Leonid Breschnew sah zugleich mit der Gefahr des inneren Machtverlusts darüber hinaus auch, daß eine mögliche periphere Auflockerung an den Rändern des Warschauer Pakts in die unaufhaltsame Erosion des Sowjet-Imperiums münden würde. Dafür aber, herrschte er die CSSR-Reformer an, hätten Millionen von Sowjetmenschen im zweiten Weltkrieg ihr Leben nicht verloren.

Im Rückblick wird deutlich, daß im August 1968 der Reformkommunismus gewaltsam scheitern mußte, weil der Sowjetkommunismus um seine weitere Existenz fürchtete. Ein Großteil der Anhänger des Reformkommunismus im europäischen Osten sah von nun an keinen Sinn mehr, sich an der Praxis der Kommunisten zu orientieren. Nicht wenige brachen auch mit den Ideen des Kommunismus. Wirkliche Veränderungen, so ihre Schlußfolgerung, konnten nur noch außerhalb der Institutionen der Staatsapparate vorangetrieben werden.

2. Die Diskussion um die Menschenrechte in den siebziger und achtziger Jahren führte im europäischen Osten, je länger sie andauerte, zu organisierten Formen des Widerstandes. Ohne die vorangegangene desillusionierende Erfahrung mit dem Reformkommunismus hätten sich dissidente Einzelpersonen und Gruppen nicht mit der Kraft entfalten können, wie dies seit 1976 in Polen und 1977 in der CSSR geschah. Hatten noch zu Beginn der sechziger Jahre Sozialwissenschaftler in Ost wie West die These von der Konvergenz der Systeme erarbeitet und dabei die ideologische Neutralität als Movens der industriellen Entwicklung identifiziert, die den Sozialismus und den Kapitalismus aufeinander zu bewege, so wurde dieser Trend am Ende dieses Jahrzehnts rigoros gestoppt. Aus ideologischen Gründen durfte die technologische Modernisierung nicht vorangetrieben werden. Die Reformidee des „Sozialismus mit menschlichem Antlitz“ wurde durch Leonid Breschnew begraben. Die Parteibürokraten sollten überall im sowjetisch kontrollierten Machtbereich ihre Staaten „normalisieren“. So vertiefte sich die technologische Kluft zwischen Ost und West immer mehr.

Der Preis für die ökonomische Modernisierung wäre die schrittweise Öffnung für privates Handeln und persönliche Verantwortung gewesen. Eine solche Entwicklung hätte jedoch zwangsläufig den dogmatischen Charakter der politischen Herrschaft bloßgelegt. Die Nomenklatur entschied sich für ihr Sanktuarium – ihre Macht sollte unantastbar bleiben.

In den beiden Dekaden zwischen dem Prager Frühling und dem Zusammenbruch der kommunistischen Diktaturen schwankten die Haltungen der Menschen im europäischen Osten gegenüber ihren Staaten zwischen Apathie, Opportunismus und gelegentlicher Aufmüpfigkeit. Gepaart war dies mit dem Habitus des privaten Rückzugs, dem Aufbau von halbprivaten Beziehungsgeflechten einer partiellen Schattenwirtschaft, für deren Ausbau zum privaten Vorteil Ressourcen des Staates ausgenutzt wurden. Bis zum Ende des Sowjetkommunismus blieb die Idee des demokratischen Sozialismus als widerständiges Projekt wach. Adam Michnik und Alexander Dubcek, Robert Havemann und Imre Pozsgay hielten, je verschieden in ihren nationalen Kontexten, bis in die achtziger Jahre hinein daran fest, daß die notwendige Emanzipation von der Parteibürokratie noch nicht der vollständige Bruch mit der konkreten Utopie einer Verbindung von Demokratie und Sozialismus bedeuten müsse. Je länger allerdings die Diktaturen zu bloßen Kampfmaschinen wurden, wenn es um die Macht ging, desto mehr schrumpfte der linksorientierte Flügel in den Szenen der Dissidenz.

In den siebziger Jahren wuchs mit der Kritik an der Breschnew-Doktrin eine fundamentale Opposition heran, die sich mit einem antitotalitären Grundkonsens als gegen den Sowjetkommunismus gerichtet verstand. Alexander Solschenizyn faßte in seiner Rede anläßlich der Verleihung des Nobelpreises 1970 diese Überzeugung in die Worte: „Gewalt kann nur durch Lüge verschwiegen und Lüge nur durch Gewalt beibehalten werden.“ Prophetisch beschrieb er den Untergang der Diktatur: „Ist die Lüge erst einmal zerstreut, wird die Nacktheit der Gewalt in ihrer ganzen Widerwärtigkeit enthüllt, und dann wird die Gewalt, hinfällig geworden, in sich zusammenstürzen.“ Damit war der Ton angeschlagen. Die Dissidenz im europäischen Osten hatte die sie verbindende Grundmelodie gefunden, die sie den Herrschenden vorspielte, bis ihre Mauern einfielen. Vaclav Havel und György Konrad, Lech Walesa und Andrej Sacharow schrieben ihre Partituren dazu, vielstimmig wurden sie innerhalb der nationalen Kulturen aufgenommen und transnational verstärkt. Kulturelle Strömungen des Samisdat debattierten, verstoßen und verfolgt von staatsnahen Strukturen, die Zukunft Europas und den Beitrag der Nationen für das Zusammenwachsen des Kontinents. Die universalen Rechte des Menschen wurden neu entdeckt und dem partikularen Machtinteresse der Diktatur entgegengestellt. Der Rekurs auf die unveräußerlichen Werte der Revolutionen Westeuropas und Nordamerikas war zugleich die Vorwegnahme einer alternativen Zukunft.

Noch war der Weg nicht zu erkennen, auf dem man die europäischen Trennungen hinter sich lassen konnte. Nach den leidvollen Erfahrungen mit den Emanzipationsversuchen von Ungarn und CSSR war eine Erkenntnis gereift: den „Versuch, in der Wahrheit zu leben", konnte nur wagen, wer das volle Risiko auf sich nahm. Darauf, daß die Nomenklatur die Gesellschaften Osteuropas in die Freiheit entließ, die ihnen verweigert wurde, konnte man nicht setzen. Sie konnte ihnen nur abgerungen werden. Die Dissidenz wußte eines genau: ohne das Einlenken Moskaus konnte der Weg nach Europa nicht beschritten werden. Und doch gab es keine Alternative, als das eigenständige Handeln im eigenen Land zu beginnen.

3. Diese Erkenntnis bereitete den Wandel durch Auflehnung in Osteuropa vor. Von unten hatte die Dissidenz begonnen, sich Schritt für Schritt ein Programm der gesellschaftlichen Veränderung zu erarbeiten. Zunächst war es noch geprägt vom Versuch der Abwehr der staatlichen Repression. Zu Beginn der Stufe ihrer Selbstorganisation trugen ihre Untergrundveröffentlichungen einen stark appellativen Charakter. Sie behandelten innere Probleme der Nationen wie auch deren Überwindung im internationalen Kontext. Die Debatte über die Niederlagen von 1956, 1968 und 1981 führten zu unterschiedlichen Schlußfolgerungen.

In seinem Buch „Antipolitik" resümierte György Konrad, die drei Fehlschläge hätten gezeigt, daß der nationalstaatliche Weg zur osteuropäischen Befreiung Ungarn, die CSSR und Polen nicht sehr weit gebracht habe. Ein anderer Weg solle versucht werden: die Blöcke sollten aufgelöst werden. Wenn nicht durch internationalen Druck Moskau gezwungen werden könne, seine Truppen aus der Mitte Europas zurückzuziehen, denn die ungarische Nation werde nicht ruhen, „bis sie hier im karpatischen Becken Selbstbestimmung erlangt hat", dann sei der Versuch sinnvoll, die liberal-konservative Version des Kadarschen Kommunismus zu Reformen zu drängen. Sollte sich die osteuropäische Nomenklatur einem „ungarischen Stil" der Administration anpassen, dann könne sich – vielleicht – das Imperium autoritär verändern.

Für Adam Michnik war die Einführung des Kriegsrechts in Polen am 13. Dezember 1981 zwar ein „Rückschlag für die unabhängige Gesellschaft", zuvörderst jedoch „ein Desaster für den totalitären Staat".

Die Differenz zwischen den verschiedenen Entwicklungspfaden osteuropäischer Dissidenz liegt in einem sich kreuzenden Prozeß. Die ungarische Staatsführung hatte privatem Leistungsvermögen begrenzte Teilräume geöffnet, um eine kontrollierte Strategie der Modernisierung voranzubringen und zugleich staatliche Restriktionen für Kulturschaffende vorsichtig gelockert. Diese Politik diente dazu, oppositionelles Verhalten zu kanalisieren und ihm zugleich die fundamentalistische Spitze zu nehmen. Persönliche Energien wurden abgefangen, und in Ruhe konnte der Apparat der Partei seine Macht weiter ausüben, indem er sich mit unendlicher Langsamkeit bewegte. Gegenüber Warschau, Prag und Ostberlin jedoch war die ungarische Geschwindigkeit, die die Nomenklatur vorlegte, atemberaubend.

Demgegenüber hatte sich in Polen von unten ein Prozeß in Gang gesetzt, der schließlich die gesamte künstliche Konstruktion der ineinander verknoteten und in Moskau gipfelnden Machthierarchien taumeln ließ. Seinen Anfang nahm dieser Prozeß, als, ein Jahr nach der Schlußakte von Helsinki, Jan Jozef Lipski KOR gegründet hatte, das Komitee zur Verteidigung der Arbeiter. Lipski, aus der alten Polnischen Sozialistischen Partei (PPS) stammend, antwortete mit KOR auf die staatliche Repression, die gegen die Proteste von Arbeitern, besonders in Radom und Ursus, eingesetzt hatte. Schriftsteller und Künstler stellten sich offen auf die Seite der Arbeiter. Im Untergrund traf man sich geheim und bereitete sich auf den politischen Kampf vor. Als die Arbeiterunruhen auf der Danziger Werft im Jahr 1980 in die Gründung der Gewerkschaft „Solidarnosc“ mündete, und durch ein Abkommen ihre Unabhängigkeit vom Staat vorläufig gesichert schien, war der Boden bereitet für einen ekstatischen Aufschwung von staatsfernen Bewegungen in allen Gruppierungen der Bevölkerung.

Bauern wie Angehörigen des Bildungswesen und Kulturschaffende nahmen den Impuls der Arbeiter-Solidarität auf und begannen, sich autonom zu organisieren. Das Kriegsrecht von Ende 1981 konnte diesen Prozeß zur Selbstfindung der zivilen Bürgergesellschaft Polens nur kurz unterbrechen. Die PVAP verstrickte sich in innerparteiliche Kämpfe, weil sie kein Konzept mehr fand, die Arbeiterschaft an sich zu binden. Jaruzelski setzte zunehmend auf die staatliche Administration wie auf die Armee und schwankte zwischen offener Unterdrückung und zaghaften Reformversuchen. Alle Versuche, Solidarnosc zu kriminalisieren und sie von den Arbeitern und den Intellektuellen zu trennen, schlugen fehl. Als die katholische Kirche sich an die Seite von Solidarnosc stellte, war nahezu die gesamte Nation vereint in der Auflehnung gegen ein Regime, das sich nur halten konnte als das kleinere Übel im Vergleich zur drohenden Intervention der Sowjetarmee.

Anders verlief die Entwicklung in der CSSR. Reformkommunisten, Sozialdemokraten und Liberale, Christen und Nichtchristen verschiedener sozialer Gruppen, die alle berufsfremd und weit unter ihrer Qualifikation arbeiten mußten, gründeten 1977 die Charta 77. Sie nahm die Diskussion um die unteilbare Gültigkeit der Menschenrechte auf. Die Bewegung der Chartisten berief sich insbesondere auf den Korb drei der Schlußakte von Helsinki. Vaclav Havel faßte die verschiedenen, auch in Grenzen konträr zueinander stehenden, Motive widerständigen Verhaltens zusammen und erweiterte das ethische Grundverständnis Jan Patockas. Sich gegenüber der Diktatur zu wehren und sich als Opposition in organisatorischer Form zu konstituieren, war zu einer existenziellen Frage individueller Selbstbehauptung geworden. In den zwölf Jahren Arbeit von Charta 77 unter der Diktatur war sie, aller Verfolgung zum Trotz, schließlich herausgewachsen als Dachorganisation vielfältigen Aufbegehrens gegen den Staat und den sie beherrschenden Partei. Die wesentlichen Fragen gesellschaftlicher Konflikte wurden in ihr debattiert, deren öffentliche Erörterung von den Kommunisten unterdrückt wurden. Charta 77 gab nicht nur Informationen im Land weiter und machte sie international bekannt. Sie behandelte auch Probleme von Ökonomie und Ökologie, von Bildung und Kultur. Sie knüpfte den Dialog zu oppositionellen Bewegungen in Ost und West und bereitete sich durch ihre innere Differenzierung auf den Prozeß der Transformation vor. Als die kommunistische Regierung nach der „samtenen Revolution" abgedankt hatte, konnten die Experten von Charta 77 ihre Kenntnisse nutzen, die sie sich in Zeiten der Opposition hatten aneignen können.

Als 1985 Michail Gorbatschow zum Generalsekretär der KPdSU gewählt wurde, und sein neuer Kurs von Glasnost und Prestrojka den Parteiführungen der kommunistischen Diktaturen klarmachte, daß sie in ihren Ländern Wege zur Modernisierung suchen müßten, führten neue Streikwellen in Polen schließlich im Spätsommer 1988 zu ersten Gesprächen zwischen der Führung von Solidarnosc und der Regierung. Am Runden Tisch begann das Ringen um die Übergänge von der Diktatur zur Demokratie. Als die Arbeiter Polens sich aufgelehnt hatten gegen soziale Ungerechtigkeit, sie von Intellektuellen rückhaltlos unterstützt wurden, und die katholische Kirche über diese Bündnis wachte, war die Grenze staatlichen Handelns erreicht. Am Anfang stand die Empörung, weil der Staat sich über die Interessen der Arbeiterschaft Polens hinweggesetzt hatte. Die Obrigkeit hatte das Gerechtigkeitsempfinden der Gesellschaft verletzt.

Die erste Antwort der polnischen Arbeiter war defensiv. Sie wehrten den Angriff der Diktatur ab. Die zweite Antwort legte ihre entscheidende Schwäche bloß – die nichtlegitimierte Basis des Staates. „Ohne Freiheit keine Solidarität" – das war der Konsens mit dem Solidarnosc von unten aus der Gesellschaft dem Staat gegenübertrat. Dieser Konsens wurde von der Gesellschaft schließlich so mächtig und friedfertig gegen die Diktatur gewendet, daß sie daran zerbrach. Allerdings konnten transitorische Übergänge zwischen Opposition und Nomenklatur erst verabredet werden, als Moskau begonnen hatte, die eigenen Kräfte aufzubieten, um die Sowjetunion von innen heraus zu modernisieren.

4. Als am 11. März 1985 Michail Gorbatschow zum Generalsekretär der KPdSU gewählt wurde, war keinem der Beteiligten bewußt, daß am Ende seiner Amtszeit die Sowjetunion aufgehört haben würde zu existieren.

Seinen Aufstieg begann er als Modernisierer des Apparats. Rasch erkannte er, bestärkt durch Reisen ins Ausland, das Projekt des Kommunismus könne nur noch gerettet werden durch seine konsequente Veränderung. Seine fundierten Kenntnisse des Reformstaus im Innern hatte er sich in Zeiten regionaler Verantwortung angeeignet und innerhalb des Moskauer ZK-Sekretariats umzusetzen begonnen. Glasnost und Perestrojka hatte er als Reformstrategien konzipiert, um die Sowjetunion an Haupt und Gliedern zu erneuern.

Doch seine Therapie kam zu spät. Die tödliche Krankheit hatte den Koloß schon befallen. Verzweifelt kämpfte Gorbatschow an gegen den drohenden Untergang. Aber die Idee des Kommunismus war von ihren Nutznießern längst zerstört worden. Übrig geblieben war das nackte Machtinteresse einer Nomenklatur, die sich zynisch noch eine ideologische Dogmatik hielt, ihre Privilegien fest im Auge.

Die Dissidenz hatte längst die Ausweglosigkeit erkannt, in der die Sowjetunion gefangen war. Andrej Sacharows Versuch, ein Projekt der inneren Umgestaltung anzubieten, war von Breschnew mit seiner Verbannung nach Gorki beantwortet worden. Michail Gorbatschow holte Sacharow nach Moskau zurück, ohne zunächst seine Reformimpulse aufzunehmen. Dem neuen Generalsekretär lag daran, neue Bündnispartner auf seinem Weg zu gewinnen. Auf den Parteiapparat konnte er nicht verzichten, sein Konzept der Modernisierung wollte er vorantreiben, die Dissidenz jedoch zweifelte an der Konsequenz seiner Glaubwürdigkeit.

Eine Brücke zwischen den beiden Richtungen der Reform konnte nicht mehr gebaut werden. Zwischen ihnen lagen die stalinsche Vergangenheit des offenen Terrors, die Gegenwart des ständigen

Schwankens zwischen dem rückwärtsgewandten Machtinteresse und des immer stärker werdenden Bewußtseins der Reformnotwendigkeit.

Wissenschaftler der Akademien und Universitäten Moskaus, der Institute der Partei, Künstler und Dissidenten hatten in der Atmosphäre von Glasnost und Perestrojka zaghaft begonnen, sich auf gemeinsame Schritte in beiden unterschiedlichen Reformstrategien zu verständigen. Im „Perestrojka-Club" oder in der „Demokratischen Plattform" trafen sich die aufbrechenden neuen Eliten von Intellektuellen mit Reformkommunisten und Liberalen, mit Sozialdemokraten und Jungkonservativen. Jurij Afanasjew und Jewgenij Jewtuschenko, Marina Sylvanskaya-Pawlowa und Oleg Rumanzew, Grigorij Jawlinski und Galina Starowoitowa diskutierten die Übergänge zur Demokratie. Früh schon zeigte sich in den Debatten die kaum zu überbrückende kulturelle Kluft zwischen der Sowjetunion und dem übrigen Osteuropa. Die Sowjetunion hatte jegliche Traditionslinie zu einem anderen Modell der Demokratie zerstört. Anders als in der CSSR oder Ungarn, in Polen oder der DDR konnte in Moskau wenig geknüpft werden, was an eine demokratische Kultur erinnerte. Selbst die schwächsten Rudimente sozialdemokratischer Orientierungen waren ausgelöscht worden.

Umso mehr überraschte es, daß eine Assoziation der Sozialdemokratie sich in der Sowjetunion noch im Frühjahr 1989 gründen konnte. Im Gründungsfieber der Gruppen und Parteien, manche zielsicher geführt vom KGB, spiegelten sich neben Verantwortungsbewußtsein auch Eitelkeit, neben der Absicht auf fundamentalen Wandel auch Karrieresucht. Neben vielen Scheinblüten und dem ständigen Lauf vieler Einzelner von der einen Spaltung zur anderen konnten einige Projekte nur schwache Wurzeln schlagen.

Die sieben Jahrzehnte der kommunistischen Diktatur hatten eine gesellschaftliche Wüste hinterlassen. Michail Gorbatschows historische Leistung war es, zunächst ungewollt, einen Prozeß anzustoßen, der schließlich die KPdSU und mit ihr die Sowjet-Union unter sich begrub. Als er erkannte, die Konstruktion der Macht müsse durchbrochen werden, um die Idee des Sozialismus zu bewahren, stürzten Partei und Superstaat in sich zusammen.

Drei Impulse hatte Gorbatschow aus der politischen Umwelt aufgenommen:

a) das Verlangen der Dissidenz im Innern der Sowjet-Union nach Demokratisierung, nach regionaler Autonomie der Nationen und nach Anerkennung der Koexistenzthese Andrej Sacharows im atomaren Zeitalter;
b) den Erfolg der Dissidenz besonders in Polen und ihr Versuch, am Runden Tisch die Probleme ihres Landes auf dem Weg der „selbstbegrenzten Revolution" mit der kommunistischen Partei anzugehen;
c) das Drängen des Westens auf Abrüstung, verbunden mit der Drohung, die Rüstungsspirale schärfer anzuziehen und das ständige Mahnen darauf, die Menschenrechte seien einzuhalten.

Entscheidend für den Politikwechsel in der Sowjetunion war, daß Michail Gorbatschow begonnen hatte, auf Impulse mit der Bereitschaft zur Veränderung zu reagieren. Die Schlüsselrolle konnte er übernehmen, weil die Führung der Gerontokraten, vorbereitet von Andropow, Gorbatschows neuem Führungsstil zutraute, das Imperium technokratisch zu modernisieren, ohne die Machtstrukturen der Parteibürokratie anzutasten. Im Verlauf des Modernisierungsprozesses zeigte sich jedoch immer deutlicher, daß die Modernisierung nicht vorangetrieben werden konnte, ohne die Machtstrukturen von Grund auf zu erneuern. Der militärisch-industrielle Komplex verschlang einen immer größer werdenden Anteil gesellschaftlicher Ressourcen. Die Selbst-Militarisierung der Sowjetunion im Innern und die militärischen Interventionen, zuletzt der Krieg in Afghanistan, lähmten den nicht länger aufschiebbaren Kurswechsel.

Als Gorbatschow bereit war, ihn zu vollziehen, war es jedoch zu spät, die Sowjetunion noch zu retten. Seine unschätzbare historische Leistung war es, den Prozeß des notwendigen Zerfalls beherrschbar zu halten, und die Konfliktpotentiale, die die Welt hätten vernichten können, zu bändigen. Die Chance des chaotischen Entgleitens war, rückwärts betrachtet, größer, als der Lauf der Ereignisse es erahnen läßt. Zwar war die Nomenklatur gelähmt und blickte, je länger die Strategiekonzepte von Glasnost und Perestrojka wirkten, mit wachsender Wut auf die Reformergruppe. Die Gegner des Systemwandels glaubten, Gorbatschow am Ende doch noch isolieren oder ihn mit einem Putsch beseitigen zu können. Beides mißlang, obwohl Gorbatschow es versäumt hatte, den Erneuerungsprozeß von oben zu verbinden mit den entsprechenden Gruppen und Initiativen aus der Mitte der Gesellschaft.

Gleichwohl waren letztere es, die den Putschversuch im Sommer 1991 abwehrten. Ihr innerer Spannungsbogen reichte von national orientierten Autonomisten über neue Gewerkschaftsbewegungen und Unternehmerverbände bis hin zum frisch gewählten Präsidenten der Russischen Föderation und zu Radikalreformern. Sie fanden sich spontan zusammen, um den Angriff des Ancien Régimes zurückzuschlagen. Die gewonnene Freiheit wollte man der kommunistischen Diktatur nicht mehr opfern.

Das Leben und die Leistung Michail Gorbatschows wurde von denen geschützt, die er zuvor als seine Gegenspieler versucht hatte, von der Macht fernzuhalten. Die Tragödie des „Helden des Rückzuges“ war es, die vorerst letzte Etappe seines Kampfes nicht mitzugestalten. Trotz seiner begrenzten Strategiekonzepte hat er es vermocht, einen unerhörten Strukturwandel der Öffentlichkeit in der Sowjetunion eingeleitet zu haben. Trotz der sich ständig beschleunigenden Geschwindigkeit dieses säkulären Prozesses hat er ihn moderieren helfen, ohne daß es zu gewalttätigen Exzessen größeren Ausmaßes kam. Gelingen konnte dies auch, weil die Umwelt der Sowjetunion wenig als Zerrbild stilisiert werden konnte, vor dem das Imperium seinen Bestand hätte sichern müssen.

Entspannungspolitik als Prozeß der äußeren und inneren Zivilisierung

Die Politik der Entspannung und Verständigung war in den sechziger Jahren konzipiert worden, weil die Politik des „roll back“ und des Containment an ihre endgültigen Grenzen gestoßen waren. Als der Bau der Mauer in Berlin die in Jalta verabredete Aufteilung der Machtsphären in Europa einbetonierte, waren alle Illusionen der Wiedervereinigungsrhetorik des kalten Krieges verflogen. Von diesem konzeptionellen Ende konnte sich die konservative westeuropäische Denktradition nicht mehr erholen. Innenpolitisch bekämpfte sie erbittert den nötigen Paradigmenwechsel, setzte ihn jedoch ohne kritische Selbstreflexion fort, als sie in den achtziger Jahren die Regierung wieder übernehmen konnte. Zuvor jedoch hatte die Sozialdemokratie – in Zusammenarbeit mit US-amerikanischen Präsidenten und den westeuropäischen Partnern – couragiert die neue Ostpolitik entwickelt und sie in der Gesellschaft durchgesetzt. Sie zog die Konsequenz aus der einlinigen „Politik der Stärke", die darauf zielte, das sowjetische Imperium mit immer schnelleren Aufrüstungsschritten materiell zur Aufgabe zu zwingen. Zwar hielt der Westen fest daran, sich in jedem Falle hinreichend verteidigen zu können. Er erweiterte jedoch sein Konzept der militärischen Sicherheit mit dem Angebot, auf dem Verhandlungsweg die Aufrüstung zu kontrollieren, in Teilsektoren auch den militärischen Aufwuchs zu begrenzen und darüber hinaus gemeinsame Abrüstungsschritte zu gehen. Ergänzt wurde dieser Prozeß der Komplexitätsausweitung, der der Politik graduell immer größere Handlungskompetenz verschaffte, durch eine immer diffenzierter sich ausdehnende Konzeption von internationaler Politik, die die klassische Rolle von nationaler Außenpolitik verließ und, je länger je mehr, auch gesellschaftsverändernde Aspekte einbezog.

Zusammengefaßt wurden die unterschiedlichen Politikansätze in der Schlußakte von Helsinki, die von allen europäischen Staaten unterschrieben sowie zusätzlich von den USA und Canada garantiert wurden. Die Schlußakte vereinigte in sich, betrachtete man sie isoliert, einander entgegenstehende Grundelemente. Der gouvernementale Status quo der von der Nachkriegsordnung geschaffenen europäischen Staaten wurde ebenso formal anerkannt, wie die den gesellschaftlichen Status quo verändernde Anerkennung der universalen Geltung der Menschenrechte. Der europäische Westen handelte dem europäischen Osten die Zustimmung zu den unveräußerlichen Rechten auf individuelle Freiheiten ab. Umgekehrt akzeptierte der europäische Westen die sowjetische Vorherrschaft in ihrem Teil Europas und bestätigte offiziell den etatistischen Charakter der aus dem Sowjetmodell abgeleiteten kommunistischen Diktaturen.

Der Westen setzte vertraglich von außen durch, wozu der Osten durch souveränen Akt im Innern nie bereit gewesen wäre. Nachdem Moskau den Prager Frühling gewaltsam niedergeschlagen hatte, fühlte es sich, auf seinen Panzern sitzend, stark genug, eine formale Anerkennung der Menschenrechte hinzunehmen. War doch die Hoheitsgewalt in der Diktatur verblieben, wie auch zunächst noch die nationale Definitionsgewalt, welche der Menschenrechte in welcher Priorität zu realisieren seien.

Leonid Breschnew jedenfalls fühlte sich auf dem Zenit seiner Macht und die „Normalisierung“ in den kommunistischen Diktaturen schienen taktische Spielräume zu eröffnen. In Aussicht gestellte Zufuhr von westlicher Hilfe machte es den kommunistischen Führungen leichter, sich auf das Wagnis der Entspannungspolitik einzulassen. Die Möglichkeit der Abgrenzung konnte zu jedem Zeitpunkt genutzt oder die Entspannungspolitik durch einseitige Abrüstungsschritte gestört werden.

Die entscheidende Schwäche der Staaten des Sowjetmodells schien durch die Entspannungspolitik verhüllt zu werden: die Legitimation, die ihnen fehlte, weil sie von ihrer eigenen Bevölkerung demokratisch nicht getragen waren – so glaubten die Diktatoren – könne nunmehr im Lauf der Entspannungspolitik von außen übertragen werden, ohne daß sie die Diktaturen hätten wirklich verändern müssen. Diese Spekulation ging nicht auf. Nachdem die Entspannungspolitik neue Rahmenbedingungen gesetzt hatte, war die erste Bresche in die Diktatur geschlagen.

Die Politik der Verständigung konnte ihre systemverändernde Kraft intra muros entfalten. Indem sie den äußeren Status quo von Staaten befestigte, machte dies die Parteiführungen offener, die durch begrenzte Stabilität gewonnene äußere Sicherheit nach innen weiterzugeben. Die zivilisierende Wirkung der Politik der Verträge baute äußere Feindbilder ab und lockerte die inneren Obsessionen auf. In Verhandlungen mit dem Westen hatten die Diktatoren lernen können, daß die Formalisierung von Politik und ihre Überprüfbarkeit in Teilschritten Erfolge zeitigt. Die Differenzierung der Beziehungen nach außen zog auch die Bereitschaft nach sich, Spielräume dispositiven Verhaltens im Innern anzustreben.

Keineswegs sollten dabei die Kernbereiche der Macht in Frage gestellt werden. Im Gegenteil sollte sie immer effizienter militarisiert werden, damit in marginalen Teilsektoren der Gesellschaft, von der Diktatur scharf kontrollierte Ränder vorsichtig geöffnet werden. Dort sollten Produktivitätsgewinne erzielt werden, die der Stabilität der Gesamtgesellschaft und damit auch der Nomenklatur zugute kommen sollten. Aber der Wille zur Freiheit kann nicht einzementiert werden. Hat er die Menschen erfaßt, bricht er sich Bahn.

Hatte die Entspannungspolitik zunächst die äußere Zivilisierung der Diktaturen gefördert und ihre Verhaltensweisen gegenüber der Dissidenz begonnen zu zersetzen, mindestens aber den monolithischen Charakter der Nomenklaturen in Fraktionierung aufgebrochen, setzte ihr systemsprengender Anteil seine Arbeit von unten fort. Die der Politik der Verständigung innewohnenden Ambivalenzen hatten die Diktaturen zwar formal bestärkt, aber ihrem Widerpart, der Dissidenz, Handlungsalternativen geboten. Zunächst wurden sie genutzt in der Form von Appellen an die eigene Öffentlichkeit, an den eigenen Staat und an die internationale Öffentlichkeit, die eingegangenen Pflichten seien einzuhalten. Vom defensiven Verteidigen der Menschenrechte zum offensiven Umgestalten der gesellschaftlichen Bedingungen war es zwar ein Schritt, der Mut erforderte.

Aber er lag in der Logik des Prozesses, den die Entspannungspolitik eingeleitet hatte. Allerdings war es für die Entspannungspolitiker des Westens schwer, sich offen zur systemsprengenden Wirkung der Prozeßlogik zu bekennen. Zu Recht wird behauptet, daß Träger der Entspannungspolitik im Westen zu wenig das Anwachsen autonom handelnder Gruppen erkannt und ihre Leistung für den inneren Systemwandel für zu gering beachtet haben. In der Tat war im letzten Jahrzehnt vor den friedlichen Revolutionen im europäischen Osten die Selbst-Zivilisierung der Gesellschaften schon weit vorangeschritten. Von unten machte sich eine Emanzipationsbewegung auf, die begann, die Demokratie schon in der Diktatur vorwegzunehmen.

Von der Entwicklungslogik der Ambivalenzen der Entspannungspolitik war sie ermutigt, oftmals fühlte sie sich von den handelnden Entspannungspolitikern jedoch mißverstanden, wenn nicht brüskiert.

Inwieweit die Entspannungspolitik in jener Phase sich in ihren Handlungsoptionen hätte ausdifferenzieren müssen, bleibt zu erforschen. Das gilt auch für die Frage, ob nicht die kommunistischen Diktaturen ein solches Kenntlichmachen der Entspannungspolitik sie veranlaßt hätte, den Pfad der äußeren Zivilisierung zu verlassen. „Chinesische Lösungen" sind jedenfalls in manchen kommunistischen Diktaturen Osteuropas erörtert und verworfen worden. Unbestritten jedoch bleibt die Leistung der Entspannungspolitik. Sie hat die Diktatoren gezähmt, ihre innere Differenzierung verstärkt und die Selbst-Zivilisierung der Gesellschaften von unten gegen die Selbstmilitarisierung der Staaten von oben ins Spiel gebracht.

Entspannungspolitik – die Stärke der SPD war zugleich ihre Schwäche

Die deutsche Sozialdemokratie hat der Entspannungspolitik ihren Namen gegeben, ihre wesentlichen Module entwickelt und sie in die politische Praxis eingeführt. Den Anfang hat die SPD bestimmt, als die CDU von den Konsequenzen der vorhergegangen Politik innerlich aufgezehrt worden war. Die Adenauersche Politik der Bewegungslosigkeit gegenüber der Mitte und dem Osten Europas ließ sie starr in Gegnerschaft nach Moskau blicken. Der richtigen Erkenntnis, der Schlüssel zur Veränderung in Europa läge im Kreml, folgte kein kreatives Neudenken der politischen Möglichkeiten, sondern das starrsinnige Wiederholen gestanzter Formeln. Weil das Bedürfnis nach Sicherheit der Polen, wie aller Staaten im europäischen Osten, um ihre nationalen Interssen herum mit Moskau direkt organisiert werden sollte, machte sich Bonn zur Geisel der Staaten des Warschauer Pakts. Aus dieser Falle konnte sich die CDU erste befreien, nachdem sie im wesentlichen bruchlos die sozialdemokratisch konzipierte Entspannungspolitik übernommen hatte.

Bis 1982 war die Entspannungspolitik vorwiegend eine Angelegenheit des Staates. Er hatte Verträge ausgehandelt und sie völkerrechtlich abgesichert und parlamentarisch ratifiziert. Die Mehrheit der Gesellschaft hatte sich mit dem entscheidenden Ziel der Entspannungspolitik identifiziert und den Angriff der Konservativen abgewehrt, sie verfolge einen „Ausverkauf der nationalen Interessen“ oder verrate gar den Willen zur Einheit aller Deutschen. Der Frieden als leitendes Ziel jeder Politik im Innern wie nach außen war zum Signum sozialdemokratischer Reform geworden. Dieses Ziel wurde als neuer Konsenz in der Gesellschaft verankert.

Im Westen wurde die Dialektik zwischen dem inneren und äußeren Frieden fruchtbar genutzt, wie konfliktreich sie auch immer war. Im Osten versuchten die Diktaturen, diesen unauflöslichen Zusammenhang aufzuspalten. Das konnte nicht gelingen.

So verstrickten sich die Diktaturen in den Fesseln, die sie mit ihrer Zustimmung politisch selbst geschaffen hatten. Die von ihnen unterschriebenen Verträge engten ihre eigenen Handlungsspielräume ein und öffneten sie begrenzt für Dissidenz, für widerständiges Verhalten und oppositionelles Handeln.

Die gouvernementalen Ebenen in den westeuropäischen Staaten begrenzten ihre Handlungsoptionen komplementär. Wenn auch die neu entstandenen Partei ‚Die Grünen‘ diesem politischen Paradigmenwechsel der „Entspannung von unten“ noch am nächsten standen, waren auch sie ein Produkt der unausgetragenen Ambivalenzen sozialdemokratischer Entspannungspolitik, so hat sich doch die Mehrheit ihrer Fraktion im Deutschen Bundestag, wenn auch knapp, für gouvernementales Verhalten entschieden. Die CDU hatte sich in den 80er Jahren fast völlig auf die etatistische Sichtweise zurückgezogen.

Im Spätherbst 1987 hatte die Bundestagsfraktion der SPD begonnen, auf den inneren Wachstumsprozeß der Dissidenz in der DDR zu antworten. Unter der Leitung von Jürgen Schmude wurde eine Arbeitsgruppe beschlossen, an der Horst Sielaff und Gert Weisskirchen beteiligt waren. Sie sollte Kontakte zu dem Kreis um den Ostberliner Pfarrer Rainer Eppelmann aufbauen. Themen sollten gemeinsam erörtert werden, die innerhalb der DDR kontrovers gegen die SED-Diktatur gerichtet waren. Dreimal traf man sich zu Debatten, bis die Ereignisse des Jahres 1989 in die friedliche Revolution mündeten.

Trotz dieses Beginns, das gouvernementale Verhalten der SPD zu differenzieren und dem Wachstum der Dissidenz allmählich anzupassen, ist häufig kritisch angemerkt worden, daß die deutsche Sozialdemokratie zu spät und zu wenig intensiv auf die innere Entwicklung im Osten Europas geantwortet habe. Vielleicht hatte der gouvernementale Blick die Sicht auf die gesellschaftliche Wirklichkeit verstellt. Zu Solidarnosc, zu Charta 77 und weiteren gesellschaftlichen Gruppen und Initiativen, die sich von Innen auf den Helsinki Prozeß berufen hatten, hat es in der Tat keine abgestimmte Strategie der SPD gegeben. Eher haben Einzelpersonen, wie Hans Koschnick und Freimut Duve dazu beigetragen, Kontakte zwischen dissidenten Gruppen und der deutschen Sozialdemokratie zu knüpfen.

Auch waren die neuen sozialdemokratischen Parteien in Osteuropa zunächst ohne den direkten Bezug zur SPD gegründet worden. Mit reservierter Skepsis beobachtete der Westen den Weg der Dissidenz zur Opposition. Die Sorge herrschte vor, der sich beschleunigende Prozeß des fundamentalen Wandels sei nicht länger friedlich steuerbar und die Diktatoren suchten noch eine militärische Lösung bevor sie in der Demokratie untergehen könnten. So konnten die neuen Oppositionsparteien für sich völlige Unabhängigkeit beanspruchen, wenn sie auch in jener Frühphase stärkere Förderung durch die SPD erwartet hatten. Die SPD hatte, geprägt von ihrer gouvernementalen Erfahrung, mehrheitlich die Repräsentanten des Reformkommunismus in den staatlichen Institutionen als Partner des Dialogs bevorzugt. Vielleicht erinnerte die Dissidenz sie auch stärker an die neuen sozialen Bewegungen in der Bundesrepublik. Hatte doch ihr Aufkommen mit zum Verlust der Regierungsbeteiligung beigetragen.

Und doch: auch ein kritisches Betrachten dieser Schwäche sozialdemokratischer Entspannungspolitik darf nicht dazu verleiten, das Gesamtbild ihrer Wirkungen aus den Augen zu verlieren. Die Selbst-Militarisierung hatte die Diktaturen blind gemacht. Selbstherrlich, wie sie sich fühlte, glaubte sie, den Preis für die Entspannungpolitik bezahlen zu können – sie mußte die Menschenrechte anerkennen. Damit war die Frage nach der Legitimität der Macht gestellt. Keine Diktatur kann ihr ausweichen. Sie trifft ihren innersten Kern. Finden Menschen den Mut, sich gegen Unrecht aufzulehnen, für Demokratie und Menschenrechte einzutreten, dann ist die Diktatur verloren. Hierin liegt die Verantwortung für die Politik, wie die Demokratie der Diktatur begegnen soll. Die Demokratie darf nicht versäumen, alles zu tun, damit Menschen in der Diktatur sich ihre Freiheit selbst aneignen können. Die Politik der Entspannung hat versucht, die Diktatur von oben zu zivilisieren. Sie hat dazu beigetragen, die Aufbrüche von unten zu ermutigen. Ausgegangen waren diese beiden Prozesse von weit entfernten Punkten, dem Staat des Ancien regimes und der zivilen solidarischen Gesellschaft. Sie haben, einander ergänzend, Kreativität ausgelöst, alte Strukturen von Herrschaft zu beseitigen und einen neuen Anfang zu machen. Polen fand den angemessenen Weg der Verständigung, der gesellschaftlichen Transformation zur Demokratie. Alle anderen osteuropäischen Staaten knüpften daran an. Originäre autonome sozialdemokratische Parteien waren an diesem Prozeß beteiligt. Sie haben daran mitgewirkt, das Menschliche zu rekonstruieren, indem der Einzelne allein oder auch gemeinsam mit anderen handelte. Jeder mußte für sich selbst sich zwischen Tod und Leben entscheiden. Niemand konnte Garantien geben.

Freiheit kann, unter Bedingungen der Diktatur, oft erst konstituiert werden, wenn Menschen in der Entscheidung nicht nach Grenzen fragen, sondern sie überspringen. Ohne den Mut, wenn es sein muß, Grenzen auch zu durchbrechen, kann Freiheit nicht gelebt werden. Sozialdemokraten in West und Ost haben dazu beigetragen, daß der Constitutio Libertatis mit den friedlichen Revolutionen im europäischen Osten seine Chance hatte.

Volker Neumann

Ein Ende mit Schrecken

Über den Untersuchungsausschuß „Kommerzielle Koordinierung" des Deutschen Bundestages

„Ein Ende mit Schrecken ist besser als ein Schrecken ohne Ende" – so lautete für viele das Motto bei der Aufarbeitung der jüngsten deutsch-deutschen Geschichte: Es wurde vorgeschlagen, die Stasi-Akten zu vernichten, obwohl ohne sie in vielen Fällen kein Nachweis von Straftaten möglich ist; es wurden Ermittlungsverfahren aus dem Koko-Umfeld eingestellt, die in den alten Bundesländern in Anklagen münden würden. Gründe dafür sind sicherlich Überlastung bzw. mangelnde Ausstattung der Staatsanwaltschaften (wie z.B. der beim Kammergericht Berlin und ihrer AG Regierungskriminalität, von deren Vertreter obiges Motto formuliert wurde) und systembedingte Organisationsmängel. Der ausschlaggebende Grund ist jedoch: der Wille, das Unrecht von damals heute noch zu ahnden, läßt nach.

Wir haben dies im Untersuchungsausschuß „Kommerzielle Koordinierung" des Deutschen Bundestages immer wieder feststellen müssen, als die Arbeit des Ausschusses von mehreren Seiten nicht unterstützt oder sogar behindert wurde. Die folgende Schilderung gibt einen Überblick über die Struktur der Koko, über Sachverhälte, die der Ausschuß aufgeklärt hat und vor allem über die, die er nicht aufgeklärt hat.

Der Bereich Kommerzielle Koordinierung

Der Bereich Kommerzielle Koordinierung wurde zunächst als Teil des Außenhandelsministeriums der DDR gegründet. Sein Leiter war von Anfang an Alexander Schalck-Golodkowski. Von ihm ging auch die Initiative zu seiner Gründung aus, wie in einem Brief vom 29. Dezember 1965 an das Mitglied im Politbüro der SED, Hermann Matern, dokumentiert ist. Schalck machte in diesem Brief Vorschläge zur Verbesserung der Möglichkeiten der Devisenwirtschaftung, wobei er eine engere Zusammenarbeit mit dem MfS forderte. Wörtlich heißt es, daß die Arbeit erfolgversprechend wäre, „wenn eine enge Zusammenarbeit und Hilfe durch den zuständigen Bereich im MfS erfolgen würde". Und weiter: „Diese Hilfe und Unterstützung ist deshalb notwendig, weil eine Reihe von Operationen, wie illegaler Warentransport, Versicherungsbetrug u.a. streng geheimzuhaltende Maßnahmen nur einem außerordentlich kleinen Kreis – nicht mehr als zwei bis drei Mitarbeitern – bekannt sein dürfen und von ihnen durchgeführt werden sollten." Sowohl die konspirative Organisation des Bereichs als auch die Möglichkeit krimineller Handlungen war dadurch vorgezeichnet.

Diese Grundidee, die letztlich zur Gründung des Bereichs Kommerzielle Koordinierung führte, wurde nach Schalcks Aussage im Kreis des stellvertretenden Leiters der Hauptverwaltung Aufklärung (HVA) des MfS, Hans Fruck, des ZK-Sekretärs Günter Mittag und des MfS-Oberstleutnant Heinz Volpert geboren. Offiziell wurde der Bereich durch Verfügung des Ministerrates der DDR vom 1.4.1966 gegründet und entwickelte sich zu einem Wirtschaftsimperium mit nahezu 200 Firmen im westlichen Ausland und in der DDR.

In seiner Dissertation vom Mai 1970 entwickelte Schalck nach seinen ersten Erfahrungen die Grundstrukturen des Bereichs Kommerzielle Koordinierung, wie sie später weitgehend umgesetzt wurden. Diese Arbeit schrieb er, der inzwischen selbst OiBE (Offizier im besonderen Einsatz) des MfS war, zusammen mit Heinz Volpert. „Doktorvater" war der Minister für Staatssicherheit Erich Mielke.

Mit Erich Honecker fand in der DDR-Wirtschaftspolitik Anfang der siebziger Jahre eine Neuorientierung statt, die eine Modernisierung der Wirtschaft durch den Import von westlicher Technologie vorsah. Allerdings wuchs der Kreditbedarf und damit auch der Devisenbedarf, was insbesondere während der Verschuldungskrise der DDR Anfang und Ende der achtziger Jahre den Außenhandel zu einem der wichtigsten Wirtschaftsbereiche der DDR werden ließ. Kurz gefaßt kann gesagt werden: dem Bereich Kommerzielle Koordinierung und seinem Leiter war nahezu alles erlaubt, was Devisen brachte. Für diese Tätigkeit bekam er jede staatliche Unterstützung und genoß eine für DDR-Bürger ungewöhnliche Freiheit.

War der Bereich schon ein „Kind des MfS", so blieb die Verzahnung mit der Staatssicherheit bis zu seinem Ende bestehen. Das MfS war von Anfang an ein „unverzichtbares Herrschaftsinstrument" der Parteiführung der SED. Mit zuletzt etwa 100.000 hauptamtlichen und wahrscheinlich 200.000 inoffiziellen Mitarbeitern (IM) hatte das MfS auch den Bereich von Schalck eng an sich gebunden. Allein im Bereich Koko – ohne die Firmen – waren zwischen 16 und 19 Offiziere im besonderen Einsatz tätig. Die genaue Zahl der IM's bei den über 2.000 Mitarbeitern des gesamten Bereichs ist nicht bekannt. Da von den Akten der für den Bereich „Sicherung der Volkswirtschaft" zuständigen Hauptabteilung XVII des MfS noch nicht alle durch den Bundesbeauftragten gesichtet und sie auch teilweise vernichtet worden sind, kann zur Zeit nur erahnt werden, welche Einflüsse vom MfS auf den Bereich Koko ausgeübt wurden. Schalck hat nach Zeugenaussagen nahezu täglich mit MfS-Chef Minister Mielke über eine Sonderleistung telefoniert. Hier bestand also ein engster Kontakt, wenngleich Schalck formell dem Sekretär im ZK der SED für Wirtschaftsfragen, Günter Mittag, unterstand. Gerade die letzte Tatsache wird von ihm ständig betont.

Nachgewiesen ist auch, daß bereits 1965 das Konzept des MfS vorsah, die Außenhandelsbeziehungen „systematisch und konsequent" für nachrichtendienstliche Tätigkeiten zu erschließen. Inwieweit der Bereich und seine Firmen wirklich für die HVA operativ tätig waren, konnte der Untersuchungsausschuß (noch) nicht vollständig aufklären, da der Aktenbestand der HVA weitgehend vernichtet oder verschwunden ist und die vernommenen Zeugen sich wegen der zur Zeit anhängigen strafrechtlichen Ermittlungsverfahren weitgehend auf ihr Aussagenverweigerungsrecht berufen haben. Fest steht jedoch, daß die sogenannten „MfS-Firmen" F.C. Gerlach, Forgber Industrievertretungen und Simon Industrievertretungen zunächst der Anleitung durch den stellvertretenden Leiter der HVA Hans Fruck unterstanden, bevor sie in den Bereich Koko der Hauptabteilung I unter Manfred Seidel eingeordnet wurden. Manfred Seidel war ebenso OiBE wie Alexander Schalck-Golodkowski.

Der Bereich Koko wurde durch das MfS unterstützt, unterlag aber auch dessen Überwachung. Dieser Tatsache verdankt der Untersuchungsausschuß die wesentlichen Erkenntnisse.

Zunächst hat die Hauptabteilung XVIII und später daneben die 1983 gegründete Arbeitsgruppe Bereich Kommerzielle Koordinierung (AG BKK) des MfS die Überwachung übernommen. Da es naturgemäß keine klare Trennung zwischen Abwehr- und Aufklärungsarbeit in Nachrichtendiensten gibt, wurden auch bei den MfS-Einheiten beide Aufgabenfelder wahrgenommen. Die Hauptabteilung (HA) XVIII hatte aber 600 Mitarbeiter in der Zentrale und 1.000 in den Außenstellen. Bei der AG BKK arbeiteten zuletzt knapp 100 hauptamtliche Mitarbeiter. Die MfS-Dokumente der AG BKK sind weitgehend erschlossen, während die der HA XVIII dem Ausschuß nur zu einem kleineren Teil vorlagen.

Insbesondere aber geben die Dokumente der Abteilung 8 der HA XVIII, die sich mit Elektrotechnik und Elektronik befassen, Aufschluß über die engen Wirtschaftsbeziehungen westlicher Hightech-Unternehmen mit der DDR. Sie sind zudem auch ein Dokument des weiten Entwicklungsrückstandes der DDR auf diesem Gebiet.

Die AG BKK des MfS hatte etwa 2.060 Mitarbeiter bei Koko zu „sichern". Es entstanden im Zusammenhang mit ihrer Tätigkeit nahezu 700 Personen- und 350 Firmendossiers. Die AG BKK führte – soweit bekannt – etwa 180 inoffiziellen Quellen im Bereich Koko, die auch teilweise in Absprache mit der HVA im Ausland eingesetzt wurden. Dieses ergab eindeutig der Mielke-Befehl 14/83, wonach durch das MfS eine „Nutzung der Möglichkeiten des Bereichs für die Lösung politisch-operativer Aufgaben der HVA" vorgesehen war. Auch ein streng geheimer Bericht über „spezielle Auslandsverbindungen" von 1985, der vom Bereich Koko erstellt wurde, macht die operativen Aufgaben des Bereichs deutlich. In diesem Bericht wurden eine Reihe von Personen im westlichen Ausland aufgeführt, durch die „unter Wahrung der Konspiration" Aufträge zur Aufklärung „kapitalistischer Behörden, Einrichtungen, Konzernen und Firmen" durchgeführt werden sollten. Die AG BKK unterhielt eine Reihe konspirativer Wohnungen (KW), in denen die Inoffiziellen Mitarbeiter ihren Führungsoffizieren die Berichte abgaben.

Die dem Untersuchungsausschuß vorliegenden Unterlagen des MfS waren in keinem Fall gefälscht. Die Echtheit der Dokumente konnte in vielen Fällen durch Zeugenaussagen oder andere Dokumente nachgewiesen werden.

Auch der Wahrheitsgehalt des Inhalts gab nur in Ausnahmefällen zu Zweifeln Anlaß. Dennoch wurde von einigen Zeugen in Abrede gestellt, Berichte des Inhalts abgegeben zu haben, wie er in den MfS Unterlagen dokumentiert sind. Die Berichte der Inoffiziellen Mitarbeiter wurden weitgehend unter Decknamen abgegeben. Nicht alle, aber der größte Teil der Decknamen konnte Klarnamen von Mitarbeitern im Bereich Koko zugeordnet werden. Auffallend war bei Zeugenvernehmungen, daß viele inoffizielle Mitarbeiter des MfS erst dann ihre Tätigkeit für die Staatssicherheit zugestanden, wenn ihnen ihre – meist handschriftliche – Verpflichtungserklärung vorgelegt wurde.

Der Untersuchungsausschuß „Kommerzielle Koordinierung“

Die Einsetzung des Untersuchungsausschusses „Kommerzielle Koordinierung“ (Koko) wurde am 6. Juni 1991 vom Deutschen Bundestag auf Antrag der SPD beschlossen. Nach 180 Sitzungen, der Vernehmung von nahezu 200 Zeugen und der Sichtung von über 1,5 Mio Blatt Aktenmaterial hat sich bei einigen der elf Mitglieder des Ausschusses ebenso wie in Teilen der Öffentlichkeit das Interesse an der Wahrheitsfindung durch Sachverhaltsklärung verflüchtigt.

Die Fluktuation der Ausschußmitglieder war beachtlich. Nur die vier Mitglieder und ihre Stellvertreter der SPD-Fraktion und das Mitglied der Gruppe Bündnis 90/Die Grünen sind von Beginn an im Ausschuß verblieben, während bei der CDU/CSU und der FDP ein ständiger Wechsel der Ausschußmitgliedschaft eine kontinuierliche Arbeit erschwert hat. Die Vertreter der PDS hatten schon frühzeitig ihre Arbeit im Ausschuß weitgehend eingestellt. Schon daran ist der Stellenwert bei den Fraktionen des Bundestages an der Aufarbeitung der DDR-Vergangenheit ablesbar.

Das Interesse der Medien ist – wenn auch in geringerem Umfang – geblieben. Ohne die Recherchen von Journalisten wären einige Sachverhalte nicht aufgeklärt worden.

Die Fülle der Akten machte es notwendig, bei der Arbeit des Untersuchungsausschusses neue Wege zu gehen. Der Ausschuß beschloß bereits im September 1991, alle Dokumente auf optische Platten (WORM) zu speichern und in einem Datenverarbeitungssystem die Komponenten miteinander zu vernetzen: ein Archivsystem, ein Erschließungssystem, ein Datenbanksystem, ein Recherchesystem, ein Druck- und ein Scannersystem. Bei allen Anlaufschwierigkeiten hat sich das schließlich gefundene Datenverarbeitungssystem bewährt, wenn auch noch nicht alle Akten gespeichert sind.

Hinderlich bei der Ausschußarbeit war lediglich die geringe Zahl von Bildschirmarbeitsplätzen. Nicht alle Mitglieder des Ausschusses hatten unmittelbaren Zugriff auf die Dokumente, so daß die notwendigen Recherchen in den großen Fraktionen durch Mitarbeiter der Arbeitsgruppen erfolgen mußten.

Etwa 1 Mio Dokumente und 17.000 Seiten Ausschußprotokolle sind bis zum Frühjahr 1994 in das Datenverarbeitungssystem aufgenommen und ewa 500.000 davon verschlagwortet und ausgewertet worden.

Die auf Grund der Beweisbeschlüsse durch den Ausschuß beigezogenen Dokumente stammen von den Bundesministerien, dem Bundesverfassungsgericht, dem Bundesgerichtshof, von Bundesbehörden wie dem Bundesnachrichtendienst, dem Bundesamt für Verfassungsschutz, dem Bundeskriminalamt, sie kamen von der Unabhängigen Kommission zur Überprüfung des Vermögens der Parteien und Massenorganisationen, dem Bundesbeauftragten für die Unterlagen des Staatssicherheitsdienstes, der Treuhandanstalt sowie von Landesregierungen, Staatsanwaltschaften, Kirchen, Banken, Medien und Privatpersonen.

Beiziehung der Akten

Nicht in jedem Fall war die Beiziehung der Akten unproblematisch. Die Bundesregierung hat ihr Aktenmaterial nur sehr zögerlich angeliefert. Der Bundesnachrichtendienst hat die Arbeit wenig unterstützt und auch der Bundesbeauftragte für die Unterlagen des Staatssicherheitsdienstes der ehemaligen DDR machte anfangs erhebliche Schwierigkeiten.

Die Materialien des Staatssicherheitsdienstes waren für die Ausschußarbeit wegen der engen Verzahnung des Bereichs Kommerzielle Koordinierung mit dem MfS von herausragender Bedeutung. Jedoch verweigerte der Bundesbeauftragte bereits vor Inkrafttreten des Gesetzes über die Unterlagen des Staatssicherheitsdienstes der ehemaligen DDR vom 20.12.1991 (StUG) die Herausgabe der Akten zu dem Teilkomplex „Waffenproduktion“ der DDR gänzlich.

Das Bundesinnenministerium unterstütze dessen Haltung unter Hinweis auf den Einigungsvertrag, weil dort die Nutzungszwecke der Akten abschließend geregelt seien. Der Ausschuß widersprach dieser Rechtsauffassung unter Hinweis auf Art. 44 Abs. 2 S. 1 Grundgesetz iVm § 95 StPO. Da die Unterlagen nach dem Einigungsvertrag zur Verfolgung von Straftaten beigezogen werden können, müßte diese – da die Regeln der Strafprozeßordnung auch für Untersuchungsausschüsse Anwendung finden – auch ihnen zur Verfügung gestellt werden.

Der Bundesbeauftragte verweigerte darüber hinaus sogar die Zustimmung zur Beiziehung der MfS-Dokumente, soweit sie sich bereits in den Akten der Staatsanwaltschaften wegen der Ermittlungsverfahren gegen Koko-Mitarbeiter befanden.

Der Untersuuchungsausschuß hat wegen der Ende 1991 unmittelbar bevorstehenden gesetzlichen Regelung über den Zugang zu den Akten des MfS auf eine richterliche Klärung der unterschiedlichen Rechtspositionen verzichtet.

Selbst nach Inkrafttreten des Stasiunterlagengesetzes kam der Bundesbeauftragte erst nach verschiedenen Mahnungen den Aktenforderungen des Ausschusses nach, was die Arbeit des Ausschusses erheblich verzögert und behindert hat. Er berief sich auf § 23 StUG und wollte dieselben Beschränkungen wie in Strafverfahren auferlegen. Er behauptete, es bestünden Mängel im StUG, die aber vom Ausschuß nicht gesehen wurden.

Verzögerungen traten nicht nur wegen der rechtlichen Einwände, sondern auch wegen organisatorischer Schwierigkeiten beim Bundesbeauftragten auf. Während zunächst Akten mit Schwärzungen von Namen angeliefert wurden, die allerdings unschwer dennoch zu lesen waren, so wurden später die Schwärzungen aufgegeben, aber die Akten als Verschlußsache (VS) eingestuft.

Erst nachdem vier Beamte des Deutschen Bundestages zur Unterstützung des Bundesbeauftragten entsandt wurden, erfolgte die Zusammenstellung und Übersendung der angeforderten Akten kontinuierlich. Dennoch entstand auch danach wegen der Einstufung der Akten als Verschlußsachen insgesamt ein neues Problem, da jetzt für jedes für den Abschlußbericht notwendige Dokument die Aufhebung der VS-Einstufung beantragt werden mußte.

Auch die Akten des Bundesamtes für Verfassungsschutz und des Bundesnachrichtendienstes wurden teilweise mit Verzögerungen vorgelegt. Der Bundesnachrichtendienst hat wegen des Quellenschutzes darüber hinaus dem Ausschuß wichtige Informationen vorenthalten (müssen). Da nach Informationen des BND die Bearbeitung von zusätzlich angeforderten Unterlagen für den Abschlußbericht weitere zwei Jahre dauern sollte, hat der Ausschuß sich notgedrungen auf die Auskunft nach nur wenigen Personen beschränken müssen. Dadurch konnten im Teilkomplex „Embargohandel“ die Verflechtungen des Bereichs Kommerzielle Koordinierung, des MfS und der westlichen Embargohändler nur unzureichend aufgeklärt werden.

Durch eine Panne gelangten über den Generalbundesanwalt vertrauliche BND-Unterlagen zum Ausschuß, die das umfangreiche Wissen des BND über den Bereich Kommerzielle Koordinierung Anfang der achtziger Jahre offenlegten. Dadurch wurden die Erkenntnisse erhärtet, die bereits ohne diese Unterlagen insbesondere über den DDR-Kunsthandel und den Kunstraub bei Sammlern sowie über die skrupellosen Praktiken einiger westlicher Kunsthändler gewonnen wurden.

Tragisch für die beraubten Sammler war, daß dieses Wissen des BND dem Bundesgerichtshof vorenthalten wurde, so daß er bei seiner Entscheidung am 22.9.1988 das Verhalten der DDR-Behörden gegenüber den Kunstsammlern nicht als Verstoß gegen das „orde public“ wertete und einen Herausgabeanspruch eines Sammlers gegen einen westdeutschen Händler abwies. Daß in diesem Prozeß die Rechtsverfolgungskosten des westdeutschen Händlers durch die Koko Firma „Kunst und Antiquitäten GmbH“ in der DDR abgesichert waren, konnte der Ausschuß später den Unterlagen des MfS entnehmen.

Abschlußbericht

Der Untersuchungsausschuß konnte wegen der erst später angelieferten Dokumente und der Kürze der Zeit die Tätigkeit des Bereichs Koko nur teilweise aufklären. Die von der CDU-Mehrheit im Ausschuß erzwungene frühzeitige Einstellung der Zeugenvernehmung behinderte zusätzlich.

Neben den Beziehungen von Schalck zu Politikern der Bundesrepublik, insbesondere auch den Umständen seiner Flucht aus der DDR, wurde der Handel der Kokofirmen mit Kunst und Antiquitäten, mit Waffen und Kriegsgerät, der Müllhandel, die Devisenbeschaffung aus Erbschaftsfällen, der Devisenhandel mittels illegaler Praktiken im innerdeutschen Handel, die Provisionserwirtschaftung durch Zwangsvertreter, die Parteifirmen der SED, der Genex Geschenkdienst, der Handel mit Embargowaren, die Unterstützung der DKP, die Versorgung der Politbüro-Siedlung Wandlitz, die Kirchengeschäfte und der Handel mit politischen Häftlingen untersucht.

Unaufgeklärt blieben beispielsweise die Umstände des Verkaufs der Kokofirmen, die Devisenabflüsse aus diesen Firmen, die Bildung „neuer Seilschaften“, Geldabflüsse der Parteifirmen ins Ausland, die Rolle der Vertrauensanwälte von Kokofirmen und der Verkauf der Anteile der Deutschen Handelsbank AG an die BfG.

Die besondere Rolle und Stellung des Leiters der Koko, Alexander Schalck-Golodkowski, konnte ebenfalls nur teilweise aufgeklärt werden. In einer sorgfältig ausgearbeiteten Verteidigungsstrategie gab er nur das preis, was bereits aus Dokumenten und aus früheren Aussagen beim BND oder der Staatsanwaltschaft bekannt war. Darüber hinaus ist festzustellen, daß ein reger Informationsaustausch zwischen allen Zeugen um Schalck-Golodkowski stattfindet. Der Abschlußbericht des Untersuchungsausschusses wird daher notwendigerweise zu allen Teilbereichen erhebliche Lücken aufweisen.

Der Ausschuß hat in Abstimmung mit dem parallel tagenden Untersuchungsausschuß des Bayerischen landtages die Bereiche des Fleischhandels westdeutscher Firmen mit der DDR unter Ausnutzung der besonderen Rechtsverhältnisse innerhalb der EG und die Beziehungen zwischen Franz-Josef Strauß und Schalck nicht untersucht. Auch sind Zeugenvernehmungen zum Müllhandel unterblieben, weil der Landtag von Mecklenburg-Vorpommern wegen der dortigen Großdeponie Schönberg einen eigenen Untersuchungsausschuß zu diesem Komplex eingesetzt hat.

Gespräche mit westdeutschen Politikern

Soweit bisher festgestellt werden konnte, tauchte Schalck als Gesprächspartner mit Politikern der Bundesrepublik 1967 zum ersten Mal auf. Zunächst verhandelte Schalck über Wirtschaftsfragen in Berlin mit dem zuständigen Senator Dr. König. Die Gespräche wurden jedoch bald auch auf politische Themen ausgedehnt. Kennzeichnend war und blieb Schalck-Golodkowskis Hang zu konspirativem Verhalten bei den Gesprächen, der sich bis zu seiner Flucht aus der DDR und danach zeigte.

Schon bei den Gesprächen mit Dr. König wurde dieser in Schalcks Aufzeichnungen nicht mit richtigem Namen, sondern mit dem Decknamen „Kaiser" bezeichnet, wie später auch die Aufzeichnungen der Verbindung mit Strauß nur mit Deckbegriffen gekennzeichnet wurde.

Über Dr. König wurden auch die ersten Beziehungen zur Bundesregierung – damals zu Herbert Wehner als Minister für gesamtdeutsche Fragen – geknüpft.

Nach der Wende in der Ostpolitik durch die sozialliberale Koalition unter den Bundeskanzlern Willy Brandt und Helmut Schmidt tauchte Schalck immer wieder als DDR-Verhandlungspartner für die Bundesregierung auf. Die weiteren Kontakte und Gespräche zu Sachthemen liefen über Dr. Sanne aus dem Bundeskanzleramt und die Staatssekretäre Gaus, Bölling und Dr. Bräutigam. Die von Schalck zu diesen Gesprächen gemachten Vermerke bergen keine Überraschungen für jemanden, der die Umstände jener Zeit nicht vergessen hat. Sie entsprachen den Möglichkeiten der deutsch-deutschen Beziehungen, die trotz des Nato-Doppelbeschlusses und des sowjetischen Einmarsches in Afganistan ein Stück Normalität bewahrt hatten. Für Schalck als überzeugten Kommunisten und Kind des SED-Staates stand die Sicherung der Gesellschaftsordnung der DDR im Vordergrund. Er bediente sich des Bereichs Koko unter Anwendung auch illegaler Praktiken wie Steuerverkürzungen und Embargoverstößen im westlichen Ausland und in der Bundesrepublik.

Der Handel mit politischen Häftlingen – zuletzt kostete der Freikauf pro Häftling 95.847 Mark – hat bis heute keine erkennbaren moralischen Bedenken bei Schalck ausgelöst. Die Situation der Bundesrepublik als in diesem Zusammenhang „erpreßter Staat" läßt ihn auch heute noch kalt.

Eine für die Öffentlichkeit überraschende Erkenntnis ist die enge, fast freundschaftliche Beziehung zu Franz-Josef Strauß. Der bayerische CSU-Vorsitzende hatte sich bereits im Bundestag als ärgster Gegner der Ostpolitik der sozialliberalen Regierungskoalition erwiesen und jede Beziehung zur DDR aufs schärfste bekämpft. Diese Haltung verschärfte er noch als Kanzlerkandidat 1980 und als bayerischer Ministerpräsident. Dennoch ging von ihm nach dem Regierungswechsel 1983 und der tatsächlichen Fortführung der Ostpolitik durch die Regierung Kohl die Initiative zur Beschaffung des ersten Milliardenkredites an die DDR aus. Heute wissen wir, und Strauß wußte es damals auch, daß die DDR vor dem finanziellen Ruin stand, da nahezu täglich die Zahlungsunfähigkeit gegenüber den westlichen Gläubigerbanken eintreten konnte. Mit der Beschaffung des Milliardenkredites durch westdeutsche Banken unter Übernahme der Bürgschaft durch die Bundesregierung wurde die DDR wieder kreditwürdig. Eine von Strauß behauptete Gegenleistung durch Abbau der Schußanlagen an der Grenze wurde übrigens in Wahrheit nicht vollständig erfüllt.

Die Beziehungen von Franz-Josef Strauß zu Schalck liefen weitgehend über den Fleischhändler März. Viele Fragen – insbesondere zu den finanziellen Beziehungen in diesem Dreieck Schalck – Strauß – März – sind noch nicht vollständig aufgeklärt und dürften noch manche Überraschung bieten. Während die Aktenvermerke über die Gespräche zwischen Vertretern der Bundesregierung und Schalck weitgehend vorhanden sind, fehlten diese aus dem Bundeskanzleramt solange Staatsminister Dr. Jenninger die Verhandlungen führte. Es konnte bisher auch nicht endgültig aufgeklärt werden, ob in Bonn keine Vermerke gefertigt wurden oder ob sie verschwunden sind und, wenn dieses so ist, aus welchem Grund.

Viele offene Fragen gibt es auch weiterhin zu den Gesprächen zwischen dem damaligen Chef des Kanzleramtes, Wolfgang Schäuble, und Schalck zwischen 1984 und 1989. Hier decken sich die Vermerke von Schalck nicht so nahtlos mit den Einlassungen von Schäuble. Nur in einem Punkt decken sich die Erkenntnisse mit denen zu den Gesprächen mit Strauß. Strauß und Schäuble haben in der Öffentlichkeit einen anderen Eindruck von ihrem Verhältnis zu den handelnden Personen in der kommunistischen DDR erweckt, als es tatsächlich war. Es wurde in der Sache schon manchmal „kumpelhaft" verhandelt, wenn etwa Schäuble Schalck zusagte, im Vorfeld des von ihm mit Schalck ausgehandelten Honeckerbesuchs bei Kanzler Kohl 1987 die Junge Union in ihren Aktivitäten gegen diesen Besuch zu bremsen. Nicht vollständig aufgeklärt ist auch die Rolle Schäubles bei der Flucht Schalcks aus der DDR im Dezember 1989 und in der Zeit danach.

Weder Schalck noch Schäuble konnten oder wollten vor dem Untersuchungsausschuß etwas zu dem Inhalt von Telefongesprächen vor der Flucht noch etwas zu Briefen aus den Jahren 1990 und 1991 sagen. Gesichert ist, daß zumindest einer der von Schäuble als „rein privat" bezeichneten Briefe an den „Bundesminister Dr. Schäuble" adressiert war und auch im Ministerium abgegeben wurde. Er steckt voller Fakten über Koko- und Parteifirmen und ist wie andere Briefe an Schäuble nicht mehr auffindbar.

„Schalck hat mächtige Schutzengel" ist eine der Erkenntnisse, die man gewinnt, wenn man den Gang der staatsanwaltschaftlichen Ermittlungsverfahren gegen ihn, seine finanziellen Möglichkeiten, seine Verteidigungsstrategie und den Versuch der Legendenbildung als „Märtyrer der Wende" betrachtet. Wer Schalck als Zeuge aufmerksam zuhört und seine Interviews genau untersucht, wird seine gewollten oder ungewollten Anspielungen auf sein Wissen um Personen und Vorgänge in der Bundesrepublik herauslesen. Es ist auch schon einmal eine offene Drohung darunter wie gegenüber Klaus Bölling.

Den Betroffenen ist wohlbekannt, daß Schalck-Golodkowski täglich mit Mielke telefonierte und daß MfS-Dossiers über seine Gesprächs- und Geschäftspartner geführt wurden. Diese Tatsache dürfte ausreichen, um das Zurückschrecken mancher vor Maßnahmen gegen Schalck zu verstehen.

Der Untersuchungsausschuß hat keine Zeit, weiter zur Wahrheitsfindung über diesen Teil der deutsch-deutschen Geschichte beizutragen. Das Ende der Legislaturperiode und das Diskontinuitätsprinzip hindert ihn daran. Der nächste Deutsche Bundestag könnte aber die Arbeit mit geändertem Untersuchungsauftrag fortsetzen, z.B. die Treuhandproblematik miteinbeziehen. Betätigungsfelder gibt es genug, denn Teile des Bereichs Kommerzielle Koordinierung sind immer noch aktiv. Sie haben sich neu konstituiert und nutzen bis heute die alten Seilschaften aus DDR-Zeiten. Das ist der eigentliche „Schrecken ohne Ende!"

III.
Herausforderungen für Politik, Bildung und Wissenschaft

Hans-J. Misselwitz

Verantwortung beim Umgang mit der DDR-Vergangenheit

Die Aufgabe von Schulen und Erwachsenenbildung

Der Umgang mit der DDR-Vergangenheit ist unvermeidlich eine Aufgabe des Geschichtsunterrichts und der politischen Bildung im vereinten Deutschland. Nach der Verantwortung beim Umgang mit der DDR-Vergangenheit zu fragen, bedeutet nicht nur eine grundsätzliche Frage zu stellen, sondern zugleich eine doppelte. Eine Frage ist die nach dem verantwortlichen Umgang mit dieser Geschichte in Schule und Erwachsenenbildung, also die Frage nach dem „Wie“ der geschichtlichen Aufarbeitung. Eine andere betrifft die inhaltliche Dimension, nämlich anhand welcher Kriterien und Themen in Schule und Erwachsenenbildung die DDR-Vergangenheit in geschichtlicher Verantwortung behandelt werden sollte.

Wie und vor wem ist DDR-Vergangenheit zu verantworten?

Ohne Zweifel ist die DDR als Staat, als politisches System Geschichte. Das darüber vorhandene Wissen mag unvollständig sein; alles was noch hinzugefügt wird, ist aber geschichtliches Wissen, das nichts am Ergebnis ändert, sondern den Ausgang nur bestätigen kann. Das faktische Ende der DDR-Geschichte ist aber erst der Anfang der Herstellung eines in Ost und West gemeinsamen Geschichtsbildes von der DDR. Deshalb stehen Aneignung von Wissen, die Erarbeitung gemeinsamer Kriterien und die Deutung geteilter Vergangenheiten als Material eines letztlich gemeinsamen geschichtlichen Erbes als Aufgabe vor uns.

Solange ein historisches Geschehen noch so vielfältig in die Gegenwart reicht, bedeutet verantwortlicher Umgang mit jener Geschichte immer auch den Umgang mit geschichtlicher Verantwortung Einzelner und ganzer Gruppen in der Gesellschaft. Daher sind Sorgfalt und Einfühlungsvermögen in die geschichtlichen Umstände nicht bloß eine Frage gerechten Umgangs, sondern eine Voraussetzung dafür, daß neue Einsichten mit individueller oder kollektiver Erfahrung vermittelt werden können. Insofern geht es beim Umgang mit DDR-Geschichte im echten Sinne des Wortes um „lebendige Vergangenheit". Das soll heißen, daß jede Auseinandersetzung mit DDR-Geschichte praktisch einem Eingriff in den Lebenszusammenhang von Menschen oder Gruppen in der Gesellschaft gleichkommt. Betroffen sind direkte oder indirekte Erfahrungen, die Zeitgenossen, ob sie nun derzeit Jugendliche oder Greise sind, mit der DDR gemacht haben. Die Bewertung dieser Erfahrungen, ihre Zuordnung in einen Zusammenhang von Schuld oder Verantwortung bedeutet, daß es sich bei der Frage des Umgangs mit der DDR-Vergangenheit um einen eminent politischen Vorgang handelt. Widerstände und Verweigerung gegen den Umgang mit dieser Geschichte sind folglich zu erwarten.

In diesem Zusammenhang ist von geradezu überragender Bedeutung für die Rezeption der DDR-Vergangenheit die nachwirkende Realität der deutschen Teilung. Im Unterschied zum Umgang mit der NS- Diktatur ist der Umgang mit der DDR-Geschichte im vereinten Deutschland durch ungleiche Betroffenheit von Geschichte und ihren Folgen gekennzeichnet. Aufarbeitung von DDR-Vergangenheit stellt sich in erster Näherung als ausschließlich ostdeutsche Aufgabe dar. Tatsächlich reproduziert diese Asymetrie gewollt oder ungewollt aber die vormalige Teilung. Und so hat die deutsche Vereinigung in ihren geistigen Nachwirkungen die Existenz zweier deutscher Teilgesellschaften erst wieder bewußt gemacht.

Die zumeist unfreiwillige Wiederentdeckung der geschichtlichen Nähe der DDR im Alltag nach der Vereinigung erklärt, daß sich heute eine Mehrheit der Ostdeutschen, das sind doppelt so viel wie 1990 im Zeichen der Vereinigung, wieder als „Bürger der (ehemaligen) DDR" sieht.[1] Obwohl man daraus keinesfalls den Wunsch nach Rückkehr der DDR-Verhältnisse ablesen darf, kann man ohne weiteres feststellen: Viele Ostdeutsche fühlen sich im vereinten Deutschland politisch noch nicht zu Hause. Vielmehr werden sie gewahr, daß ihre Geschichte sie mehr bindet und untereinander verbindet, als sie erwartet haben.

Demgegenüber hat die deutsche Vereinigung das historische Selbstverständnis der Westdeutschen nur wenig beeinflußt. Nach dem Motto einer Giebelinschrift am Bremer Marktplatz – „Gedenke der Brüder, die das Schicksal unserer Trennung tragen" – könnte man meinen, bis zum Fall der Mauer hätten nur die Ostdeutschen im Zustand der Trennung gelebt. Die Zumutung, sich mit der eigenen Geschichte neu auseinanderzusetzen, trägt kaum jemand an Westdeutsche ernstlich heran. Im Gegenteil: Das Ende der DDR scheint eher einem Umgang mit einem DDR-Bild förderlich, das zeitweise schon überwunden war. Damit meine ich eine Neigung der Ignoranz, die aus der politischen Praxis der Nichtanerkennung der DDR folgte und nun nachträglich bestätigt scheint. Zu dieser Neigung trägt selbstverständlich die Geschichte selbst bei, insofern als post festum alles nötige Wissen über die DDR nur dann Sinn macht, wenn es ihr Ende begründet.

Diesem Dilemma geradezu gegenläufiger Tendenzen der Rezeption von DDR-Vergangenheit werden die Generationen, die auf getrennte Ost- oder West-Lebensgeschichten zurückblicken, nie ganz entkommen. Als Zeitzeugen der Teilung konservieren sie faktisch Wissen und Erfahrungen, die an sich nur noch historisch sind und verschieben damit den Vorgang der Aneignung der Bedeutung der deutschen Teilung in die Gegenwart des vereinten Landes. Die Anerkennung dieser Phasenverschiebung zwischen historischer Wirklichkeit und Aneignung von Geschichte ist die erste Voraussetzung für einen verantwortlichen Umgang mit DDR-Vergangenheit. Darunter verstehe ich die Beachtung und Würdigung der Tatsache, daß die DDR-Geschichte als ein Aspekt der deutschen Teilung sich solange selbst interpretiert, als ihre Träger selbst dazu beitragen können.

Aus dieser Voraussetzung lassen sich folgende allgemeine Bedingungen formulieren, die zu einem verantwortlichen Umgang mit Vergangenheit im Sinne umfassender zeitgeschichtlicher Aufklärung gehören sollten:

1. Verantwortlicher Umgang mit DDR-Vergangenheit heißt, einen Prozeß der Wahrheitsfindung unter allen Beteiligten zu fördern, der sich im Ideal in einem ausgewogenen dialektischen Wechselverhältnis von Selbstdeutung und Femddeutung, von Erinnern und Aufklärung vollzieht.
2. Verantwortlich hieße generell ein Umgang mit der Vergangenheit, der alle Einflüsse vermeidet oder aufklärt, die ein Verdrängen, Verschweigen und Vergessen begünstigen, oder einseitige Deutungsinteressen bzw. Vorurteile festigen.
3. Dazu gehört die Herstellung eines Klimas, das Aufklärung vor allem auch als Selbstaufklärung optimiert. Die pädagogisch-didaktische Aufgabe stellt sich daher nicht allein als Vermittlung historischer Tatsachen und Befunde, sondern als Auseinandersetzung mit den politischen Vorurteilen, die als Bestandteile der öffentlichen Meinung die Selbstdeutung der Akteure in der Geschichte beeinflußten.
4. Der Auseinandersetzung mit der DDR-Vergangenheit darf sich die deutsche Gesellschaft auch als ganze nicht entziehen, wenn sie die deutsche Vereinigung als Wiedervereinigung geschichtlich verwirklichen will. Das heißt, der Grundsatz vom Fortbestand der einen Nation über die Teilung hinweg schließt die Integration der geteilten geschichtlichen Erfahrungen und die Aspekte ihrer wechselseitigen Bedingtheit ein.

Was sollen Kriterien im Umgang mit der DDR-Vergangenheit sein?

Die Vermittlung historischer Bildung ist eine konstruktive Disziplin. Ihre Aufgabe ist es, geschichtliche Tatsachen mit den Motiven geschichtlichen Handelns in Beziehung zu setzen. Erst die Herstellung dieses Zusammenhangs erlaubt ein sach- und menschengerechtes Urteil.

Zur Rekonstruktion des geschichtlichen Raumes „DDR“ gehört die Herstellung eines Verständnisses für die historischen Identitäten, die in ihm von den Menschen gesucht und gefunden wurden. Insbesondere in der politischen Erwachsenenbildung wird klar, daß allen

Beteiligten nicht soviel zeitliche Distanz zum Gegenstand zur Verfügung steht, als daß die eigene Biographie und politische Entwicklung nicht mit auf dem Spiele stünden. Der Umgang mit Zeiten und Umständen, die das eigene Leben beeinflußt haben, macht Kontroversen unausweichlich. Auf diese Weise muß das vorgefaßte Urteil, das Vorurteil, selbst zum Problem der Aneignung von Geschichte werden. Wenn das nicht geschieht, wird der Umgang mit Zeitgeschichte nicht als ein Mittel der Aufklärung, sondern als ein Instrument der politischen Auseinandersetzung empfunden.

Hannah Arendt hat auf die konstitutive Bedeutung des Vorurteils im politischen Denken und Epochenbewußtsein hingewiesen.[2] Vorurteile sind immer auch praktische Hilfen für den Menschen, der sich unmöglich über alles selbst ein Urteil zu bilden vermag. Indem das Vorurteil einem Urteil vorgreift, indem es auf Vergangenes, Bewährtes zurückgreift, fällt ihnen in Zeiten des Wandels eine besondere Bedeutung zu. Anstatt sofort mit den neuen Verhältnissen ins Wanken zu geraten, bieten sie sich an, den Menschen vor neuer, mitunter beängstigender Erfahrung zu schützen. Sie lassen sich daher umso schwerer entkräften, je mehr sie in der Vergangenheit verankert und vor praktischer Überprüfung geschützt, auch auf einen legitimen Erfahrungsgrund verweisen. Je nachdem können Verklärung oder Verteufelung des Vergangenen die Folie abgeben für neue politische Legitimation. Das einzige Mittel, diesem Wirken der Vorurteile zu begegnen, sagt Hannah Arendt, ist „das in ihnen enthaltene vergangene Urteilen erst einmal wiederzuentdecken, also ihren eigentlichen Wahrheitsgehalt aufzuzeigen."[3]

Wo muß geschichtliche Aufklärung des „Phänomens DDR" ansetzen, um diesen Wahrheitskern ans Licht zu bringen, vor dessen Hintergrund eine gerechte Kritik von vergangenen Handlungen und Entscheidungen erfolgen kann?

1. An der Vorgeschichte, die die DDR im Deutschland der ersten Jahrhunderthälfte hat.

Diese Vorgeschichte hat ihre Vertreter genauso geprägt wie ihre Gegner. Entscheidend für ein Verständnis der zwischen beiden verlaufenden Trennlinie sind die alten politischen und ideologischen

Konfliktlinien der Weimarer Republik, jener Periode der Krise der deutschen Gesellschaft, die im Zeichen des Zusammenbruchs der Reste des traditionellen Ständestaates und des Schocks einer radikalen kapitalistischen Modernisierung und Liberalisierung stand. Jene damals formierte rechte und linke Opposition gegen Moderne, Demokratie und Republik bildete die geistigen und politischen Lager eines sich wiederum wechselseitig stabilisierenden Antagonismus, der von der Linken mit den Begriffen Faschismus und Antifaschismus besetzt wurde.

2. An der spezifischen Verbindung von sowjetischer Besatzungsherrschaft und kommunistischer antifaschistischer Alternative.

Die Niederlage des deutschen Faschismus 1945 schien die kommunistische Analyse der Weltlage zu bestätigen, die Rosa Luxemburg schon 1916 in die Alternative „Sozialismus oder Barbarei“[4] kleidete. Als politischer Gestaltungsentwurf war Antifaschismus nicht erst eine postfaschistische Staatsdoktrin, sondern ideologisch bereits in der Zwischenkriegszeit geformt. Diese Doktrin beinhaltete ein zum Liberalismus konkurrierendes Gesellschaftskonzept einer geplanten Wirtschaft und autoritär gelenkten Gesellschaft, die Plattform eines antikapitalistischen und antiwestlichen Weges.

3. An der geistigen Disposition nach dem Ende des Nationalsozialismus, der autoritären Grundhaltung und Orientierungslosigkeit.

Der Antifaschismus war nicht nur als sowjetisch-gestützte Staatsdektrin erfolgreich. Die bald einsetzende totale Herrschaft wäre, wie Hannah Arendt analysierte, „ohne Massenbewegung und ohne Unterstützung durch die von ihr terrorisierten Massen nicht möglich.“[5] Unterstützung fand das Konzept, weil es ein positives Angebot zur individuellen Bewältigung der NS-Vergangenheit bedeutete. Vor dem Hintergrund von verbreitetem Schuldgefühl und Sehnsucht nach Neuanfang beruhte die gesellschaftliche Akzeptanz dieses Weges nicht zuletzt auf einem allgemeinen Versöhnungsangebot, das kritiklose Mitarbeit als Sühne, Aufstiegschancen und Entlastung vor dem Hintergrund einer General-Schuld des kapitalistischen Systems bot.[6]

4. An der schnellen und entlastenden Einbindung der Deutschen im aufbrechenden Systemgegensatz und ihre wechselseitige Stabilisierung durch die jeweilige Blockintegration.

Die bald nach dem Krieg aufziehende Blockkonfrontation paßte in die Zwei-Lager-Theorie, die von Anfang an ein Element der ideologischen Disposition des kommunistisch geprägten Antifaschismus war. Aus der alten Zwei-Lager-Logik leiteten sich nach innen und außen sowohl die Selbstinterpretation des Staates als auch die Definition der Gegner ab. Als innenpolitisches Kampfinstrument eignete sie sich zur Züchtung von politischem Opportunismus ebenso wie zur Unterwerfung politischer Gegner. Der westdeutsche Staat hatte insofern eine spiegelbildliche Funktion zu diesen Projektionen, die von dort her durch Antikommunismus und die auch institutionell untermauerte Behauptung der Fortdauer des deutschen Reiches gestützt wurden.

Die Auseinandersetzung mit jenen Ursprüngen und geistigen Wurzeln der Nachkriegsentwicklung in Deutschland bildet meines Erachtens den einzigen Schlüssel für die geschichtliche Aufklärung der DDR-Vergangenheit innerhalb einer gemeinsamen deutschen Geschichte. Ein solches Interpretationskonzept bietet auf der einen Seite die nötigen Zugänge für die Spezifika des DDR-Sozialismus im Vergleich mit der Sowjetunion oder osteuropäischer Volksdemokratien. Dazu gehört die Tatsache, daß in der DDR bei etablierter kommunistischer Macht trotz Wellen politischen Terrors bis zum Mauerbau keine vollständige Zerschlagung aller traditioneller gesellschaftlicher Strukturen erfolgte. Ebenso gehört dazu die Rolle der kulturellen Eliten in der DDR, die sich zunächst weitgehend aus der in der NS-Zeit vertriebenen Intelligenz rekrutierten. Diese lieferten einerseits den moralischen Ausweis eines antifaschistischen Neuanfangs, andererseits auch den Traditionszusammenhang als Fortsetzung des humanistischen deutschen Kulturerbes.

Erst mit dem Mauerbau vollendet sich jene strikte Linie der selbstgewählten Abgrenzung der DDR-Geschichte aus einer gemeinsamen deutschen Nachkriegsgeschichte, die schon in der Zwei-Lager-Theorie der Kommunisten der 20er Jahre angelegt war. Der „Antifaschistische Schutzwall“ bedeutet nicht nur die Besiegelung der staatsrechtlichen Existenz der DDR, sondern wird auch zum Symbol des Kampfes zweier feindlicher Blöcke. Der Mauer entspricht die Logik einer Konfrontation oder der sogenannten Dialektik von gut und böse: Wenn die DDR antifaschistisch ist, ist die BRD profaschistisch.

Wurde in der Ulbricht-Ära bis 1971, der ersten Phase der DDR, diese Fiktion noch halbwegs durch ideologische Konfrontation und faktische Isolation aufrechterhalten, so trat in der Honecker-Ära mit der Umsetzung der Entspannungspolitik vom Westen her, mit dem Generationswechsel in der DDR-Gesellschaft und schließlich mit der Gorbatschowschen Westorientierung eine Erosion jenes ideologischen Schemas des Mauerstaates ein. Mit dem Mauerfall 1989 war auch das logische Ende der DDR als deutscher, kommunistischer und antifaschistischer Nachkriegsstaat erreicht.

Einige Schlußfolgerungen

Es ist in der Zeit nach dem Zweiten Weltkrieg in Deutschland zu Recht eher skeptisch darüber geurteilt worden, ob man Vergangenheit aufarbeiten, geschweige denn bewältigen kann. Theodor Adorno denunzierte gar den beflissenen Aufarbeitungswunsch als Versuch, das „Vergangene aus der Erinnerung wegwischen" zu wollen.[7] Die Erfahrungen des sogenannten „verordneten" Antifaschismus in der DDR zeigen, daß distanzierendes Einordnen, moralisch-politische Abgrenzung oder gar Abschreckung von zweifelhaftem pädagogischem Wert sind. Christa Wolf schrieb 1976 als Motto über ihren Roman „Kindheitsmuster": „Die Vergangenheit ist nicht tot, sie ist nicht einmal vergangen. Wir trennen sie von uns ab und stellen uns fremd."

Die Bundesrepublik hatte mit dem Grundgesetz den Weg eines „konstitutionellen Anti-Nazismus"[8] geebnet, der vor allem Lehren aus der Schwäche der Weimarer Republik zu ziehen gewillt war. Im Vertrauen auf stabile demokratische Institutionen einerseits und in der antikommunistischen Neudefinition in Frontstellung zum ostdeutschen Staat andererseits, kam es zu einer sogenannten „kalten Amnestie".[9] Es war der nichtnazistische Anti-Kommunismus, der

NS-Täter wie Mitläufer in die neue Gesellschaft höchst fragwürdig integrierte und damit angeblich das „größte Resozialisierungswerk" in der Geschichte leistete. Das Interesse an „Vergangenheitsbewältigung" blieb in Westdeutschland bis in die 60er Jahre gelähmt, um dann erst durch die junge außerparlamentarische Oppositionsbewegung umso stärker und tiefer gesellschaftlich nachzuwirken.

Dieser Konflikt um „unbewältigte" Vergangenheit hatte allerdings eine politisch-pädagogische Schlüsselfunktion – nicht nur in seiner psychologischen Ableitung als Generationenkonflikt. Als ein Prozeß von unbewußter Aneignung und bewußter Distanzierung von Vergangenheit bewirkte dieser Konflikt im Nachkriegs-Westdeutschland die Kultivierung eines neuen gesellschaftlichen Wertsystems, einer politischen Kultur, die Kritik erstmals höher bewertete als Anpassung und Unterwerfung. Für den Umgang Jugendlicher und Erwachsener mit der DDR-Vergangenheit folgt daraus: Kritische Distanz ist kein Ergebnis forcierter Distanzierung von oben, sondern konkreter Aneignung und Auseinandersetzung.

Was kann man auf dem Hintergrund von Schule und Erwachsenenbildung erwarten?

1. Die Rolle von Schule und Erwachsenenbildung im Umgang mit DDR-Vergangenheit läßt sich nicht vom gesamtgesellschaftlichen Umgang trennen. Beide, Schule und Erwachsenenbildung, können in einem freiheitlichen Bildungssystem eine echte Auseinandersetzung mit der Vergangenheit höchstens befördern, meist aber nur flankieren. Denn Lehren aus der Vergangenheit werden nicht auf Grund von Wissen, dem Inhalt von Schulbüchern oder Dokumenten, allein schlüssig gezogen, sondern bedürfen eines Klimas, das Identifikation und Distanzierung zugleich erlaubt.
2. Die Wertung und kritische Beurteilung der Verantwortung des Einzelnen und der Strukturen des Handelns in der DDR ist eine unerläßliche Aufgabe, um den Menschen, den Millionen lebender Zeitzeugen Gerechtigkeit widerfahren zu lassen. Ein historisch gerechtes Urteil zielt aber weder auf Freispruch noch Verurteilung, sondern auf Einsicht. Einsicht bedeutet Einblick in

konkrete Handlungsoptionen und reale Möglichkeiten. Bei solchem Herangehen eröffnet Einsicht auch eine moralische Dimension des Urteils.

3. Die Kritik der Verhältnisse, die in der DDR geherrscht haben, läßt sich dann vermitteln, wenn sie nicht als durchschaubares Legitimationsmanöver für die bundesdeutschen Verhältnisse erscheint. Vergleiche, insbesondere verallgemeinerte, werden leicht als Zuschreibungen oder gar Kränkungen angemerkt, wenn sie das jeweils ganze Erfahrungskollektiv abzudecken vorgeben. Vergleiche verleiten oft zur Konkurrenz der Erfahrungen bis zum Vergleich von Unvergleichbarem. Deshalb ist DDR-Geschichte ein Text, der sich zunächst selbst interpretieren muß.
4. Die Wechselbeziehungen der DDR-Geschichte mit westdeutscher Geschichte wurden dominiert durch Bedingungen der Systemkonfrontation. Daher sollten die dadurch geschaffenen Entfremdungen und Blockaden Thema sein, um die gegenwärtigen Unterschiede nicht nur zu konstatieren, sondern in ihrer geschichtlichen Bedingtheit zu verstehen. Verstehen ist immer ein „Vorgang der Verschmelzung ... vermeintlich für sich seiender Horizonte“[10]. Das Zusammensehen der typischen Verschiedenheiten könnte den Brückenschlag für eine gemeinsame Wiederaneignung der letzten vierzig Jahre deutscher Geschichte bilden. Ohne diesen Brückenschlag reproduzierten die Ostdeutschen an der DDR-Vergangenheit nur ihre eigene Besonderheit. Statt Gemeinsamkeit bliebe einer Generation das Gefühl der Fremdheit im eigenen Land.
5. Ausgangspunkt und Bezugspunkt der ost- und westdeutschen Teilgeschichten ist der Umgang mit der deutschen Katastrophe von 1933 bis 1945. Die Aufnahme der DDR-Geschichte in eine gemeinsam zu vermittelnde deutsche Nachkriegsgeschichte bedeutet, die Geschichtsschreibung und -vermittlung durchlässig zu machen für die Erfahrungen und Einstellungen, mit denen zwei Generationen Ost- und Westdeutscher die Folgen der Herrschaft und Verbrechen des Nazi-Regimes verarbeiten. Als konkrete Aufgabe geschichtlicher und politischer Bildung heißt das, die verschiedenen Verarbeitungstrategien in bezug auf die eine,

gemeinsame Geschichte bis 1945, die Ursache der Teilung, zu thematisieren. Wie der Rückgriff auf längst überwunden geglaubte faschistische Einstellungen in Teilen der Jugend zeigt, ist Vergangenheitsbewältigung keine Bringeschuld der Ostdeutschen, sondern eine neue gesamtdeutsche Aufgabe.

6. Verantwortlicher Umgang mit DDR-Vergangenheit muß in bildungspolitischer Absicht immer eine Integrationsaufgabe sein. Ausgrenzung hieße Kriminalisierung. Diese ist den Gerichten zu überlassen. Außergerichtliche Diskriminierung schließt nicht nur von der Zukunft aus, sondern gefährdet sie zudem. „Die Entlegitimierung von Biographien verbaut Zukunftsperspektiven ... Durch die Entlegitimierung von Lebensläufen treffen wir zunächst einzelne. Wir schwächen damit zugleich die allgemeine Zustimmungsfähigkeit für unsere neue, gemeinsame Demokratie."[11]

Anmerkungen

1 Elisabeth Noelle-Neumann, Aufarbeitung der Vergangenheit im Schaffen der Stasi, Frankfurter Allgemeine Zeitung, Nr. 181, 6.8.1992, S. 8.

2 Hannah Arendt, Was ist Politik? Aus dem Nachlaß, hg. von Ursula Ludz, München, Zürich 1993, S. 17-27.

3 Ebda. S. 19.

4 Rosa Luxemburg, Politische Schriften, 2 Bde., Bd. II, hg. von Ossip K. Flechtheim, Frankfurt/M. 1966, S. 31.

5 Hannah Arendt, Elemente und Ursprünge totaler Herrschaft, München 1986, S. 496.

6 Antonia Grunenberg, Antifaschismus – ein deutscher Mythos, Hamburg 1993, S. 120-139.

7 Theodor W. Adorno, Erziehung zur Mündigkeit, Frankfurt/M. 1970, S. 10.

8 Antonia Grunenberg, S. 165 f.

9 J. Friedrich, Die kalte Amnestie. NS-Täter in der Bundesrepublik, Frankfurt/M. 1984, Vorwort.

10 Hans-Georg Gadamer, Wahrheit und Methode, Tübingen 1965, S. 289.

11 Wolf Lepenies, Alles rechtens – nichts mit rechten Dingen, Die Zeit, 11.12.1992, S. 88.

Jürgen Kocka

Chance und Herausforderung

Aufgaben der Zeitgeschichte beim Umgang mit der DDR-Vergangenheit

Die Beschäftigung mit der jüngsten Zeitgeschichte muß meist ohne den abkühlenden Schutz der Distanz auskommen, mit der die Untersuchung weiter zurückliegender Geschichtsepochen rechnen kann. Zeithistoriker bearbeiten Entwicklungen und Begebenheiten, deren Folgen noch zu erheblichen Teilen im Dunkel der Zukunft liegen. Sie bearbeiten Zeitabschnitte, deren Gestalter und Opfer, Gewinner und Verlierer, Beobachter und Zeugen noch leben. Deshalb nehmen persönliche Betroffenheit und Erinnerung, Rechtfertigungs- und Anklagebedürfnisse, Wünsche nach Abrechnung, Sühne und Versöhnung, moralisches und politisches Engagement viel unmittelbarer auf dic zeitgeschichtliche Arbeit Einfluß als etwa auf die Erforschung der mittelalterlichen Geschichte, des 19. Jahrhunderts oder anderer ferner Kulturen. Die Deutung der jüngsten Vergangenheit spielt für das aktuelle Selbstverständnis einer Gegenwart meist eine größere Rolle als die Rekonstruktion ihrer weiter zurückliegenden Vorgeschichte. All das wissen die Praktiker der Zeitgeschichte und sie begreifen es nicht nur als Schwierigkeit, sondern auch als Herausforderung und besondere Chance. Wenn sie die Verfahren der Geschichtswissenschaft sorgfältig anwenden, hindert sie die Nähe zu ihrem Gegenstand in der Regel nicht daran, zu objektiven Ergebnissen zu gelangen – in dem Sinn, in dem objektive Ergebnisse in der Geschichtswissenschaft überhaupt möglich sind.

Verbindung von Geschichte und Politik

Diesen allgemeineren Zusammenhang erlebt man gegenwärtig in besonderer Zuspitzung. Beim Umgang mit der DDR-Vergangenheit sind Geschichte und Politik in den letzten Jahren ungewöhnlich enge Verbindungen eingegangen. Eine Gemengelage ist entstanden, die – gemessen an der Intensität der gegenseitigen Durchdringung von Gegenwartspolitik und Zeitgeschichte – in der Bundesrepublik bis 1989/90 wohl keine Parallele hatte.

Die ungewöhnlich enge Verbindung von Gegenwartspolitik und Zeitgeschichte im Umgang mit der DDR-Vergangenheit zeigt sich in vielerlei Weise: am großen Interesse der Öffentlichkeit an Schriften und Veranstaltungen zur DDR-Geschichte, speziell zur Geschichte der Repression und hier der „Staatssicherheit"; an der Verwendung von zeitgeschichtlichen Informationen als Munition in tagespolitischen Auseinandersetzungen; an einem hohen Grad der Moralisierung des Umgangs mit der DDR-Geschichte, selbst in den Schriften von Wissenschaftlern; und in der Entwicklung neuer institutioneller Formen für die Bearbeitung der DDR-Vergangenheit. Hier ist an die Enquete-Kommission des Deutschen Bundestages zur Aufarbeitung von Geschichte und Folgen der SED-Diktatur in Deutschland ebenso zu denken wie an die Abteilung „Bildung und Forschung" in der Behörde des Bundesbeauftragten für die Unterlagen des Staatssicherheitsdienstes der ehemaligen DDR oder an den „Forschungsverbund SED-Staat", der an der Freien Universität Berlin entstanden ist.

Aus der Perspektive des Berufshistorikers fehlt es dieser Konstellation nicht an bedenklichen Begleiterscheinungen. Politische Willensbildungs- und wissenschaftliche Wahrheitsfindungsprozesse sind in dieser Gemengelage von Zeitgeschichte und Gegenwartspolitik manchmal merkwürdige Verbindungen eingegangen. Die eilfertige Bereitstellung tagespolitisch verwendbarer Enthüllungshistorie in Form kaum verarbeiteter und deshalb leicht instrumentalisierbarer Aktenfunde ist dem Ansehen der Geschichtswissenschaft in der Öffentlichkeit nicht gerade förderlich gewesen. Umgekehrt tun sich Historiker, die dem untergegangenen System verbunden waren und auch heute noch geschichtswissenschaftlich arbeiten, nicht immer leicht, jene Geschichtsabschnitte vorbehaltlos und kritisch zu durchleuchten, mit denen ihre Biographien engstens verknüpft waren. Anders im Fall der Opfer des Systems, der Dissidenten und Protestierer: Ihnen vermittelt der kühle, distanzierte wissenschaftliche Umgang mit der Geschichte, die in besonders exponierter Weise auch die ihre war, manchmal das Gefühl, ihnen werde ein Besitz entwendet, auf dem ein guter Teil ihrer Identität, auch ihr Stolz, beruht. Hermann Rudolph, der dies nach der Berliner Abschlußsitzung der Enquete-Kommission Anfang Mai 1994 schrieb, schloß daran die Frage an: „Was kann denn bei der fast unauflösbaren Durchdringung von Zeitgeschichte und Gegenwartsproblemen, die bei der Beschäftigung mit der DDR-Vergangenheit zutage tritt, ohne Gefahr der Verletzung und Verdrängung ‚aufgearbeitet' werden? Kann man diese so nahe und gleichzeitig schon ferngerückte Vergangenheit überhaupt verstehen, wenn man sie nicht am eigenen Leibe erfahren hat?"

Sicherlich erschwert diese Gemengelage von Gegenwartspolitik und Zeitgeschichte, von Betroffenheit und Aufarbeitungsbedürfnis die Arbeit der Zeitgeschichte bisweilen. Aber erstens ist, was sich abspielt, zum großen Teil unerläßlich. Und zweitens stellt die gegenwärtige Situation für Zeithistoriker nicht nur eine große Herausforderung, sondern eine mindestens ebenso große Chance dar.

Diktaturen stellen bedrückende Tiefpunkte in der Geschichte jedes Volkes dar, böse Erfahrungen, die aufwendige und auch öffentliche Bearbeitung erfordern, wenn sie nicht Jahre oder Jahrzehnte später als verdrängte Erinnerungen an die Oberfläche zurückkehren sollen, dann als tiefgreifende Störungen von Gesellschaft und Kultur. Die Gefahr der Verdrängung ist nach dem Ende der zweiten deutschen Diktatur ungleich geringer als nach dem Ende der ersten. Das hat mehrere Gründe: Der Anteil der eindeutig Belasteten an der Bevölkerung des Gesamtstaats ist heute – nach der Absorption der DDR durch die Bundesrepublik – viel kleiner als nach dem Ende der NS-Diktatur. Entsprechend schwächer sind die Neigung und die Macht, die Erinnerungsarbeit als zu schmerzhaft und störend zu verdrängen, wie es nach 1945 zunächst einmal in erheblichem Ausmaß geschah. Auch ist die ehrliche Erinnerung nach dem Ende der SED-Diktatur nicht derart furchtbar und unerträglich wie nach dem Ende des Systems, dessen Träger den Holocaust und den Zweiten Weltkrieg zu verantworten hatten. Überdies hat der Austausch der Funktionseliten in den Jahren nach 1989/90 auf dem Gebiet der früheren DDR tiefer gegriffen als in Deutschland in den Jahren nach 1945, letztlich weil die Überwindung der SED-Diktatur als Vereinigung mit einem nicht-diktatorischen Staat, unter dessen Regie und mit dessen Personal geschah und weil nach 1989/90 zusätzlich zum politischen Umbruch auch ein tiefer wirtschaftlich-gesellschaftlicher Systemwechsel stattfand – auch dies in gewissem Unterschied zu nach 1945. Die „Vergangenheitsbewältigung" der Jahre nach 1989/90 scheint mir intensiver, offener und vorbehaltloser als die nach 1945. Dies ist vor allem zu begrüßen. Daß der – insgesamt von niemandem gesteuerte oder kontrollierte – Prozeß nicht ohne schmerzhafte Konvulsionen und neue Ungerechtigkeiten verläuft, gehört zu den „Kosten", aber ist wohl nicht ganz zu vermeiden.

Herausforderung der Zeithistoriker

Die Zeithistoriker sind in diesem Prozeß besonders gefordert. Das Interesse der Gegenwart an der DDR als Geschichte, die weitreichende Aufhebung der gängigen Sperrfristen für zeithistorische Dokumente, die ungewöhnliche Zugänglichkeit reichen Quellenmaterials zur Dokumentation der Geschichte bis hart an die Gegenwart heran und die Bereitstellung erheblicher Forschungsmittel haben die Geschichte der DDR zu einem boomenden Wachstumssektor gemacht. 759 laufende Forschungsprojekte – allerdings auch Prüfungsarbeiten sowie Arbeiten von Politologen, Soziologen und anderen Fachwissenschaftlern mitgezählt – hat der Mannheimer „Arbeitsbereich DDR-Geschichte" im Auftrag der Enquete-Kommission in der zweiten Hälfte des Jahres 1993 durch eine systematische Erhebung registriert. Die Bearbeiter beschreiben ihr Ergebnis so: „Von den 759 Vorhaben beschäftigen sich 123, thematisch breit gestreut, mit kulturgeschichtlichen Fragen, 68 behandeln sozial- und lebensgeschichtliche, 45 wirtschaftspolitische Aspekte der DDR-Geschichte. Stark beachtet wird die Rolle der Kirchen und Religionsgemeinschaften bzw. die staatliche Kirchenpolitik (51). Von großem Interesse sind ebenfalls die Funktion und Arbeitsweise der Blockparteien (36) und Massenorganisationen bzw. Gesellschaftlichen Organisationen (24) sowie das Rechtssystem (28). 18 thematisieren die Deutschlandpolitik bzw. die „Deutsche Frage“, 18 die Außenpolitik der DDR und das Verhältnis anderer Staaten zur DDR und 15 den Militär- und Polizeiapparat. Erwartungsgemäß nehmen Analysen über Aufbau und Handlungsweise des Ministeriums für Staatssicherheit (30) breiten Raum ein, ebenso Studien über staatliche Verfolgung bzw. oppositionelles Verhalten bis in die Wendezeit (53). 45 Projekte setzen sich mit der Struktur der SED, ihrer Stellung in Staat und Gesellschaft sowie mit ihren Aktivitäten in einzelnen Politikfeldern auseinander. Unter den 50 Vorhaben, die der Rubrik ‚Politische Geschichte‘ zuzuordnen sind, befinden sich Überblicksdarstellungen, Arbeiten zu einzelnen Perioden der Geschichte oder Detailstudien zu exemplarischen Vorgängen im politischen System. Zu erwähnen sind weiterhin 18 Untersuchungen mit regionaler Schwerpunktsetzung und 14 zu Fragen der Herrschaftsideologie und Staatstheorie. Weitere 14 Studien bemühen sich in vergleichender Perspektive um die Analyse von Parallelen, Ähnlichkeiten und Unterschieden der Herrschaftsstrukturen und -methoden von realsozialistischen Staaten bzw. der DDR und der NS-Diktatur. Nicht überraschend ist das starke Interesse an Ursachen, Verlauf und Folgen des Zusammenbruchs der DDR sowie an den sozialen, kulturellen, wirtschaftlichen und politischen Transformationsprozessen in den neuen Bundesländern (109).“

Die meisten dieser Arbeiten sind noch nicht beendet. Ihre Ergebnisse werden dazu beitragen, das Bild von der DDR als eines Teils unserer Geschichte zu präzisieren und umzuakzentuieren. Dies ist nur der Anfang. Andere Forschungen sind in Gang gesetzt und teilweise bereits abgeschlossen worden: in den Hochschulen, an dem 1992 gegründeten Forschungsschwerpunkt Zeithistorische Studien in Potsdam, in den oben bereits genannten Institutionen, in der 1994 gegründeten Außenstelle des Münchener Instituts für Zeitgeschichte und anderswo. Die Enquete-Kommission hat für zukünftige historische Forschung eine wichtige Grundlage geschaffen, indem sie zahlreiche Expertisen von Zeitgenossen und Wissenschaftlern in Auftrag gab und in ihren Anhörungen Quellen geschaffen hat, die hoffentlich zur Gänze veröffentlicht werden. Das meiste bleibt noch zu tun. Was die in Gang gesetzte Erforschung der DDR-Geschichte für die Geschichte der Bundesrepublik, darüber hinaus für die Geschichte Deutschlands und Europas im 20. Jahrhundert bedeutet, wird sich erst allmählich herausstellen.

Grundsätze des öffentlichen Umgangs mit zeithistorischen Dokumenten

Über die wichtigen empirischen Detailforschungen hinaus fordert die gegenwärtige Situation die Zeithistorier auch als Intellektuelle und Bürger. Sie bietet ihnen praktisch-politisch besondere Wirkungsmöglichkeiten. Wenn sie sich nicht in den Elfenbeinturm zurückziehen und die öffentliche Auseinandersetzung nicht scheuen, können sie *durch öffentliche Geltendmachung geschichtswissenschaftlicher Grundsätze* dazu beitragen, daß die notwendige Auseinandersetzung mit der DDR-Vergangenheit nicht falsche Gräben aufreißt und zu vermeidbaren Verletzungen führt, sondern mit Augenmaß, Genauigkeit und Gerechtigkeit erfolgt. Nur im Ausnahmefall waren es *praktizierende Berufshistoriker*, die in den letzten Monaten in den Medien Enthüllungshistorie betrieben, politische Kampagnen oder Rachezüge zeithistorisch munitioniert oder Aktenfunde zu Schnellschüssen mißbraucht haben. Wer die Grundsätze der historischen Arbeit ernst nimmt, läßt sich nicht so leicht für den politischen Tageskampf und die mediale Verwertung instrumentalisieren. Aber die Historiker haben in den letzten Monaten vielleicht zu häufig geschwiegen. Sie sollten Grundsätze des öffentlichen Umgangs mit zeithistorischen Dokumenten formulieren und in der Öffentlichkeit dafür eintreten. Unter anderem könnte es sich um folgende Grundsätze handeln.

1. Quellenkritik. Fast jede Quelle ist einseitig. Wann immer möglich, sind Aktennotizen, Berichte, Ergebnisprotokolle etc. gegen andere dazu taugliche Quellen zu halten, an ihnen zu prüfen, durch sie zu ergänzen und zu relativieren. Wo dies nicht möglich ist und man sich dennoch zur Veröffentlichung entschließt, muß auch die Einseitigkeitsvermutung mitgeteilt werden, und zwar effektiv und für den Leser, Zuhörer oder Zuschauer unübersehbar, nicht nur versteckt im

Vorwort oder in einem Nebensatz. Quellen sind durch die Interessen, Perspektiven und Wahrnehmungsgrenzen ihrer Autoren geprägt. Das gilt auch und gerade für Berichte aus dem Herrschaftsapparat selbst. Wer die Arbeitergeschichte des Kaiserreichs primär aus Polizeiberichten rekonstruierte, kam zu einem verzerrten Bild „von oben", das die Konflikte übertrieb. Wer DDR-Geschichte primär auf der Grundlage von Stasi-Berichten schreibt, hat ein ähnliches Problem. Noch die authentischste Quelle bedarf der Bearbeitung, wenn sie nicht irreführen soll.

2. Kontext. Die Äußerungen und Handlungen von Zeitgenossen sind aus ihren Zusammenhängen darzustellen. Wer Zusammenhänge rekonstruiert, fragt nach dem, was eine bestimmte Person sonst noch sagte und tat, bemüht sich um Rekonstruktion ihrer Motive, sucht Handlungsspielräume und -bedingungen ebenso festzustellen wie Handlungsfolgen und Nebenfolgen, rückt Kooperationen und Gegenspieler ins Bild. Wer aus dem Zusammenhang reißt, führt in die Irre. Zusammenhangsrekonstruktion kostet Zeit, setzt Wissen voraus, fordert Augenmaß und Behutsamkeit. Rückblickende Kritik wird dadurch nicht ausgeschlossen, sondern fundiert.

3. Historische Differenzen. Wer über ferne Kulturen in weit zurückliegenden Zeiten arbeitet, weiß, wie notwendig es ist, die Differenz zwischen dem Erfahrungs- und Erwartungsstand der eigenen Gegenwart und dem Erfahrungs- und Erwartungsstand der untersuchten Kultur ständig in Rechnung zu stellen. Wenn man über das eigene Land – oder das Nachbarland gleicher Nationalität – im vergangenen Jahrzehnt arbeitet, vergißt man das offenbar leicht. Aber die Wandlungen der letzten Jahre waren so tiefgreifend und rasant, daß das Deutschland der achtziger, siebziger und sechziger Jahre rasch zum fernen Land wird. Für vieles, nicht zuletzt für die nationale Frage wie für die Einschätzung der DDR und ihrer Perspektiven, gilt: Was man heute weiß, als selbstverständlich voraussetzt, hofft und fürchtet, konnte man in aller Regel damals nicht wissen, als selbstverständlich voraussetzen, fürchten und hoffen. Lob und Kritik werden schief und ungerecht, wenn sie diese Differenz nicht ständig mitdenken und darauf aufmerksam machen, in bewußter Anstrengung des Gedankens und der Darstellung.

4. Der Nationalstaat und das Recht der Alternative. In der öffentlichen Debatte zeichnet sich bisweilen ein neuer Dogmatismus des Nationalen ab. Ich meine damit nicht das Plädoyer für die Stärkung eines selbstsicheren, fürs Allgemeinwohl engagierten, demokratischen Nationalbewußtseins, das die innere Einigung erleichtern und Deutschland für die Nachbarn berechenbar halten kann. Ich meine auch nicht den extremen Nationalismus, der sich zum Glück weiter in engen Grenzen hält. Ich meine die selbstsichere Selbstverständlichkeit, mit der Politiker und Kommentatoren verschiedenster Couleur die nationalstaatliche Organisation einer modernen Gesellschaft als unbefragbare Norm unterstellen und davon abweichende Positionen nicht nur als realitätsfern und in den Prognosen widerlegt, sondern auch als moralisch bedenklich und prinzipienlos vorführen zu können glauben. Es ist einzuräumen, daß sich 1989/90 das nationale Prinzip auch in Deutschland mit einer Kraft und Selbstverständlichkeit durchsetzte, die den früher vereinzelt geäußerten Hoffnungen auf eine post-nationalstaatliche Organisation Europas ebenso widersprochen wie den verbreiteten Befürchtungen vor dem Verlust der nationalen Identität der Deutschen den Boden entzogen hat. Aber das heißt doch nicht, daß man nicht mit sehr guten Gründen über die Jahrzehnte hinweg für die Existenz mehrerer deutschsprachiger Staaten in Europa eintreten konnte oder durfte. Es war durchaus möglich und häufig, zugleich *gegen* den diktatorischen Charakter der DDR und *für* die Existenz zweier deutscher Staaten einzutreten.

In unserem Teil der Welt ist es *langfristig* noch nie gelungen, drei Ziele zugleich zu verwirklichen: den starken Nationalstaat, die freiheitlich-demokratische Ordnung im Innern und Friedfertigkeit nach außen. Wer das wußte und weiß, wer die bis 1989/90 bestehende Ost-West-Spaltung und die ihr eigenen Kriegsgefahren in Rechnung stellte, wer überdies die Barbarisierung nicht verdrängte, zu der in Deutschland und anderswo die radikale Verwirklichung des Nationalprinzips geführt hat, für den konnte es auch aus moralischen

Gründen sehr nahe liegen, sich post-nationalstaatlichen Ordnungsvorstellungen zuzuwenden, sie zu prüfen und zu fördern. Auch heute ist die Zukunft auf diesem Gebiet noch offener als diejenigen meinen, die im Licht der Wende von 1989/90 entdecken, wie national sie doch schon immer gewesen sind. Jedenfalls: Wer vor 1989/90 nicht für die Wiederherstellung des einen deutschen Nationalstaats eintrat, war nicht notwendigerweise der schlechtere Patriot. Auch heute ist es falsch, den Nationalstaat als *die* natürliche Organisationsform moderner Gesellschaften anzusehen. Auch heute ist es noch legitim, an der Zielvorstellung einer post-nationalstaatlichen Ordnung festzuhalten. Die Urteile der Historiker differieren in dieser Frage wie die Urteile anderer Zeitgenossen auch. Aber Historiker sollten sich bemühen, die Notwendigkeit und das Recht kontroverser und konkurrierender Ordnungsvorstellungen auch auf diesem Gebiet herauszuarbeiten und darzustellen. Für einen angemessenen Umgang mit der deutschen Geschichte 1945-1990 ist dies entscheidend.

5. Der Vergleich mit dem Nationalsozialismus. Es ist nicht nur üblich, sondern auch legitim und nützlich, die NS-Diktatur und die SED-Diktatur zu vergleichen. Zu beiden Systemen gehörte die systematische Verletzung von Menschen- und Bürgerrechten, die mangelnde Verfassungs- und Rechtsstaatlichkeit, die fehlende Begrenzung der Staatsmacht. Es fehlten die Absicherung relativ autonomer gesellschaftlicher Teilbereiche und der Schutz privater Räume. All dies zeigte sich in der fehlenden Unabhängigkeit der Justiz, eingeschränkter Meinungs- und Versammlungsfreiheit, staatlicher Willkür und Verfolgung von Dissidenten. Offene oder kaum verschleierte Ein-Parteien-Herrschaft, der Hegemonialanspruch einer institutionalisierten Ideologie und die Ablehnung des Pluralismus kennzeichneten beide Systeme. Sie setzten moderne Massenbeeinflussungs- und Massenüberwachungsmittel ein: Propaganda und vielfältige Repression, Verführung und Terror. Beide Herrschaftssysteme zielten auf die Umgestaltung der Gesellschaft und die Erziehung eines neuen Menschentyps, wenngleich mit sehr verschiedenen Inhalten und unterschiedlicher Konsequenz. In solchen, auch lebensgeschichtlich sehr wichtigen Merkmalen glichen oder ähnelten sich beide Systeme, es sind die Merkmale der Diktatur des 20. Jahrhunderts, deren Begriffsbestimmung sich aus dem kontrastierenden Vergleich mit den Prinzipien des liberal-demokratischen Rechts- und Verfassungsstaats ergibt.

Aber zum Vergleich gehört die Benennung von Ähnlichkeiten *und* Unterschieden. Verschiedene Historiker werden unterschiedlich gewichten, und insofern besteht ein erheblicher Spielraum für Diskussion. Aber es ist nicht zu bezweifeln, daß zwischen Nazi-Deutschland und der DDR ganz erhebliche, sehr ins Gewicht fallende Unterschiede bestanden, und zwar gerade auf solchen Gebieten, auf denen sich die Unmenschlichkeit des NS-Systems besonders kraß entfaltete. Weder hat es in der DDR systematische, staatlich gelenkte Massenermordungen gegeben, die auch nur entfernt an die nationalsozialistische Vernichtung der Juden und anderer als „volksfremd“ und schädlich erklärter Minderheiten herangekommen wären. Noch ist von der DDR ein Weltkrieg ausgegangen. Das „Tausendjährige Reich“ bestand weniger als dreizehn Jahre, die DDR mehr als vierzig. Das Nazi-System war ganz und gar hausgemacht, das SED-Regime verdankte sich zum erheblichen Teil sowjetischer Hegemonialpolitik. Nach ihren geistesgeschichtlichen Wurzeln, sozialökonomischen Merkmalen und ideologischen Inhalten unterschieden sich beide Systeme sehr, und das fiel in vielen Bereichen ins Gewicht, sei es in bezug auf die Stellung der Frauen, die Haltung gegenüber den Fremden, die Behandlung der Juden, die Politik gegenüber Frieden und Krieg. Untersucht man das Herrschaftssystem, die Sozial- und Rechtspolitik, die Minderheitenpolitik, die Sozialgeschichte, das Wirtschaftssystem und die kulturellen Traditionen der beiden deutschen Diktaturen genauer, dann sind die fundamentalen Unterschiede zwischen ihnen unübersehbar.

Gerade das, was die nationalsozialistische Diktatur auch noch nach fünfzig Jahren zu einer riesengroßen Last für die nachfolgenden Generationen, zu einer Vergangenheit macht, die nicht vergeht – nämlich der von Deutschland begonnene Krieg und die beispiellosen, staatlich initiierten und gelenkten Massenermordungen –, gerade das gab es in der DDR nicht. Anders als das „Dritte Reich“ stand die DDR auch in den Traditionen des Internationalismus, der Arbeiterbewegung, des Sozialismus und der Aufklärung, so sehr sie diese Traditionen verbog, pervertierte und zerstörte. Nur wer die Differenz zwischen den beiden deutschen Diktaturen im Auge behält, wird die verschiedenen Varianten ostdeutschen Verhaltens – die von der überzeugten Unterstützung über bedenkenlose Anpassung bis hin zu Resistenz und seltenem Widerstand reichten – und die verschiedenen Varianten westdeutschen Verhaltens gegenüber der DDR – von anti-kommunistischer Totalablehnung über friedens- und reformorientierte Realpolitik bis hin zu Kooperation und Anbiederung – historisch und moralisch richtig einordnen können.

Der Vergleich zwischen der ersten und der zweiten deutschen Diktatur ist sicher legitim und nützlich, überdies wissenschaftlich notwendig, schon weil er ohnehin im Diskurs der Vergangenheitsbewältigung, in Politik und Öffentlichkeit gegenwärtig verbreitet ist. Es läßt sich viel aus ihm lernen. Die Gesellschaft der DDR war in hohem Maße von diktatorischer Herrschaft ermöglicht, durchformt und geprägt. Ebenso wichtig ist allerdings, die Grenzen der Durchsetzung diktatorischer Herrschaft zu analysieren, um dcn vielfältigen Formen des Umgangs mit ihr in den verschiedenen sozialen Gruppen und Lebensbereichen gerecht zu werden. Denn auch im Fall der DDR gilt: Die vielschichtige historische Realität läßt sich als Objekt diktatorisch-staatlicher Herrschaft nur teilweise entschlüsseln. Sie ist zu komplex, als daß sie durch das dichotomische Begriffspaar „Diktatur – liberal-demokratischer Rechts- und Verfassungsstaat“ hinreichend erfaßt werden könnte. Der Diktaturenvergleich beleuchtet einige Dimensionen der DDR-Wirklichkeit, andere nicht.

Die Pflicht der Historiker ist es zu differenzieren. Ihnen muß es um die Nuancen gehen, um die Grautöne zwischen Schwarz und Weiß, um die Mehrdeutigkeiten und Proportionen. Indem sie dies öffentlich und mit Leidenschaft verfechten, entsprechen sie nicht nur den Regeln ihrer Wissenschaft, sondern können auch hoffen, zur inneren Vereinigung Deutschlands und zur Festigung seiner demokratischen politischen Kultur beizutragen.

Markus Meckel

Demokratische Selbstbestimmung als Prozeß

Die Aufgabe der Politik bei der Aufarbeitung der DDR-Vergangenheit

Auch im fünften Jahr nach dem Ende des Kalten Krieges, das für uns Deutsche nicht nur die Chance, sondern auch die Wirklichkeit der Vereinigung brachte, ist der Streit um die Vergangenheit groß. Er wird nicht nur unter Historikern, sondern in erster Linie in der breiten Öffentlichkeit ausgetragen. Die Haltungen sind kontrovers und werden mit viel Emotionen vertreten. Oft geht es um Personen des öffentlichen Lebens und ihre Vergangenheit, um Verstrickungen in das SED-System, um die Frage nach der Glaubwürdigkeit. Oder es wird – nicht selten recht scheinheilig – danach gefragt, wer die deutsche Einheit kontinuierlich als Ziel verfolgte oder sie etwa aus dem Blick verloren hatte, weil man sie kurz- und mittelfristig nicht für erreichbar hielt. Politische Interessen verschärfen die Debatte, rechnen mit dem kurzen Gedächtnis vieler, formen die Vergangenheit zu Schlagwaffen. Kritische Auseinandersetzungen derer, die in der DDR vielfach sehr unterschiedlich gelebt haben, vermischen sich mit dem alten Schlagabtausch der Parteien über die Ost- und Deutschlandpolitik.

Vor diesem Hintergrund werden Rufe nach einem Schlußstrich unter die Vergangenheit immer wieder laut – öffentlich, aber fast noch mehr im persönlichen Gespräch „mit dem Mann auf der Straße". Man kann es nicht mehr hören, diesen öffentlichen Streit um Vergangenes, insbesondere das Thema Stasi. Wenn jemand einem anderen nicht unmittelbar geschadet habe, komme es doch heute mehr darauf an, was einer jetzt tue, und nicht, was früher war. Angesichts von Arbeitslosigkeit, wirtschaftlicher Misere und leeren öffentlichen Kassen müsse es um die Gestaltung von Gegenwart und Zukunft gehen. Hierzu werde alle Kraft gebraucht. Mit der Vergangenheit sollten sich die Historiker befassen, doch nicht die Öffentlichkeit, nicht die Politiker. Die hätten andere Aufgaben.

Politische Instrumentalisierung der Vergangenheit vermindert zunehmend die Akzeptanz der politischen Aufarbeitung unserer Vergangenheit.

Dies vorhersehend bzw. reflektierend wurde verschiedentlich gefordert, man müsse die Politik da heraushalten. Der Parteienstreit mache die Aufarbeitung kaputt, sie sei nur möglich als offener gesellschaftlicher Prozeß, der anders als durch politische Institutionen gestaltet werden muß. Die Gefahr ist auch offensichtlich, doch was sollte die Alternative sein? Der Ruf nach einem „Tribunal“ erwies sich als unangemessen, das daraus erwachsene Leipziger Forum als nicht funktionsfähig.

Gesellschaftliche Gruppen, die sich die Aufarbeitung der Vergangenheit zur Aufgabe machen, fühlen sich an den Rand gedrängt und kämpfen ums Überleben – sie sind keine Unternehmen, die Gewinn einbringen. Sofort stellt sich die Frage nach dem öffentlichen Interesse, nach Förderung mit öffentlichen Mitteln. Darüber aber entscheiden politische Institutionen. Diese sind wiederum in sehr unterschiedlichem Maße auf solche Entscheidungen und die damit verbundenen Problemstellungen vorbereitet.

Gesellschaftliche Prozesse sind nicht politikfrei. Wo Probleme und Fragen entstehen, welche die Menschen wirklich bewegen und Handeln erfordern, gibt es unterschiedliche Interessen und damit Streit, eben auch politischen Streit. Niemand soll glauben, daß die politischen Auseinandersetzungen um die Vergangenheit geringer würden, wenn die Politik sich nicht selbst die Aufarbeitung von Vergangenheit zum Ziel machte. Wo dies bewußt geschieht, gibt es dagegen vielleicht die Chance, diesen Prozeß auch zu gestalten.

Aufgaben der Politik

Die Geschichte zweier Diktaturen in Deutschland und ihre Folgen prägen unsere Gegenwart, ob wir uns dem bewußt stellen oder nicht. Wer gesellschaftliche Prozesse beeinflussen und verantwortlich handeln will, sollte sich jedoch die Bedingungen und den Horizont seines Handelns bewußt machen. Manche Entwicklungen der Gegenwart und mit ihr entstehende Aufgaben erschließen sich erst mit einem Blick auf die Vergangenheit, auf die Prägungen von Menschen und Verhältnissen durch ihre Geschichte. Wer Opfer rehabilitieren und ihnen helfen will, wer Unrecht entschädigen, Benachteiligte fördern, in ganz unterschiedlichen gesellschaftlichen Verhältnissen gewachsene Lebensbedingungen (etwa was berufliche Abschlüsse, Rentenansprüche, Nutzungs- und Wohnrechte etc. angeht) einander angleichen will, um in diesem geeinten Staat und seinen noch zwei Gesellschaften mehr Gerechtigkeit zu schaffen – er muß diese vergangene Gesellschaft und ihre Lebenbedingungen kennen. Wer mit den Folgen dieser Vergangenheit umgeht, ohne sie zu kennen, ist oft schon dabei, neues Unrecht zu tun bzw. altes zu verlängern.

Wer eine Diktatur nicht nur als Herrschaftsform, sondern auch im gesellschaftlichen Leben überwinden will, steht vor der schwierigen Aufgabe, ihre strukturellen, personellen und geistigen Hinterlassenschaften zu identifizieren und sich darüber Klarheit zu verschaffen, wie man mit ihnen umgehen soll. Dabei ist es wichtig, nach möglichst klaren Kriterien zu verfahren. Doch auch die sind umstritten.

Die Probleme sind vielfältig. Eine zentrale Frage ist, wie mit den Personen umzugehen ist, die das bisherige System verantwortlich gestaltet und getragen haben. Wie durchsichtig soll werden, was früher geschah, wenn die Akteure noch unter uns leben? Diese Frage wird in Deutschland ganz anders beantwortet als etwa in Polen.

Was ist der Demokratie dienlicher: Der Versuch, diese Leute zur Verantwortung zu ziehen und so weit als möglich aus künftigen Leitungsfunktionen zu entfernen, um so den demokratischen Institutionen mehr Glaubwürdigkeit zu geben, oder das Bemühen, sie in die neuen Strukturen zu integrieren und sie für eine demokratische Entwicklung zu gewinnen? Dazu müßte entschieden werden, nach welchen Kriterien und nach welchem Verfahren politisch belasteten Eliten der Zugang zum öffentlichen Dienst verwehrt werden kann und wer als belastet gelten soll.

Um diese Fragen zu beantworten, hätte es einer breiten Diskussion bedurft, nach welchen Maßstäben bestimmte Verhaltensweisen von Entscheidungsträgern zu bewerten sind. Das setzte aber genaue Kenntnisse darüber voraus, wie groß der persönliche Spielraum in den verschiedenen Funktionsebenen war. Bevor diese Fragen in einem öffentlichen Meinungsbildungsprozeß hätten behandelt werden können, waren durch den Einigungsvertrag und die weitgehende Übernahme des westlichen Dienst- und Arbeitsrechts die Würfel gefallen, und es spielte fast nur noch die Mitarbeit bei der Staatssicherheit eine Rolle.

In diesen Zusammenhang gehört auch der Umgang mit den Akten. Deutschland ist der einzige Staat, in dem sogar die Akten der Staatssicherheit zugänglich gemacht wurden, alle anderen Staaten des ehemaligen Ostblocks haben bisher einen solchen Schritt nicht gewagt. Doch sind diese wiederum auch heute noch in viel stärkerem Maße von den gesellschaftlichen Eliten abhängig, die mit dem alten System verbunden waren, als es durch die Möglichkeit des Personaltransfers in Deutschland der Fall ist.

Und dann sind da die Opfer der Diktatur, denen Gerechtigkeit widerfahren muß. Die moralische Bewertung der Demokratie hängt für viele nicht unwesentlich davon ab, wie sie diese Aufgabe bewältigt. Wie kann man denen gerecht werden, die durch das vergangene System einen über das in der DDR Normale hinausgehenden persönlichen Schaden erlitten haben?

Man kann das Unrecht nicht ungeschehen, Vergangenes nicht wieder rückgängig machen. Gerade nach vielfach jahrelanger Kriminalisierung der Opfer in der DDR und angesichts der Tatsache, daß sie vielfach schweigen mußten über das ihnen Angetane, ist es wichtig, das Unrecht als solches bekanntzumachen und öffentlich zu brandmarken. Es darf nicht vergessen und muß in Erinnerung gehalten werden. Dafür braucht es auch Orte des Gedenkens. Diese zu schaffen, darf nicht den Opfern allein überlassen bleiben. Es müssen Orte werden, an denen sich die Nation als Ganzes auch diesem Teil ihrer Geschichte stellt. Wo es möglich ist, müssen die Opfer nicht nur rehabilitiert und entschädigt, sondern auch besonders gefördert werden.

Anders als in den zwölf Jahren des Nationalsozialismus in Deutschland hatten sich in den vierzig Jahren DDR auch fast alle gesellschaftlichen Strukturen verändert. Das Problem, diese in eine demokratische und marktwirtschaftliche Gesellschaft umzugestalten, teilte Deutschland in Bezug auf die frühere DDR mit seinen östlichen Nachbarn. Doch ging es in Deutschland nicht nur um die beschriebene Transformation. Hier hatte eine Eingliederung in ein völlig anderes System stattgefunden. Fast im Handstreich wurde die DDR mit der Vereinigung in die festgefügten rechtlichen und gesellschaftlichen Verhältnisse der alten Bundesrepublik eingegliedert, die in vierzig Jahren unter ganz anderen Bedingungen gewachsen waren. Manche bedauern heute die fehlende Möglichkeit einer eigenständigen Bewältigung dieser Vergangenheit in einem selbstgestalteten Transformationsprozeß. Doch war das historisch nicht möglich, weil die große Mehrheit der DDR-Bürger es einfach nicht wollte. So war die Möglichkeit der Vereinigung eine große Chance. Das aber macht es nun nötig, in jedem gesellschaftlichen Bereich im einzelnen zu identifizieren, wo die durch die Eingliederung notwendige Umstellung nicht einfach nur andere Verhältnisse schafft, sondern zu nicht akzeptablen Ungerechtigkeiten führt, so daß Übergänge oder neue Strukturen geschaffen werden müssen. Die Bereitschaft dazu muß aber bei den Verwaltungen und politischen Entscheidungsträgern insbesondere auf Bundesebene vielfach erst geschaffen werden. Dafür muß die jeweilige Notwendigkeit jedoch erst einmal erkannt und anerkannt werden. Das aber setzt voraus, daß man die alten Strukturen der DDR und ihre Lebenszusammenhänge genau kennt. Wer in den Bürokratien und Verwaltungen der Bundesministerien kannte sie aber? Als Beispiel seien nur die unterschiedlichen Sozial-, Versicherungs- und Rentensysteme genannt.

Natürlich kommen dann auch Interessen ins Spiel. Nehmen wir die Eigentumsfrage als herausragenden Fall. Die durch eine interessierte Lobby im Westen Deutschlands durchgesetzte Regelung nach dem Prinzip „Rückgabe vor Entschädigung“, nach der man glaubte, an jahrzehntealte Rechte ohne Berücksichtigung der dazwischenliegenden, grundlegend anderen Gesellschafts- und Lebensbedingungen anknüpfen zu können, hat ja nicht nur in hohem Maße die wirtschaftliche Entwicklung im Osten behindert, sondern auch im Bewußtsein der Menschen spezifische Prägungen hinterlassen.

Die Gesetzgebung der letzten Jahre zeigt die klare Tendenz, daß der Entschädigung materieller Verluste (Eigentum) eine deutliche Priorität eingeräumt wurde vor der Entschädigung der immateriellen Schäden, durch welche Menschen nach Haft und Verfolgung an Leib und Leben dauerhafte Folgen zu tragen haben.

Ein anderes Beispiel, das ebenfalls langfristige Wirkung zeitigt, ist das Problem der Altschulden sozialistischer Betriebe. Wer sie behandelte wie normale betriebswirtschaftliche Schulden nach den Regeln eines marktwirtschaftlichen Gefüges, hatte ihre Bedeutung in der sozialistischen Wirtschaft nicht verstanden oder wollte es nicht, jedenfalls wurden und werden so viele Unternehmen im Osten zugrundegerichtet, obwohl sie hätten überleben können.

Die Beispiele ließen sich vermehren. Die Vergangenheit wirkt nach, man muß sie kennen, sich bewußt machen, wie das geschieht, um dann damit angemessen umgehen zu können. Es wird für die Zukunft des geeinten Deutschland von großer Bedeutung sein, ob es gelingt, langfristig fortwirkende Benachteiligungsstrukturen im Osten Deutschlands nicht nur zu erkennen, sondern auch aufzuheben. Ein breit angelegter Lastenausgleich etwa, möglichst bald nach der Vereinigung, zu dem damals im Westen Deutschlands eine große Mehrheit bereit gewesen wäre, hätte hier manche problematischen Entwicklungen mindern und die gesamtdeutsche Erfahrung der Zusammengehörigkeit stärken können. Es wäre eine manifeste Anerkennung der bis heute nachwirkenden Tatsache gewesen, daß die Ostdeutschen mit den Folgen des von Deutschland ausgegangenen Zweiten Weltkrieges in viel stärkerer Weise belastet wurden als die, die das Glück hatten, westlich von Elbe, Harz und Thüringer Wald zu leben.

Die hier mehr angedeuteten als dargestellten Probleme machen hinreichend deutlich, vor welch schwierigen Aufgaben die Politik nach 1990 stand und in weiten Bereichen noch heute steht. Ebenso klar wird aber, daß die Aufarbeitung von Vergangenheit ein langer gesellschaftlicher Prozeß ist. Politische Entscheidungsträger sind zum Handeln herausgefordert, doch ist Aufarbeitung der Vergangenheit nicht nur ihre Sache. Literatur, Theater und Film beginnen, sich mit dieser Vergangenheit und ihren Folgen auseinanderzusetzen. Die Geschichtsschreibung hat ein unermeßliches Arbeitsfeld dazugewonnen, durch neue Fragestellungen ebenso wie durch die Fülle neu zugänglicher Quellen. Auch wenn immer deutlicher wird, daß eine juristische Aufarbeitung nicht das bringen kann und wird, was viele von ihr erwarten, bleibt sie unverzichtbar. Leider ist sie bis heute dazu noch sehr ungenügend mit Personal ausgestattet. Es läßt sich auch fragen, ob die dafür geschaffenen Organisationsformen der Justiz den Phänomenen, die sie verfolgen, angemessen sind. Ich denke dabei daran, daß die Taten einer zentralistischen DDR-Regierung schon um der Effektivität willen länderübergreifend in enger Kommunikation miteinander untersucht und verfolgt werden müßten.

Doch geht es nicht nur um Strafverfolgung. Betrachtet man die Zeit nach 1945, so hat damals sowohl national wie international eine Rechtsentwicklung stattgefunden, die ihresgleichen sucht. So stellt sich auch heute die Frage, was angesichts der DDR-Erfahrung im Rahmen der Gesetzgebung getan werden muß. Das betrifft einmal das Umgehen mit den Folgen der Vergangenheit, aber auch die Frage, was getan werden kann oder auch muß, um die Demokratie zu schützen. Jeder platten Antwort wird hier zu wehren sein, da die staatlichen Mittel zum Schutz der Demokratie beschränkt sind, doch steht die Frage im Raum. So ist etwa zu diskutieren, ob und wie es möglich ist, Rechtsmittel zu schaffen, national wie international, um Diktatoren und ihre Helfershelfer künftig strafrechtlich verfolgen zu können. Es kann doch nicht so bleiben, daß Diktatoren nur zu Beginn ihrer Herrschaft das bestehende Recht außer Kraft setzen müssen, um dann – nach ihrem Sturz – nicht mehr strafrechtlich verfolgt werden zu können!

Der Deutsche Bundestag hat manche Aufgabe übernommen, welche die erste frei gewählte Volkskammer in den wenigen Monaten ihres Bestehens nicht bewältigen konnte, wenngleich sie vieles in Angriff genommen hat. Eine Fülle von Gesetzen der letzten Jahre regelt die Hinterlassenschaft der DDR bzw. den Umgang mit ihr – Rehabilition und Entschädigung der Opfer, Rentenansprüche, die

Tätigkeit früherer Funktionsträger der DDR im Öffentlichen Dienst, den Zugang zu den Akten und vieles andere mehr.

Hervorgehoben werden muß das Stasi-Unterlagen-Gesetz, das lange diskutiert wurde, vor seinem Inkrafttreten und danach. Es hat den Opfern die über sie gesammelten Akten zugänglich gemacht und die nicht personenbezogenen Akten der Forschung geöffnet. Ein wichtiges Argument dafür war, daß es zu vielen Denunziationen über eine Mitarbeit bei der Staatssicherheit gekommen war, es aber keine Regelung für die Überprüfung solcher Aussagen gab. Die früheren Mitarbeiter der Staatssicherheit hätten ihr Wissen als Herrschaftswissen nutzen können, ohne daß man dem wirksam hätte entgegentreten können, es sei denn durch eine allgemeine Amnestie, die die Mehrheit jedoch – wie ich denke, zu recht – nicht wollte. Entgegen manchen Befürchtungen ist es nirgendwo zu Übergriffen und Lynchjustiz gegen frühere Stasi-Mitarbeiter gekommen.

Das Werk der Aufarbeitung ist jedoch mit diesen – im Detail immer wieder umstrittenen – Gesetzen allein nicht getan. Wenn die Politik den Herausforderungen, welche diese Jahrzehnte DDR, die Teilung, die Diktatur und ihre Folgen für das geeinte Deutschland bedeuten, gerecht werden will, muß sie versuchen, den gesellschaftlichen und politischen Prozeß der Aufarbeitung immer wieder neu zu initiieren und in Gang zu halten.

Die Enquete-Kommission des Deutschen Bundestages

Die Arbeit der Kommission soll in diesem Beitrag ausführlicher geschildert werden, als es vom Thema her nötig wäre, da sie ihre Arbeit in dieser Legislaturperiode beendet hat (Juni 1994) und eine Weiterarbeit ungewiß ist.

In den ersten Jahren nach der Vereinigung gab es zur Frage nach der politischen Aufarbeitung der DDR-Geschichte eine intensive öffentliche Debatte. Es erschien sinnvoll, eine Institution zu schaffen, die es sich unabhängig von der aktuellen Tagespolitik zur Aufgabe macht, das Thema gerade angesichts mancher Verengungen der öffentlichen Diskussion kontinuierlich zu bearbeiten. In einer Presseerklärung vom November 1991 schlug ich die Bildung einer Enquete-Kommission zur Aufarbeitung der DDR-Geschichte vor:

„Die unbearbeitete DDR-Geschichte lastet auf uns, treibt viele Menschen um und läßt uns in Deutschland nicht zur Ruhe kommen. Es ist die Geschichte der DDR, die Geschichte der Menschen, die in ihr lebten. Die Erfahrungen von Unrecht und Unterdrückung sind noch lebendig, Verletzungen können nicht einfach weggewischt werden. Und das nicht nur aus moralischen Gründen, sondern auch, um das Vertrauen in gerade erst gewonnenes Recht und Rechtsstaatlichkeit zu festigen und nicht zu zerstören.

Tod, Leid und Entmündigung prägen diese Geschichte genauso wie Anpassung, Sich-durch-Wursteln, schweigendes und lautes Mittun, Mitschreien. Doch es gab auch Wahrheit und die Forderung nach Demokratie, das Sich-verweigern und Widerstand. Und dann gab es den zur Tat werdenden Willen zu Rechtsstaatlichkeit und Recht, sich nicht für unzuständig erklären zu lassen für die eigene politische Wirklichkeit.

Es ist eine weithin unbekannte Geschichte, obwohl Millionen davon betroffen sind. Mythen machen sich breit, Verantwortliche für das herrschende System gibt es offensichtlich kaum. Recht scheint es, was diese Geschichte betrifft, nicht zu geben, jedenfalls bisher keine Urteile. Gerichtsurteile sind in einem Rechtsstaat Sache der Justiz. Doch ist eine öffentliche Debatte darüber, wie Recht hier angewandt werden kann, dringend erforderlich.

Von solcher juristischen Aufarbeitung ist die politische zu unterscheiden. Diese ist nicht minder dringlich. Staat und Gesellschaft sind hier in ihrer ganzen Breite gefordert, in den Schulen, in der Wissenschaft, an den Universitäten, in den Gewerkschaften und Verbänden sowie in den Ländern und Kommunen. Eine Aufklärung über die nicht genügend geklärten Vorgänge, Zusammenhänge und Verantwortlichkeiten in der DDR durch eine ‚Enquete-Kommission zur politischen Aufarbeitung von 40 Jahren Vergangenheit der DDR‘ würde den Deutschen Bundestag in die Lage versetzen, den aus dieser Geschichte und den von ihr betroffenen Menschen, die er vertritt, in seinen eigenen Handlungen besser gerecht zu werden. Er kann und sollte selbst die Initiative ergreifen, sich bessere Voraussetzungen für seine Urteilsfähigkeit und sein Handeln zu schaffen, und daran mitwirken, eine ‚Anatomie des SED-Staates' zu erstellen.

Eine Enquete-Kommission sollte über die ganze Legislaturperiode daran arbeiten, die Wirklichkeit des Systems und des Lebens in der DDR durchsichtig zu machen und Verantwortlichkeiten klarer darzustellen."

Ich zitiere diese Presseerklärung so ausführlich, um deutlich zu machen, daß die Einrichtung dieser Kommission von Anfang an in dem Bewußtsein geschah, selbst nur Teil eines gesamtgesellschaftlichen Prozesses zu sein und die spezifische Aufgabe hat, den Horizont des Gesetzgebers für sein politisches Handelns zu erhellen. Dies entspricht der grundsätzlichen Funktion von Enquete-Kommissionen, die eingerichtet werden „zur Vorbereitung von Entscheidungen über umfangreiche und bedeutsame Sachkomplexe" (so die Geschäftsordnung). Nur war es eben das erste Mal, daß sich eine solche mit einem auf die Zeitgeschichte bezogenen Thema befaßte.

Am 12. März 1992 wurde nach einigem Hin und Her die Kommission gebildet. Anders, als es sonst bei Enquete-Kommissionen üblich ist, hatte sie die Aufgabe, ihren Arbeitsauftrag auf der Grundlage der vorliegenden Anträge selbst zu erarbeiten. Es war dann ein erster Erfolg, daß ihr dies nach anfangs sehr zähen Verhandlungen auch gelang. Am 20. Mai 1992 konnte dieser Auftrag im Bundestag mit großer Mehrheit verabschiedet werden. Obwohl Dietmar Keller sich dafür ausgesprochen hatte, stimmte einzig ein Teil der PDS-Abgeordneten dagegen, weil die Bezeichnung „SED-Diktatur" für die DDR als Vorverurteilung angesehen wurde.

Das Ziel der Arbeit wurde durch folgende Stichworte beschrieben:
- Beiträge zur politischen und moralischen Rehabilitierung der Opfer und zur Überwindung der diktaturbedingten Schäden;
- Aufzeigen von Möglichkeiten zur Überwindung fortwirkender Benachteiligungen in Bildung und Beruf;
- Beiträge zur Klärung der Problematik von Regierungskriminalität in der DDR;
- Erhalt, Sicherung und Öffnung der einschlägigen Archive;

- Verbesserung der Voraussetzungen der wissenschaftlichen Aufarbeitung der SBZ/DDR-Vergangenheit;
- Handlungsempfehlungen an den Deutschen Bundestag im Hinblick auf gesetzgeberische Maßnahmen und sonstige politische Initiativen;
- Hinweise zur pädagogisch-psychologischen Verarbeitung der DDR-Vergangenheit.“

Sechs große Themenfelder wurden benannt, welche sowohl in öffentlichen Anhörungen als auch durch die Vergabe und Auswertung von wissenschaftlichen Expertisen bearbeitet wurden:

1. Machtstrukturen und Entscheidungsmechanismen im SED-Staat und die Frage der Verantwortung
2. Rolle und Bedeutung der Ideologie, integrativer Faktoren und disziplinierender Praktiken in Staat und Gesellschaft der DDR
3. Recht, Justiz und Polizei im SED-Staat
4. Innerdeutsche Beziehungen und internationale Rahmenbedingungen
5. Rolle und Selbstverständnis der Kirchen in den verschiedenen Phasen der SED-Diktatur
6. Möglichkeiten und Formen abweichenden und widerständigen Verhaltens und oppositionellen Handelns, die friedliche Revolution im Herbst 1989, die Vereinigung Deutschlands und Fortwirken von Strukturen und Mechanismen der Diktatur

Von Anfang an gab es manche Skepsis, mit einer Parlamentskommission die DDR-Vergangenheit aufarbeiten zu wollen. Zwei der Argumentationen will ich nennen, die sich meiner Ansicht auch nicht grundsätzlich widerlegen ließen, da sie eine dauerhafte Gefahr für die Arbeit der Kommission darstellten.

Der erste Einwand kam von Historikern. Sie befürchteten, es solle mit dieser Kommission eine staatlich legitimierte Geschichtsschreibung geschaffen werden bzw. ihre Darstellungen und Bewertungen historischer Sachverhalte sollten gewissermaßen als Staatsweisheit künftig in Schulen gelehrt werden.

Liest man die ersten Anträge der Fraktionen und Gruppen, wird einem dieser Einwand noch verständlicher, als er unmittelbar schon ist, denn diese lesen sich eher wie das Programm eines historischen

Forschungsinstituts für die nächsten 20 Jahre als ein Arbeitsauftrag für eine Parlamentskommission.

Die von der Kommission erstellte Aufgabenstellung ist im Bewußtseins dieser Gefahr formuliert worden und versuchte, ihr zu entgehen. Im Vollzug der Arbeit war es dann angesichts der Fülle des Stoffes und der Einsicht, daß die Aufarbeitung von Geschichte nur möglich ist, wenn sie angesichts mancher „weißer Flecken“ selbst erhellt und durchleuchtet wird (zumal viele Akten erst jetzt zugänglich sind), auch wirklich eine ständige Versuchung, sich mehr dem Erkennen, der Darstellung und der Diskussion dieser Geschichte zu widmen als der spezifischen parlamentarischen Aufgabe. Gerade zum Ende der Kommissionsarbeit hin ging durch den Druck der Mehrheit vielfach beides verloren, sowohl die Seriosität in der Darstellung als auch – und das wiegt noch schwerer – die notwendige Diskussion über die politischen Empfehlungen. Durch immer wiederkehrende methodische Schwächen und Blockaden durch die Mehrheit – man konnte es manchmal schon eine „methodologische Kopflosigkeit“ nennen – gelang es oft nicht, die Arbeit durch klare Fragestellungen zu konzentrieren. Das spiegelt in gewisser Weise auch der Bericht wider, der sich in manchen Teilen dann doch eher wie eine Geschichtszusammenfassung liest, wenngleich auch immer wieder versucht wurde, offene und weiterführende Fragestellungen zu benennen.

Der zweite Einwand beruhte auf der Annahme, daß die notwendige Aufarbeitung der Geschichte zur Schlammschlacht zwischen den Parteien würde, womit Auseinandersetzungen der Vergangenheit einfach nur wiederaufgewärmt würden bzw. die Beschäftigung mit dieser Geschichte nur dazu diente, Material für gegenseitige Vorwürfe zu sammeln, die eigentliche Aufgabe deshalb nicht angemessen angegangen werden könne. Natürlich gab es auch entsprechende Ängste bei beiden großen Parteien, daß in die Diskussion gekommene empfindliche Themen von der anderen Seite ausgeschlachtet werden.

Innerhalb der Kommission wurde schon frühzeitig im Konsens erklärt, daß an Fragen und Problemen nichts ausgespart werden dürfte. Das betraf insbesondere solche sensiblen Themen wie die

Ost- und Deutschlandpolitik der SPD, doch auch die Rolle und Funktion der Blockparteien.

Diese Befürchtungen haben sich in gewisser Weise bestätigt. So haben CDU und FDP Ende Mai 1993 per Mehrheitsabstimmung verhindert, daß bei der Vergabe wissenschaftlicher Aufträge zur Rolle der Blockparteien in der DDR je zwei verschiedene Autoren damit beauftragt wurden, um die Pluralität der Einschätzungen und der wissenschaftlichen Darstellung zu gewährleisten. Bei der Vergabe von Expertisen zur Deutschlandpolitik der CDU-geführten Bundesregierungen gab es ähnliche Schwierigkeiten. 1994 wurde anhand von Materialien der Kommission eine öffentliche Diskussion über sogenannte Verfehlungen der SPD in der Deutschlandpolitik geführt, die weit unter dem Niveau sachgerechter historischer Aufarbeitung lag. Diese Ereignisse und die entsprechenden Abstimmungen haben die Enquete-Kommission zeitweise in eine tiefe Krise gebracht, der Vorwahlkampf war deutlich spürbar. Doch konnte nach manchen Turbulenzen immer wieder ein Arbeitsklima hergestellt werden, das die Weiterarbeit ermöglichte. So gibt es zwar sowohl zu den Blockparteien wie zur Ost- und Deutschlandpolitik Sondervoten, doch wurde das gemeinsam als angemessen empfunden, konnte es doch nicht darum gehen, den jeweiligen Dissens zu vertuschen.

Auch unter politischen Gesichtspunkten wäre es wenig hilfreich gewesen, kritische Fragen und problematische Tatsachen unter dem Tisch halten zu wollen. Gelingen konnte es sowieso nicht, gibt es doch auch für eine Parlamentskommission keinen privilegierten Zugang zu den Quellen und jedenfalls kein Monopol auf historische Darstellung und öffentliche politische Bewertung. So wurden von seiten der SPD von Beginn an auch konfliktreiche Fragen offensiv thematisiert und auch jeweils interner Streit offen ausgetragen. Bei allen Konflikten zwischen den Parteien, die es im Laufe der Arbeit gegeben hat, zeigte sich meiner Ansicht nach immer deutlicher, daß eine parteipolitische Instrumentalisierung der Geschichte sehr kurzsichtig ist und die in ganz Deutschland notwendige Aufarbeitung behindert. Keine Partei wird daraus mehr als tagespolitischen Nutzen ziehen können.

Die Arbeit der Kommission geschah mehr und mehr in kleineren Berichterstattergruppen zu den sechs Themenbereichen. Diese verständigten sich sowohl auf die Anhörungen als auch auf die Themen und Autoren von Expertisen. Hinzu kamen verschiedene Arbeitsgruppen, so zur Staatssicherheit, zur Frage des Umgangs mit den Opfern sowie mit den Eliten des SED-System. Gleich zu Beginn ihrer Arbeit hat die Kommission eine „Arbeitsgruppe Archive" gebildet. Hier ging es darum, die Akten- und Archivlage zu sichten und Möglichkeiten ihrer Sicherung und Zugänglichkeit zu erarbeiten. In diesem Zusammenhang fand auch eine Reise nach Moskau statt.

Aufgrund der kurzen Zeitdauer konnte die Kommission kaum größere Forschungsaufträge vergeben, da diese bis zum Ende der Legislaturperiode abgeschlossen sein mußten. So war sie auf die Vergabe kleinerer wissenschaftlicher Expertisen angewiesen. Dabei muß berücksichtigt werden, daß diese jeweils einen sehr verschiedenen Charakter und Arbeitsumfang haben. Manche sind nur eine Darstellung des Forschungsstandes, andere eine – manchmal auch sehr unvollständige – Sichtung der Aktenlage mit einer ersten Auswertung, wieder andere stellen aus einer Mischung von eigener Erfahrung und ersten Quellensammlungen neue Ergebnisse vor.

Entsprechend dem Selbstverständnis, möglichst intensiv die öffentliche Diskussion über die Vergangenheit in der Gesellschaft mitzuprägen und auch im Westen Deutschlands ein sachgerechtes Bild vom Leben und den inneren Zusammenhängen in der DDR nachzuzeichnen, hatten Anhörungen und öffentliche Symposien ein besonderes Gewicht für die Arbeit der Kommission.

Eine Enquete-Kommission ist kein Untersuchungsausschuß. Ein solcher untersucht einen konkreten Vorfall bzw. einen spezifischen Handlungsbereich und sucht entsprechend dann auch nach den jeweils konkreten, persönlichen Verantwortlichkeiten. Dafür kann er jeden Bürger bis zum Bundeskanzler vorladen und diese sind dann verpflichtet zu erscheinen. Seine Ergebnisse können strafrechtliche Konsequenzen haben.

Eine Enquete-Kommission dagegen hat solche Befugnisse nicht, sie verfolgt aber auch ein anderes Ziel. Ihre Aufgabe ist in unserem

Fall die Klärung *allgemeiner Zusammenhänge*. Wir fragten danach, wie Entscheidungen zustandekamen, wer wem etwas zu sagen hatte, durch welche Bedingungen das Handeln jeweils beeinflußt war, usw. Es sollte deutlich werden, wodurch das Leben in der DDR bestimmt war, und was es prägte. Der Einzelfall hatte nur exemplarische, den Gesamtzusammenhang erhellende Bedeutung.

Bei eingeladenen Zeitzeugen war die Enquete-Kommission auf freiwilliges und offenes Reden angewiesen, auf die Bereitschaft, das eigene Erleben und die entsprechenden Kenntnisse wahrheitsgemäß darzustellen.

Die erste öffentliche Anhörung fand Ende September 1992 statt zum Thema „Grenzen und Möglichkeiten justizieller Aufarbeitung". Ziel war, gerade durch die Behandlung der strittigen Frage, bis zu welchem Grade justizielle Aufarbeitung möglich ist, die eigene Aufgabe der politischen Aufarbeitung schärfer in den Blick zu bekommen. Dabei wurde deutlich, daß auch die justizielle Aufarbeitung sehr darauf angewiesen ist, einen tieferen und sachgemäßen Einblick in die Lebenszusammenhänge in der DDR zu bekommmen, da nur so der individuelle Handlungsspielraum des jeweils Handelnden zu beurteilen ist. Leider konnte später das Vorhaben nicht mehr umgesetzt werden, eine Untersuchung darüber anstellen zu lassen, ob die Frage nach dem persönlichen Handlungsspielraum und damit nach der persönlichen Verantwortung von Zeitgeschichtlern ebenso beurteilt wird wie von Richtern. Dies durch eine Analyse von Urteilsbegründungen abgeschlossener Verfahren zum Unrecht in der DDR durch Historikern einschätzten zu lassen, wäre gewiß interessant und wichtig.

In einem Symposion mit den Gruppen und Initiativen, die im Osten Deutschlands in sehr verschiedener Weise an der Aufarbeitung der DDR-Vergangenheit arbeiten, sollte versucht werden, die gegenseitige Kenntnis der jeweiligen Arbeit zu fördern und den Kontakt mit und zwischen ihnen zu erleichtern. In der Arbeit der Kommission hat sich das dann jedoch kaum niedergeschlagen. Versuche, das Engagement dieser Gruppen vor Ort wirksam zu fördern bzw. dabei zu helfen, es auf eine zukunftsfähige Grundlage zu stellen, sind gescheitert.

Zu jedem der Themenbereiche fanden mehrere Anhörungen statt. In diesen ist eine Fülle von Erkenntnissen und Erfahrungen zur Sprache gekommen. In Auswertung der Anhörungen, Expertisen und Kommissionssitzungen wurde ein Bericht erarbeitet, der in hohem Maße die Schwierigkeiten widerspiegelt, mit denen die Kommission zu tun hatte. Dabei ging es nicht nur um inhaltliche Kontroversen, sondern insbesondere um methodische Probleme. Wichtig ist, daß er eine Fülle von Fragestellungen und Problemen enthält, die in der relativ kurzen Arbeitszeit von zwei Jahren nicht behandelt werden konnten.

Als gegen Ende der Arbeit die Zeit knapp wurde, fehlte leider der vielbeschworene Mut zur Lücke (was auch hätte bedeuten müssen, daß man unfertige Texte nicht verabschiedet). Ein noch wichtigeres Defizit ist, daß die eigentlich politische Aufgabe der Kommission, dem Bundestag Empfehlungen zu geben, fahrlässig in den Hintergrund geriet. So hat sie sich der Chance begeben, zu wichtigen strittigen Fragen Stellung zu nehmen. Dabei wäre es sehr hilfreich gewesen, wenn etwa zum Problem der Regelanfrage bei der Gauckbehörde oder der Frage, welche Gedenkstätten für Opfer und Widerstand in der DDR-Diktatur im Osten Deutschlands künftig vom Bund mit gefördert werden sollten, gemeinsame Empfehlungen vorgelegt worden wären.

Die Kommission hat wesentlich dazu beigetragen, die Probleme des Umgangs mit der DDR-Geschichte möglichst differenziert in die Öffentlichkeit zu tragen. Keine andere Institution hätte das in dieser kurzen Zeit mit einem solchen Aufwand tun können. Schon während ihrer Arbeit ist es ihr gelungen, im öffentlichen Bewußtsein deutlich zu machen, daß DDR-Geschichte nicht nur Stasi-Geschichte, sondern eine breite Fülle von Wirklichkeit ist, die es differenziert wahrzunehmen gilt. Sie hat eine Fülle von Material bereitgestellt, das sie selbst nur zu einem Teil aufarbeiten konnte.

Interessanter als ihr Beitrag zur Aufhellung der DDR-Geschichte, werden die Materialen der Kommission künftig unter der Fragestellung sein, wie man in den Jahren nach der Vereinigung auf die DDR-Geschichte zurückgeblickt und sich ihr gegenüber verhalten hat – mit allen Mythen und Verdrängungen, die dabei zutage treten.

Der nächste Bundestag wird darüber zu entscheiden haben, ob die Enquete-Kommission weiterarbeiten soll. Falls dies geschieht, wird eine solche für die Jahre fünf bis acht nach der Vereinigung anders aussehen müssen als bisher.

Angesichts der Gefahr sowohl der Verdrängung als auch der Instrumentalisierung dieser Geschichte könnte es sich als hilfreich erweisen, eine Institution zu haben, die sich diesem Thema systematisch und unabhängig von tagespolitischer Aktualität widmet. Eine solche Institution müßte künftig wohl nicht beim Deutschen Bundestag angesiedelt sein, doch ist angesichts leerer öffentlicher Kassen eine andere, die auch über genügend Mittel und Einfluß verfügt, nicht in Sicht. Die SPD hat in ihren Empfehlungen zu diesem Zweck eine Bundesstiftung vorgeschlagen.

Für die Politik wird es jedoch von Bedeutung sein, daß in Deutschland der Umgang mit den Folgen und Nachwirkungen dieser Vergangenheit möglichst bewußt erfolgt. Diese Aufgabe ist mit dem Ende der Kommissionsarbeit keineswegs erledigt.

Ohne die Unterschiedlichkeit der Betroffenheit einzuebnen, sollte die Aufarbeitung der DDR-Vergangenheit stärker zu einem gesamtdeutschen Prozeß werden. Abgesehen von den Schlagzeilen der Presse über Stasi-Kontakte von Politikern und über vereinzelte Gerichtsurteile von SED-Größen wird die Auseinandersetzung mit der Vergangenheit der DDR im Westen Deutschlands bis heute eher als marginale Frage wahrgenommen, die den einzelnen selbst scheinbar nicht betrifft. Dabei waren beide deutsche Staaten in den 40 Jahren der Teilung in besonderer Weise aufeinander bezogen. Das gilt ebenso für die Menschen, wenn auch wohl im Laufe der Jahre zunehmend mehr in der DDR als in der Bundesrepublik. Die unmittelbare gesellschaftliche Erfahrung lief jedoch auf beiden Seiten getrennt voneinander ab. Man wußte – trotz aller Bemühungen der Bundesregierungen und etwa der Kirchen, persönliche Begegnungen zu ermöglichen und zu fördern – immer weniger voneinander und weitgehend nur noch durch die Medien vermittelt. Heute, im geeinten Deutschland, wird es aufgrund der unterschiedlichen Erfahrungen und Prägungen noch über eine lange Zeit Unterschiede in der Wahrnehmung und Gestaltung gesellschaftlicher Prozesse geben.

Auch wenn ich bezweifle, daß diejenigen Recht haben, die meinen, daß nach der Vereinigung die Demokratie in Deutschland in Gefahr ist, braucht es doch im Bewußtsein dieser Geschichte einen ganz neuen Prozeß der Selbstverständigung darüber, was die Grundlagen und gemeinsamen Regeln des Zusammenlebens sind und welche Rolle unser Gemeinwesen in der Mitte Europas spielen soll. Diesen beiden Problemkreisen, der politischen Kultur und dem Selbstverständnis der Deutschen, will ich mich im folgenden zuwenden.

Demokratie als politische Kultur – eine Herausforderung an die Deutschen

Die Bürger der DDR haben – erstmals in der deutschen Geschichte – Demokratie selbst erkämpft, doch sie brauchten – und konnten! – sie nicht gestalten. Die Ausformung der Demokratie und ihrer Institutionen in den letzten Tagen der DDR, nach Rundem Tisch und erster demokratischer Wahl, war schon auf den Horizont der baldigen Vereinigung bezogen und von der Angleichung an die Institutionen des Grundgesetzes bestimmt. Anders als bei den östlichen Nachbarn, die diesen schwierigen Weg der Konsensfindung beim Schaffen demokratischer Strukturen in einzelnen Schritten bis heute gehen, stand für den Osten Deutschlands mit der Vereinigung der institutionelle Rahmen der Demokratie fest.

Ist damit schon eine lebendige Demokratie geschaffen?

Demokratie lebt davon und ist nur dann auch in Krisensituationen stabil, wenn ihr auch die politische Kultur, die Einstellungen, ethischen Grundorientierungen und Verhaltensweisen der Menschen entsprechen. Stabilität und Qualität eines politischen Systems sind eben nicht nur von den „objektiven" politischen Strukturen abhängig, sondern auch von den „subjektiven" Einstellungen der Bürger. Die politische Kultur im vereinten Deutschland ist daher nicht nur davon geprägt, inwieweit die demokratischen Institutionen aufgebaut sind und funktionieren, sondern ebenso auch davon, ob den institutionalisierten Werten ein normatives Einverständnis, eine Übereinstimmung in den geistigen Orientierungen und den sozialen Verhaltensweisen entspricht. Zu den individuellen Werteinstellungen und Verhaltensweisen, die eine Demokratie zur Grundlage haben muß, gehören Selbstvertrauen, die Bereitschaft, Verantwortung zu übernehmen, Solidarität, die Hochschätzung von Freiheit, Pluralismus und Toleranz oder etwa das Zusammenspiel von Konflikt- und Kompromißfähigkeit.

Wer diese, wer demokratisches Denken und Verhalten fördern will, muß jedoch auch danach fragen, welche sozialen Erfahrungen und geistigen Prägungen der Vergangenheit diesen entgegenstehen. Die Aufarbeitung der beiden Diktaturen in Deutschland und ihrer Folgen im Denken und Handeln der Menschen wird so zu einer wesentlichen Grundlage für die Zukunft des politischen Gemeinwesens.

Wir Deutschen in Ost und West leben heute zwar in einem gemeinsamen Staat, doch sind es faktisch noch zwei verschiedene Gesellschaften mit ihren eigenen Prägungen und Traditionen, weitgehend auch noch mit einer eigenen Sprache. Bis heute sind wir Deutschen das Volk in Europa, das sich am wenigsten kennt – und bei dem man den Eindruck haben muß, daß das Interesse aneinander im Augenblick auch nicht gerade steigt.

1990 wollten die Menschen in der DDR ein möglichst schnelles staatliches Zusammenkommen, da sie darauf vertrauten, es werde im Osten sehr schnell so sein wie im Westen; dazu kamen die Versprechen interessierter Politiker im Westen. Doch plötzlich merkten viele – und das ist heute ein breites Gefühl im Osten –, daß ihre eigene Geschichte in der DDR nichts mehr gilt. Nicht etwa nur das entmündigende System der DDR, die Diktatur, die glücklicherweise vorbei ist, sondern auch die Bedingungen, die das eigene Leben geprägt und ausgemacht haben: ein jahrzehntelanges Arbeitsleben, das Herumwerkeln und Schönermachen des Hauses, für das man im Grundbuch nicht eingetragen ist, Ausbildungen und Abschlüsse, usw. – all das wird heute nicht mehr anerkannt, ist entwertet.

Mit den demokratischen Strukturen wurde ein ganzes Rechtssystem bis hin zur letzten Verordnung übernommen. Bestimmungen traten in Kraft, die in ganz anderen gesellschaftlichen Bedingungen entstanden sind und nun einfach übertragen wurden – nur geringfügig geändert, wo die Unangemessenheit allzudeutlich ins Auge stach und keine dominanten Interessen dies hinderten, wie in der Eigentumsfrage. Die Rede von „Kolonialisierung" kam auf, vom „eroberten Land". So kommt im Verhältnis von Ost und West zum Wohlstandgefälle die Erfahrung von Minderwertigkeit und Dominanz hinzu. Mit allem, was dann auf beiden Seiten an Ressentiment dazugehört.

Für die Menschen im Osten hatte sich fast alles geändert, während man im Westen glaubte, die Bundesrepublik sei jetzt zwar etwas größer, doch bliebe alles beim alten. Im Wesentlichen scheint es, daß die Aufarbeitung der DDR-Vergangenheit für die Menschen im Westen eher eine Erkenntnisaufgabe ist. Die grundlegenden politischen Verhaltensweisen bleiben die gleichen. Im Osten jedoch hat die Anpassung an die neuen Verhältnisse einen tiefen existentiellen Charakter, was vielfach gleichzeitig zum Verdrängen und Nichtwahrhabenwollen der eigenen Vergangenheit führt.

In den 50er und 60er Jahren hatte sich in der alten Bundesrepublik eine pragmatische Einstellung zur Demokratie herausgebildet. Die formalen Spielregeln wurden akzeptiert, auf der Basis der Verdrängung von Schuld entstand jedoch keine neue demokratische Identität. So etablierte sich, überspitzt formuliert, eine Demokratie ohne Demokraten. Erst im Laufe der folgenden Jahrzehnte – durch den Einfluß der 68er Bewegung sowie den Gewöhnungsprozeß im Umgang mit ihren Institutionen – entwickelte sich eine zunehmende affektive Bindung an demokratische Verfahren und Werte.

Für die Ostdeutschen gab es nach 1945 und der kurzen Phase der sogenannten Entnazifizierung eine allgemeine politische Entschuldung, denn die SED-Führung erklärte das eigene System zum Sieger der Geschichte und entzog sich damit jeder wirklich inhaltlichen Auseinandersetzung mit dem Nationalsozialismus. Eine Diskussion über Schuld und Verantwortung gab es in der DDR außerhalb der Kirchen nicht. Antifaschismus wurde zu einer Legitimationsideologie des Staates. Anfangs war dieser Antifaschismus für NS-Gegner oft noch anziehend, doch wurde er insbesondere in den letzten Jahrzehnten so platt, daß Jugendliche, die diesen Staat ablehnten, einfach das „anti" strichen – vielfach ohne eine tiefergehende Vorstellung davon, was Faschismus eigentlich bedeutet, doch mit der Konsequenz, daß sie anfällig für entsprechendes Gedankengut wurden. Im alltäglichen Leben gab es im Osten nach 1945 erstaunliche Kontinuitäten. Autoritäre Dispositionen blieben erhalten. Ein Leben in der Angst, abweichende Haltungen zu vertreten und dafür einzustehen, Anpassung an gesellschaftliche Erwartungen, nicht Zivilcourage, waren die im Alltag erlernten und belohnten Verhaltensweisen.

Diese Prägungen lassen das Verhältnis und die innere Einstellung zur Demokratie nicht unberührt. Die Schwierigkeit, sich selbst als Subjekt politischen Handelns zu begreifen, zu erkennen, daß trotz aller Mißstände die Verhältnisse heute änderbar sind und das Engagement für die eigenen Belange durch niemanden abgenommen werden kann – das sind Verhaltenslagen und Einstellungen, die – wie in der Bundesrepublik nach 1945 – heute in der Gesellschaft im Osten Deutschlands weit verbreitet sind. Politische Passivität ist oft die Folge. Trotz großer existentieller Sorgen, um Arbeit und Wohnen und anderes mehr, richtet man sich wie zu DDR-Zeiten vielfach im Privaten ein und entzieht sich dem öffentlichen Leben. Während nach wie vor alle gesellschaftlichen Problemlösungen vom Staat erwartet werden, ist die Bereitschaft zur Beteiligung an gesellschaftlichen Organisationen zur Durchsetzung eigener Ziele ebenso gering wie die Entwicklung von Initiative – sie bleibt auf einzelne beschränkt, die durch die Fülle politischer Aufgaben leicht überfordert werden.

Der Nationalsozialismus hatte in Deutschland eine politische Kultur der völkischen Gemeinschaft geschaffen, die zunächst auch in der Bundesrepublik noch nachwirkte. Im Osten ist diese – wenn auch völlig anders begründete – Gemeinschaftsorientierung des Denkens viel stärker erhalten geblieben. So herrscht hier ein besonders ausgeprägtes Harmoniebedürfnis. Streit und kontrovers öffentlich ausgetragene Interessenkonflikte stoßen viele ab, eine die Vielfältigkeit der Gesellschaft überdeckende gemeinschaftsorientierte Politikauffassung prägt das Denken auch vieler interessierter Bürger. So fällt es vielfach noch schwer, Demokratie als zivilisierten Streit zu verstehen, als Austragung und Ausgleich unterschiedlicher

Interessen, die sich natürlich deutlich artikulieren und zur Geltung bringen müssen. Nehmen wir die Parteien: Obwohl sie in einer demokratischen Gesellschaft völlig andere Funktionen haben und auch intern ganz anders strukturiert sind, erfahren sie aufgrund des gleichen Begriffs eine breite Ablehnung („nie wieder in eine Partei!“). So fördert dieses andere und – was vielen nicht bewußt ist – demokratischen Strukturen entgegenstehende Politikverständnis die allgemeine Politik- und Parteienverdrossenheit. Das Verständnis von demokratischem Pluralismus, der Notwendigkeit von Streit und Kompromiß, das Abwägen des Machbaren mit dem Wünschenswerten sind Prozesse, die noch viel Zeit und Erfahrung brauchen werden, wenngleich dieser Lernprozeß natürlich auch im Westen immer wieder neu nötig ist.

Damit ist ein weiteres Grundproblem berührt, das die Erfahrung mit der Demokratie betrifft. Jugendliche in Ostdeutschland standen im Bildungssystem der DDR allein vor der Aufgabe, „objektiv feststehende Wahrheiten“ zu übernehmen und zu lernen. Ein in der Pluralität unterschiedlicher Meinungen und Haltungen sich im argumentativen Streit vollziehender Erkenntnisprozeß war nicht vorgesehen und fand im öffentlichen Leben der DDR-Gesellschaft nicht statt. Heute müssen die Jugendlichen vielfach die Erfahrung mit Lehrern machen, die diesen freien Diskurs selbst nie gelernt haben, die oft einfach „gewendet“ und nicht selten selbst recht orientierungslos sind und jetzt den Schülern eben Demokratie „beibringen“. Dazu kommt das Erleben der Probleme der eigenen Elterngeneration, die sich ebenfalls neu orientieren müssen, die von Arbeitslosigkeit und vielen existentiellen Sorgen betroffen sind. In ihrer prägenden Phase der gesellschaftlichen und politischen Orientierung wird aus diesen und anderen Gründen unter den Jugendlichen in Ostdeutschland ein hohes Maß an Verunsicherung und Orientierungslosigkeit wirksam. Mögliche und schon beobachtbare Folgen sind Minderwertigkeitsgefühle, die Suche nach Halt, destruktive Lebensgefühle, Angst und Apathie. Der Rückzug ins Private oder auch Gewaltakte dienen oft der Kompensation.

Die weit verbreitete politische Passivität resultiert darüber hinaus aus der Schwierigkeit zu erkennen, wo in dieser demokratischen und differenzierten Gesellschaft bzw. auf welchen staatlichen Ebenen wer für was Verantwortung trägt. In der DDR war das einfach – Schuld war immer die SED, die für sich das Wahrheits- und Machtmonopol nicht nur theoretisch beanspruchte, sondern in allen Lebensbereichen auch auszuüben suchte. Heute sind Verantwortlichkeiten viel schwerer zu durchschauen und es kostet schon Mühe und Engagement herauszufinden, wer der Adressat sein muß, wenn man sich für konkrete Veränderungen einsetzen will. Nur mit dieser Bemühung aber kann Orientierungslosigkeit und Frust überwunden und eigenes politisches Handeln ermöglicht werden.

Sowohl für den Nationalsozialismus als auch für das sowjetische Herrschaftssystem war der – gewiß jeweils unterschiedliche – Zusammenhang von Herrschaft und Ideologie von zentraler Bedeutung. Das Macht- und Wahrheitsmonopol der SED war für jeden DDR-Bürger eine täglich spürbare Wirklichkeit. So erfordert es nach dem Zusammenbruch dieser Systeme – und auch ältere Menschen haben fast ihr ganzes Leben in diesen zugebracht – einen für viele ganz neuen Erkenntnisprozeß, daß es heute in Bezug auf die Demokratie nicht darum geht, das Verhältnis von Macht und Ideologie neu zu bestimmen, sondern daß Demokratie selbst überhaupt keinen allgemeinen Wahrheitsanspruch verkündet. Sie ist nach vorne offen und verweist alle an ihr Beteiligten auf das, was ihnen am schwersten fällt und am meisten Angst macht – auf sich selbst und die eigene Initiative. Dafür aber ist die Bereitschaft und Fähigkeit nötig, sich selbst für seine eigene Wirklichkeit zuständig und verantwortlich zu wissen. Zum individuellen politischen Handeln ist jedoch ein starkes Selbstbewußtsein nötig. Dieses aber ist oft nicht eingeübt, die nichtverarbeiteten Dispositionen der Vergangenheit haben dieses Selbstvertrauen weitgehend noch nicht entstehen lassen.

Dazu kommen die Erfahrungen mit dem Dominanzgefälle im Verhältnis zu vielen Westdeutschen. Ein Beispiel dafür ist etwa der Glauben vieler westdeutscher Politiker, der Zusammenbruch des Sowjetsystems, Möglichkeit und Vollzug der deutschen Einheit seien nur Ergebnis ihres Handelns und ihr Verdienst. Dabei bieten Erfahrungen aus Widerstand und Opposition in der DDR sowie aus dem Herbst 1989 und die großen Leistungen vieler ostdeutscher Kommunalpolitiker in den letzten Jahren eine wichtige freiheitliche Tradition für ein selbstbewußtes und emanzipiertes Handeln, das für die Demokratie unverzichtbar ist.

Es wird eine wesentliche Aufgabe der Zukunft sein, in einer gesamtgesellschaftlichen Interaktion die verschiedenen Hintergründe und Lebensbedingungen der letzten Jahrzehnte durchsichtig zu machen und einen gleichberechtigten Umgang von West- und Ostdeutschen zu fördern. Beide Seiten müssen sich dabei im Bewußtsein der Vergangenheit und gegenseitig im Lichte der Erfahrungen der anderen erneut der eigenen Geschichte stellen, um so gemeinsam ein neues Selbstverständnis zu entwickeln. Dabei müssen auf beiden Seiten die verdrängten Aspekte der Vergangenheit zutage treten. Demokratische Grundwerte müssen von jeder Generation und in jeder Gesellschaft immer neu erarbeitet und angeeignet werden. Das braucht einen öffentlichen Kommunikationsprozeß darüber, was in dieser Gesellschaft anerkannte Geltung haben soll, wodurch das gemeinsame Selbstverständnis definiert wird. Da die deutliche Kontinuität zum Grundgesetz und die Zugehörigkeit zu westlich-liberalen Traditionen nie in Frage stand, hätte die deutsche Vereinigung einen bewußten politischen Prozeß der Neukonstituierung einer an demokratischen Werten orientierten Staatsbürgernation zur Folge haben müssen. Ein Ausbleiben dieses Selbstverständigungsprozesses könnte dazu führen, daß sich – wie nach 1945 – die normativen Defizite eines überstürzten und nichtreflektierten Anfangs später rächen.

Auf der politischen Ebene ist die Verfassung die Form der Selbstwahrnehmung, der Selbstorganisation und der Selbstbestimmung. Ein von Sozialdemokraten und Bündnis 90/Grünen angestrebter Prozeß der gemeinsamen Verfassungsgebung, in dem die notwendigen wechselseitigen Solidarverpflichtungen ihre Anerkennung finden und die Grundorientierungen des Gemeinwesens in der Weiterentwicklung des Grundgesetzes definiert werden, ist im Zwölften Deutschen Bundestag erst einmal gescheitert. Die Aufgabe bleibt. Die Aussicht auf die Angleichung der Lebensverhältnisse ist in den diffusen Gefühlen ethnischer Zusammengehörigkeit oder historischer Schicksalgemeinschaft weniger gut aufgehoben als in der Idee des sich durch einen selbstbestimmten Akt konstituierenden freien Staatsbürgertums. In einem solchen Prozeß der öffentlichen ethisch-politischen Selbstverständigung können wichtige Anstöße gegeben werden für die Stärkung der Erfahrung und inhaltlichen Bestimmung wirklicher Zusammengehörigkeit.

Demokratische Selbstbestimmung und nationale Zusammengehörigkeit

Die KSZE-Minderheitenregelung, die 1990 in Kopenhagen verabschiedet worden ist, hat sich zu einem wichtigen Prinzip bekannt: Man gehört zu der Nation, zu der man sich bekennt! Das bedeutet, daß Nation nichts ist, das uns durch ethnische Abstammung naturhaft und substantiell zueigen wäre, sie ist nicht nur ein urwüchsiges Zusammengehören wie die Familie. Das Verbundensein in einer Nation und die damit ausgesprochene Zusammengehörigkeit bedürfen auch eines sich bewußt dazu Verhaltens, eines Aktes der Selbstbestimmung.

Damit aber haben wir als Deutsche Schwierigkeiten, die nach der Vereinigung und der Notwendigkeit, in einem völlig veränderten Europa unser Selbstverständnis und unsere Rolle zu bestimmen, in besonderer Weise zutage treten. Sowohl in Deutschland selbst als auch bei unseren Nachbarn erwachten im Zusammenhang der deutschen Vereinigung Befürchtungen vor einem starken „Großdeutschland" in der Mitte Europas. Angesichts der verläßlichen Verankerung der Bundesrepublik im westlichen Bündnis und durch das klare Bekenntnis zu dieser Kontinuität für das vereinigte Deutschland blieb den Deutschen das Vertrauen der Partnerländer erhalten. Und doch wird vom Ausland sehr genau – und manchmal mit Staunen – beobachtet, wie wir Deutschen den Prozeß der Selbstverständigung führen.

„Als die DDR zu Deutschland kam ..." – mit diesen Worten beschrieb im November 1990 ein Gymnasiast im Westen Deutschlands den Prozeß der Vereinigung. Diese Formulierung macht die nicht nur sprachlichen Schwierigkeiten deutlich, vor denen wir stehen, wenn wir die deutsche Situation beschreiben. Am Abend des

9. November 1989 war gewissermaßen über Nacht aus dem visionären Fernziel der Einheit Deutschlands wieder ein operatives Ziel von Politik geworden, das die Menschen unterstützten wie kein anderes.

Da veränderte sich auf den Transparenten in Leipzig das „Wir sind das Volk" in „Wir sind ein Volk", Priorität bekam für einen Großteil der Bevölkerung die Einheit. Mit ihr verbanden sich alle Hoffnungen und Heilserwartungen. Später merkte man: 40 Jahre Trennung sind an uns nicht spurlos vorübergegangen. Was jeweils damit verbunden wird, wenn man „Deutschland" sagt, ist sehr unterschiedlich. Schon die Tatsache, daß dies Wort als Selbstbezeichnung benutzt wird, wenn der eigene Staat, das eigene Land genannt wird, ist nicht selbstverständlich.

Im Osten ist man heute viel unmittelbarer und selbstverständlicher „deutsch" als im Westen. Wir haben lange Jahre in einem Staat gelebt, dessen Existenz – ich sehe einmal von den machtpolitischen Konstellationen des Kalten Krieges ab – ideologisch begründet war. Eine Herrschaftsriege suchte eine „sozialistische Nation" zu schaffen und sich dafür eklektizistisch einige Teile des deutschen Erbes legitimierend anzueignen.

Wir in der DDR standen nach der Entnazifizierung plötzlich ganz schnell an der Seite der Sieger des Zweiten Weltkrieges. Es gab weder eine öffentliche Aufarbeitung deutscher Schuld und das Sich-Bekennen zu einer daraus erwachsenden deutschen Verantwortung, noch eine Möglichkeit für die Menschen, sich mit dem ihnen zu Kriegsende widerfahrenen Leid auseinanderzusetzen.

Viele in meinem Alter, bei denen das in der Familie kein Thema war – und das war außerhalb der Kirchen selten der Fall –, wurden erst in den 70er Jahren bei ihren Reisen nach Polen oder in die CSSR damit konfrontiert, daß sie als Deutsche mit den Verbrechen Deutscher im Zweiten Weltkrieg in Verbindung gebracht wurden, daß Deutscher sein auch heißt, in dieser Haftungsgeschichte zu stehen.

Der Bezug auf die Bundesrepublik gehörte nicht nur für die DDR-Regierung zur Identität, sondern zum unmittelbaren Lebensgefühl in der DDR. Wir waren Deutsche und wollten es sein. Selbst in den schlimmsten Zeiten der Abschottung blieb immer die Option Flucht, oder eben später der Ausreiseantrag, was dann zumeist eine völlige Eingliederung in der Bundesrepublik zur Folge hatte. Man war eben nicht Emigrant.

Natürlich spielte dabei neben der Freiheit der Wohlstand eine sehr große Rolle. Die Entwicklung wäre wohl ganz anders verlaufen, wenn Westdeutschland viel ärmer gewesen wäre!

Im Westen gibt es ein lange Tradition der kritischen Auseinandersetzung mit der eigenen Geschichte. Ein klares Bekenntnis zur westlichen Demokratie war im Laufe der Jahrzehnte die Folge und eine wachsende Skepsis gegenüber allem Nationalen. Unter Schmerzen wurde die staatliche Teilung akzeptiert und auf dieser Grundlage eine Politik entworfen, die auf dem Hintergrund des Kalten Krieges ihre Chance nutzte: Die Möglichkeit der Integration in den Westen. Was Adenauer unter großem Streit verfolgte, die Priorität der Westbindung vor der Einheit, ist bei der jüngeren und mittleren Generation zu einem identitätsstiftenden Grundkonsens geworden, interessanterweise gerade bei den Linken. Pointiert formuliert könnte man in dieser Hinsicht etwa Oskar Lafontaine als typischen Vertreter dieser Generation eher als Enkel Adenauers denn Willy Brandts bezeichnen.

Wir im Osten gehörten im herrschenden Lebensgefühl der meisten Menschen im Westen einfach nicht mehr dazu, wenn sie ihre Identität beschrieben. Man war Bundesrepublikaner, der Begriff „deutsch" war gerade bei Intellektuellen eher suspekt und stand unter dem Verdacht antidemokratischen Gemeinschaftssinns. Die Erfahrung und Bejahung der eigenen individuellen Freiheit, wirtschaftlicher Prosperität und der Wille zur (west)europäischen Einigung prägten das westdeutsche Lebensgefühl.

Dazu kam für die Bundesrepublik die Schwierigkeit, ein nationales Interesse zu definieren. Das staatliche Interesse der Bundesrepublik war nicht unbedingt das nationale. So wurde die Kategorie des Nationalen immer mehr zu einem Zuckerguß für Reden am 17. Juni, sie hatte mit operativen Zielen von Politik immer weniger zu tun.

Durch diese unterschiedlichen Prägungen im Umgang mit der eigenen Geschichte sowie dem Selbstverständnis als Deutsche müssen wir heute ganz neu miteinander ins Gespräch kommen. Vielfach werden diese unterschiedlichen Prägungen überhaupt erst einmal mit ihren jeweiligen Hintergründen erkannt, verstanden und gegenseitig anerkannt werden müssen. Es wird darum gehen, klarer sagen zu lernen, inwiefern und warum wir zueinander gehören und was wir bei allen Unterschieden gemeinsam wollen. Was soll dieser Staat in Zukunft sein, der sich Bundesrepublik Deutschland nennt und der trotz aller verfassungsrechtlichen Kontinuität etwas anderes ist als der Staat, der sich vor 1989 so nannte?

Durch die Art und Weise, wie diese Vereinigung gestaltet wurde, ist diese Aufgabe deutlich erschwert worden. Hat dieser restaurative Anschluß an die alte Bundesrepublik – man denke an die Eigentumsfrage – bei vielen Menschen im Osten doch das Gefühl hinterlassen, wieder nur Objekt von Politik zu sein, in der man die eigenen Interessen nicht, oder zuwenig vertreten findet.

Es gilt, ein neues Gemeinwesen zu schaffen, das ganz gewiß viele Kontinuitäten zur alten Bundesrepublik als – wenn man so sagen darf – bisher bestem Staat der deutschen Geschichte aufweisen, aber doch ein anderes sein wird. Das setzt dic Bereitschaft zur Veränderung auch im Westen voraus, die weitgehend erst noch geschaffen bzw. gewonnen werden muß.

Wir können unsere Zukunft nur gemeinsam gestalten. Auch für die im Westen, die die Einheit so nicht mehr wollten und keine Zeit hatten, sich auf sie einzustellen, ist sie zu einem Schicksal geworden, das es beherzt anzunehmen gilt. Und vielleicht gelingt es uns aus dem Osten ja auch stärker, nicht nur als „Jammerossis" dazustehen, sondern als Gewinn für die neue, gesamtdeutsche Gesellschaft und ihre Identität.

Im Westen Deutschlands findet man immer wieder die – auch von Politikern vertretene – Überzeugung, die Freiheit sei den DDR-Bürgern durch die deutsche Einheit geschenkt worden. Das ist natürlich eine – aber bezeichnender Weise gar nicht bewußte – Verfälschung der wirklichen Abläufe. War doch die deutsche Einheit nur möglich, weil die SED-Herrschaft – wirtschaftlich am Ende und von den Sowjets letztlich fallengelassen – durch den Willen der DDR-Bürger, ihre Flucht oder ihr Auf-die-Straße-Gehen und dann insbesondere durch das aktive Handeln der oppositionellen Gruppen zusammenbrach. Die demokratisch gewordene DDR war die Voraussetzung der Einheit. Der staatlichen Einheit der Deutschen ging der ostdeutsche Wille zur Selbstbestimmung voraus – und die Tat!

Diese geschichtliche Erfahrung der Deutschen, daß ihre Einheit in einem demokratischen Staat seine Voraussetzung hat in einem konstitutiven Akt der Selbstbestimmung, ist bis heute vielen noch nicht bewußt. Doch wird sie zur Folge haben können – und müssen, wie ich denke –, daß die demokratische Selbstbestimmung für das Selbstverständnis der Deutschen als Bürger-Nation eine grundlegende Bedeutung hat.

Anhang

Aus dem Schlußartikel des Berichtes der Enquete-Kommission

Minderheitenvotum der Abgeordneten Markus Meckel (Obmann), Angelika Barbe, Evelin Fischer, Stephan Hilsberg, Regina Kolbe, Margot von Renesse, Prof. Dr. Hartmut Soell, Wolfgang Thierse, Gunter Weißgerber, Prof. Gert Weisskirchen und der Sachverständigen Prof. Dr. Bernd Faulenbach, Martin Gutzeit, Prof. Dr. Hermann Weber

Die vom Deutschen Bundestag eingesetzte Enquete-Kommission „Aufarbeitung von Geschichte und Folgen der SED-Diktatur in Deutschland" hat sich in einem intensiven Diskussionsprozeß mit der Geschichte der SBZ/DDR befaßt. Dies geschah nicht nur in internen Sitzungen in den Räumen des Bonner Parlaments, sondern durch zahlreiche öffentliche Anhörungen auch und insbesondere in Ostdeutschland. Damit ist das Parlament bewußt zu den Betroffenen gegangen, deren Leben in der einen oder anderen Weise von den Erfahrungen und Verhaltensweisen unter der SED-Diktatur geprägt war und in der Folge zum Teil noch wird. Ihnen sollte verdeutlicht werden, wie ernst die Volksvertretung ihre Probleme nimmt.

Über die Resonanz in den Massenmedien hat die Kommission eine breitere Öffentlichkeit erreicht und auch dort den Prozeß der Aufarbeitung der neuesten deutschen Geschichte vorangebracht. Immer mehr Bürgern wird klar, daß die Deutschen in West- und Ostdeutschland nur dann die gegenwärtigen Probleme und künftigen Herausforderungen werden bewältigen können, wenn sie die Vergangenheit nicht verdrängen, sondern kritisch aufarbeiten mit dem Ziel, die freiheitliche, soziale, rechtsstaatliche Demokratie in Deutschland weiterzuentwickeln.

Die Sozialdemokraten in der Enquete-Kommission haben an diesem Prozeß der historischen Aufarbeitung einen gewichtigen Anteil.

Sie sind mit großem Engagement an ihre Aufgabe gegangen und haben, bei allen Unterschieden der Auffassungen zwischen den Fraktionen, kooperativ bei der Erarbeitung des Kommissionsberichts mitgewirkt. Über weite Strecken ist es auch gelungen, im Wege der Verständigung und des Kompromisses gemeinsame Texte zu erarbeiten, die mit gewissen Abstrichen von allen Beteiligten getragen werden konnten. Allerdings mußten bestimmte Fragen in Sondervoten behandelt werden, da die Mehrheit von ihrer Auffassung abweichende Positionen nicht oder nur unzureichend berücksichtigen. (...)

Insgesamt ist hervorzuheben, daß die Kommission angesichts des Umfangs und der Komplexität der ihr aufgetragenen Aufgaben und der ihr zur Verfügung stehenden knappen Zeit nur vorläufige und vielfach fragmentarische Antwortversuche zu einer Reihe von Fragen geben konnte. Sie sieht in der Aufarbeitung der DDR-Geschichte und der Bewältigung ihrer Folgen eine bedeutsame, Jahrzehnte in Anspruch nehmende politische, gesellschaftliche, kulturelle und vor allem wissenschaftliche Aufgabe, zu der die Enquete-Kommission nur einen begrenzten Beitrag leisten konnte. Man mag darüber streiten, ob bei einer zweckmäßigeren Arbeitsorganisation, die von der Kommissions-Minderheit frühzeitig angemahnt wurde, der Ertrag der Arbeit nicht hätte größer ausfallen können, doch sind die Schwierigkeiten, vor denen die Enquete-Kommission (mit ihrer Zusammensetzung aus Politikern und Sachverständigen) stand, bei fairer Würdigung der geleisteten Arbeit in Rechnung zu stellen.

Abschließend seien einige Einsichten, die sich bei einer Beschäftigung mit der Geschichte und den Folgen der SED-Diktatur im Hinblick auf die Gegenwart aufdrängen, sowie Empfehlungen formuliert.

Zur Gegenwartsbedeutung der Erfahrungen der DDR-Vergangenheit

Die DDR-Vergangenheit ist nicht lediglich Geschichte, die in ihr gemachten Erfahrungen sind vielmehr von grundlegender Bedeutung für das gegenwärtige deutsche Selbstverständnis und die demokratische politische Kultur:

1. Es gilt, die Erfahrungen der Menschen mit der SED-Diktatur,

insbesondere das den Menschen zugefügte Leid im historisch-politischen Bewußtsein festzuhalten, der Opfer von Unrecht und Willkür zu gedenken. Menschen, deren Menschenwürde verletzt wurde, haben ein Recht darauf, ihre Menschenwürde wiederhergestellt zu sehen. In Erinnerung zu bewahren sind auch die vielen Beispiele von Menschlichkeit, von Resistenz, von Opposition und Widerständigkeit, nicht zuletzt die historische Leistung der Bewegung des Herbstes und Winters 1989/90, die zum Sturz der Diktatur führte.

2. Die Erfahrungen mit totalitärer Herrschaft fordern dazu auf, Menschen- und Bürgerrechte in Gegenwart und Zukunft mit allen Mitteln zu schützen. Diese Rechte sind zusammen mit den Sozialrechten die Basis des demokratischen sozialen Rechtsstaates. Ihre Bejahung muß selbstverständliche Grundlage der demokratischen politischen Kultur in Deutschland sein.
3. Nach den Erfahrungen der NS-Zeit und der Zeit der Teilung haben die Deutschen sich heute als Nation zu begreifen, die sich als demokratische Verantwortungs- und Wertegemeinschaft sieht, sich eng mit den europäischen Nationen des Westens verbunden fühlt, in ähnliche Beziehungen mit den Nachbarnationen im Osten treten und die Zukunft zusammen mit den anderen europäischen Nationen gestalten möchte. Die friedliche Revolution in der DDR hat für die freiheitliche Begründung der Nation einen neuen Impuls gegeben.
4. Bei der Betrachtung der westlichen Haltung gegenüber dem Ostblock in der Nachkriegszeit zeigt sich, daß eine Politik, die auf friedliche Entwicklung setzt, indem sie Festigkeit mit der Bereitschaft zur Kooperation verbindet, langfristig diktatorische Systeme schwächen und auflockern kann. Allerdings hat die Außenpolitik jeweils zu erwägen, wie sie sich auf die Menschenrechte in den einzelnen Ländern auswirkt, auswärtiges Handeln, nicht nur der Bundesregierung, sondern auch der Parteien, der gesellschaftlichen Gruppen, der Unternehmen etc., muß den Menschenrechten verpflichtet sein.
5. Die Deutschen brauchen ein wahrheitsgemäßes differenziertes Verständnis ihrer Geschichte, das um die Vielzahl von Hypothe-

ken – nicht zuletzt im Verhältnis zu anderen Nationen – weiß. Die notwendige Auseinandersetzung mit der DDR-Vergangenheit darf nicht dazu führen, die Schrecken der NS-Zeit im gegenwärtigen Bewußtsein zu relativieren; der Vergleich, nicht aber die Gleichsetzung von NS- und SED-Diktatur ist legitim. Nach wie vor stellt sich für die Deutschen die Frage nach den Kontinuitäten und Diskontinuitäten von Strukturen, Denk- und Verhaltensweisen.

Empfehlungen zum Umgang mit den Folgen des SED-Systems

Die Folgen der SED-Diktatur stellen im vereinigten Deutschland riesige Problemkomplexe dar. Zur Bewältigung der politischen und kulturellen Folgen seien hier eine Reihe von Empfehlungen skizziert, die sich an Politik, Gesellschaft, Kultur und Wissenschaften richten:

1. Die Aufarbeitung der DDR-Vergangenheit gilt es weiterzuführen, teilweise sogar zu intensivieren:
   - Die Strafverfolgungsbehörden sind personell und sachlich so auszustatten, daß sie in der Lage sind, Regierungs- und Vereinigungskriminalität wirksam zu ahnden. Die Verfolgung muß sich auf schwerwiegende Tatbestände konzentrieren. Auch Straftaten mit geringerer Strafdrohung sollten weiter verfolgt werden können, zumal die Strafverfolgungsbehörden durch sie nicht überbeansprucht werden. Der Rechtsstaat darf sich seiner Aufgabe nicht entziehen, Unrecht als solches zu kennzeichnen und zu ahnden.
   - Das Unrecht, das Opfer erlitten haben, ist – wo irgendmöglich – wiedergutzumachen. Wo dies materiell nicht möglich ist, ist zu prüfen, mit welchen Mitteln die Lage der Opfer verbessert und ihnen eine berufliche Perspektive geboten werden kann. Das den Opfern angetane Unrecht muß im öffentlichen Bewußtsein anerkannt und verankert werden, es muß alles getan werden, ihre personale Würde wiederherzustellen. Stätten des Unrechts und Leidens sind exemplarisch zu erhalten. Diejenigen, die mit Mut und Zivilcourage Unrecht entgegengetreten sind, sollten in geeigneter Weise geehrt werden.

- Über die strafrechtliche Klärung der Verantwortlichkeit hinaus ist die Frage der politischen Verantwortung in Weiterführung des von der Enquete-Kommission unternommenen Versuches (...) differenziert zu klären, wozu es eingehender Forschungen bedarf. Pauschalurteile sind ebenso zu vermeiden, wie eine Sichtweise, die der Frage nach der politisch-moralischen Verantwortung ausweicht. Es ist darauf zu achten, die zentralen Fragen der politischen Verantwortlichkeit nicht aus den Augen zu verlieren durch Fixierung auf bestimmte Gruppen („IMs").
- Die Aufklärung über die SED-Diktatur, über ihre objektiven und subjektiven Strukturen und Mechanismen ist mit dem Ziel fortzusetzen, die Menschen bei der kritischen Aufarbeitung „ihrer" Geschichte zu ermutigen und einer Tendenz zu nostalgischer Verklärung der DDR-Vergangenheit entgegenzuwirken.
- Der Aufarbeitungsprozeß ist eine gesamtdeutsche – auch das Verhalten des Westens einbeziehende – Aufgabe, bei der der Tatbestand zu bedenken ist, daß die Betroffenheit zwischen den Bürgern der ehemaligen DDR und der alten Bundesrepublik differiert, was den Aufarbeitungsprozeß kompliziert macht und zu Mißverständnissen führt. Die Aufarbeitung erfordert von Publizisten und Wissenschaftlern ein hohes Maß an Sensibilität für die jeweiligen Problemlagen der Menschen in der ehemaligen DDR. Zu prüfen ist, ob nicht eine Bundesstiftung gegründet werden sollte, die den Aufarbeitungsprozeß fördert und die Deutschen im Westen und Osten politisch-kulturell zusammenführen hilft.
- Kritische Aufarbeitung ist Voraussetzung von Versöhnung zwischen den Menschen, die in der SED-Diktatur gelebt haben; der Wille zur Versöhnung aber ist Voraussetzung für die Entwicklung einer tragfähigen demokratischen politischen Kultur.

2. Die wissenschaftliche Forschung über die DDR-Geschichte, deren Ergebnisse eine wesentliche Voraussetzung für die politisch-gesellschaftliche Aufarbeitung und daher von entscheidender Bedeutung ist, muß verstärkt vorangetrieben werden:
   - Die Forschungseinrichtungen, die sich der Aufarbeitung der DDR-Vergangenheit widmen, sind stärker als bisher durch Mittel des Bundes und der Länder zu fördern. Dies gilt sowohl für bisherige Forschungseinrichtungen wie den Mannheimer Arbeitsbereich für DDR-Geschichte als auch für neu errichtete Institute, insbesondere für das Zentrum für zeithistorische Studie in Potsdam, für das Hannah-Arendt-Institut in Dresden sowie entsprechende Universitätsinstitute der neuen Bundesländer. Sinnvoll ist auch die Weiterführung der Forschungsarbeit der Behörde für die Stasiunterlagen, doch sollte die Forschungsabteilung von der Behörde organisatorisch abgetrennt und mit einer eigenen Leitung sowie einem wissenschaftlichen Beirat versehen werden. Zu fördern sind auch Dokumentationseinrichtungen, die von Bürgerinitiativen 1989/90 z.B. in Leipzig und Berlin gegründet wurden.
   - Wie vor der Vereinigung (durch das innerdeutsche Ministerium) sollten Bundesmittel für die heutige Deutschland-Forschung zur Verfügung gestellt werden, wobei über deren Vergabe von einem nach wissenschaftlichen Kriterien urteilende Gremium zu entscheiden ist. Weiter gefördert werden sollte das „Deutschlandarchiv", das ein unverzichtbares wissenschaftlich-publizistisches Forum zur Aufarbeitung der DDR-Vergangenheit ist.
   - Um die wissenschaftliche Aufarbeitung voranzubringen, sind alle relevanten Aktenbestände der früheren DDR zugänglich zu machen. Außer den Akten der SED müssen auch die der Blockparteien, Massenorganisationen und der staatlichen Verwaltung der DDR, insbesondere auch die des Außenministeriums der DDR, für die Forschung – u.a. durch Verstärkung der Ressourcen der Archive – nutzbar gemacht werden. CDU und FDP haben die Quellenbestände der von ihnen übernommenen Blockparteien (Ost-)CDU und LDPD, wie gesetzlich vor-

geschrieben, an die „Stiftung Archiv der politischen Parteien und Massenorganisationen der ehemaligen DDR im Bundesarchiv“ abzugeben. Da für die Klärung wichtiger Tatbestände die Auswertung westdeutscher Akten, insbesondere des Kanzleramtes, des innerdeutschen Ministeriums, der Parteien usw. zwingend erforderlich ist (und nur so buchstäblich einseitigen SED-orientierten Sichtweisen vorgebeugt werden kann), sind – wie von der SPD vorgeschlagen – die angesprochenen Institutionen aufzufordern, Materialien der Forschung durch eine entsprechende Vereinbarung auch dann zugänglich zu machen, wenn sie angesichts von Sperrfristen dazu nicht verpflichtet sind, gegebenenfalls ist der Gesetzgeber gefordert.

- Die Forschung zur DDR-Vergangenheit steht vor riesigen Aufgaben und bedarf deshalb zu vielen Themenfeldern besonderer Förderung durch Bund, Länder, durch die Forschungsförderungseinrichtungen, die Stiftungen der Parteien und der Gewerkschaften usw.; Schwerpunkt der Forschungsförderung sollten u.a. folgende als Desiderate zu bezeichnende Themenbereiche sein:
  - die Erarbeitung von Dokumentationen über die Opfer von Repression und Unrecht,
  - die Erforschung der Verhaltensweisen, von Alltags- und Mentalitätsgeschichte in der Diktatur,
  - die genauere Untersuchung der Mechanismen der Machtausübung in der DDR,
  - die Frage von Kontinuität und Diskontinuität zur vorhergehenden Geschichte,
  - der Diktaturenvergleich, insbesondere im Hinblick auf die osteuropäischen Länder,
  - die Rolle der Opposition in der DDR und im östlichen Europa (auch die Frage der Wirkung des KSZE-Prozesses),
  - das Verhältnis von DDR und Sowjetunion sowie die Außenpolitik der DDR.
- Die Forschungen über die Diktaturen und die Oppositionsbewegungen in Ost- und Mittelosteuropa, die von Wissenschaftlern und Institutionen verschiedener Länder begonnen wor-

den sind, sollten vernetzt werden; zu prüfen ist, ob nicht eine Institution auf gesamteuropäischer Ebene geschaffen werden sollte, die diese Forschungen anregt und koordiniert.

- Zu fördern ist u.a. auch eine DDR-spezifische Rechtstatsachenforschung (Rechtsinstitute, -gewohnheiten, -überzeugungen) (...)

3. Im Prozeß der Verarbeitung der Erfahrungen der DDR-Vergangenheit (und der Geschichte der Bundesrepublik) kommt der politischen und historischen Bildungsarbeit der Schulen und der Erwachsenenbildung, der politischen Stiftungen, auch der Bundeszentrale sowie den Landeszentralen für politische Bildung besondere Bedeutung zu:
   - Die Geschichte der DDR ist wie die der alten Bundesrepublik in den alten wie den neuen Bundesländern gleichermaßen als Teil der deutschen Nachkriegsgeschichte zu behandeln. Die bislang vorherrschende völlig isolierte Betrachtung von Bundesrepublik und DDR sollte dabei überwunden werden, indem neben den jeweiligen Teilgeschichten die Geschichte unter übergreifenden Fragen sowie die Beziehungsgeschichte beider Teile behandelt wird. Die Richtlinien der Schulen wie die Schulbücher sollten entsprechend umgearbeitet werden. Auch die in den Schulen eingesetzten Medien sollten diesem Gesichtspunkt stärker Rechnung tragen.
   - In Schulen, Fach- und Hochschulen sowie in sonstigen Bildungseinrichtungen ist die Kommunikation aller Altersgruppen zwischen Ost- und Westdeutschen über Fragen der Vergangenheit, Gegenwart und Zukunft auf vielfältige Weise (durch Austausch, gemeinsame Seminare etc.) zu fördern, wobei von der Erzählung des Erfahrenen, über dessen diskursive Erörterung zu seiner Einordnung in größere Zusammenhänge vorgegangen werden könnte.
   - Lokale Geschichtsarbeit kann helfen, die Vergangenheit kritisch aufzuarbeiten. Sie ist entsprechend zu fördern. Sie sollte sich dabei nicht nur auf die DDR-Geschichte, sondern auch auf die NS-Zeit und die Epochen davor beziehen. Es gilt nicht zuletzt die demokratische Tradition „vor Ort“ bewußt zu machen.

- Besondere Bedeutung ist der Einführung in das demokratische Institutionengefüge, in Möglichkeiten der Einflußnahme auf politische Prozesse sowie in das Erlernen der dafür erforderlichen „Techniken" beizumessen. Un- bzw. antidemokratische Vorbehalte und Verhaltensmuster sind in der Bildungsarbeit aufzugreifen, demokratisch-pluralistisches Denken zu fördern. Es ist daran zu erinnern, daß demokratische Verhaltensweisen sich auch in Westdeutschland erst in einem längeren Prozeß durchgesetzt haben. Im übrigen ist Demokratie, auch für die Westdeutschen, eine ständige Aufgabe.
- Der internationale Schüleraustausch ist besonders zu fördern; er ist ein Mittel, um national begrenzten Sichtweisen entgegenzuwirken.
- In den neuen Bundesländern sollte in Schulen und Erwachsenenbildung Rechtskunde vermittelt werden. Auch sind möglichst bald flächendeckende Rechtsberatungsstellen (z.B. Mieter-, Verbraucher-, Schuldnerberatung usw.) einzurichten, die den Menschen helfen, ihre Interessen in rechtsstaatlichen Formen wahrzunehmen.

4. Die Erinnerung an die Erfahrungen der SED-Diktatur, an ihre Opfer und an den Prozeß ihrer Ablösung 1989 ist im öffentlichen Bewußtsein, in der Geschichtskultur des Landes besonders zu fördern. Dazu gehören u.a. folgende Aspekte:
   - Es gilt Gedenkstätten für die Opfer einzurichten (z.B. in Hohenschönhausen, Bautzen und Torgau), Gedenkstätten von nationaler Bedeutung sind vom Bund zu fördern.
   - Gedenktage, die an Ereignisse der DDR-Geschichte erinnern, sollten ihren festen Platz in der öffentlichen politischen Kultur haben; zu denken ist etwa an den 17. Juni 1953 oder an den 9. Oktober 1989.
   - Bei der Benennung von Straßen, Schulen usw. sind Persönlichkeiten besonders zu berücksichtigen, die sich gegen Unmenschlichkeit und Unfreiheit gewandt haben.
5. Es ist, wenn möglich, aus Mitteln von Institutionen der früheren DDR ein Fonds einzurichten, der auf unbürokratische Weise bei Härtefällen Not zu lindern versucht und spezifisch Benachteilig-

ten, für deren Ansprüche es (noch) keine rechtliche Grundlage gibt, hilft. Zu denken ist auch an Opfer des Dopings im DDR-Sport.

6. Die von der Bundesregierung seit 1990 verfolgte Vereinigungspolitik hat durch schwerwiegende Fehler und Versäumnisse zu einer teilweisen Entfremdung zwischen Ost und West beigetragen. Die Politik des Bundes und der Länder muß künftig versuchen, zielbewußt in einem längeren Prozeß die Gleichheit der Lebensverhältnisse herzustellen, insbesondere Chancengleichheit für die jungen Menschen zu gewährleisten. Dies würde nicht nur helfen, die Menschen in Ost und West zusammenzuführen, sondern auch die kritische Aufarbeitung der Vergangenheit zu fördern.

Abschließend sei noch einmal hervorgehoben, daß die Deutschen in West- und Ostdeutschland nur dann zukunftsfähig sein werden, wenn sie die Vergangenheit nicht verdrängen, sondern kritisch aufarbeiten mit dem Ziel, die freiheitliche, soziale und rechtsstaatliche Demokratie weiterzuentwickeln.

Autorinnen und Autoren

Barbe, Angelika, Jahrgang 1951; Dipl.-Biologin; Engagement in oppositionellen Friedenskreisen der DDR; Mitbegründerin der SDP im Oktober 1989, zweite Sprecherin; März bis Oktober 1990 Mitglied der Volkskammer; seit Oktober 1990 Mitglied des Bundestages.

Faulenbach, Bernd, Prof. Dr., Jahrgang 1943. Historiker am Forschungsinstitut für Arbeitsbildung und an der Fakultät für Geschichtswissenschaft der Ruhr-Universität Bochum. Sachverständiges Mitglied der Enquete-Kommission „Aufarbeitung von Geschichte und Folgen der SED-Diktatur in Deutschland" des Deutschen Bundestages, Vorsitzender der Historischen Kommission beim SPD-Parteivorstand. Zahlreiche Veröffentlichungen zur Geschichte des 19. und 20. Jahrhunderts, insbesondere zur Weimarer Zeit, NS-Zeit und zur Nachkriegsepoche, zur Geschichte des Geschichtsbewußtseins und der Geschichtswissenschaft, zur Geschichte der Arbeiterbewegung und Arbeiterkultur, zur Regionalgeschichte und zur Geschichtsdidaktik. U.a. „Ideologie des deutschen Weges" (1980); Hrsg. (zus. mit M. Stadelmaier) „Diktatur und Emanzipation. Zur russischen und deutschen Entwicklung 1917 – 1991" (1993); Hrsg. (zus. mit Heinz Timmermann) „Nationalismus und Demokratie. Gesellschaftliche Modernisierung in Mittel- und Osteuropa" (1993).

Fikentscher, Rüdiger, Dr., Jahrgang 1941, Facharzt und Hochschuldozent an der Martin-Luther-Universität Halle-Wittenberg; Von März bis Oktober 1990 Volkskammerabgeordneter, seit März 1990 Landesvorsitzender der SPD in Sachsen-Anhalt, von Oktober 1990 bis Juli 1994 Vizepräsident des Landtages, seit Juli 1994 Vorsitzender der SPD-Landtagsfraktion. 1994 Fraktonsvorsitzender der SPD.

Gauck, Joachim, Jahrgang 1940; seit 1965 Pfarrer; 1989 in Rostock Mitinitiator des kirchlichen und öffentlichen Widerstands gegen die SED-Diktatur; Abgeordneter (Bündnis 90) der Volkskammer, dort Vorsitzender des Sonderausschusses zur Kontrolle der Auflösung des MfS; Berufung zum Sonderbeauftragten der Bundesregierung für die personenbezogenen Unterlagen des Staatssicherheitsdienstes, seit 1992 Bundesbeauftragter für die Unterlagen des Staatssicherheitsdienstes der ehemaligen Deutschen Demokratischen Republik. Veröffentlichungen u.a. „Die Stasi-Akten. Das unheimliche Erbe der DDR", Reinbek bei Hamburg 1991.

Kocka, Jürgen, Prof. Dr., Jahrgang 1941, Professor für die Geschichte der industriellen Welt an der FU Berlin. Ständiges Wissenschaftliches Mitglied (Permanent Fellow) am Wissenschaftskolleg zu Berlin, Kommissarischer Leiter des Forschungsschwerpunkts Zeithistorische Studien, Berlin/Potsdam, Gründungsmitglied der Academia Europaea (1988) und der Berlin-Brandenburgischen Akademie der Wissenschaften (1993). Buchveröffentlichungen u.a.: „Lohnarbeit und Klassenbildung. Arbeiter und Arbeiterbewegung in Deutschland 1800 – 1875“ (1983); „Bürgertum im 19. Jahrhundert“ (1988); „Weder Stand noch Klasse. Unterschichten um 1800“ (1990); „Arbeitsverhältnisse und Arbeiterexistenzen. Grundlagen der Klassenbildung im 19. Jahrhundert“ (1990). – Mitherausgeber der „Kritischen Studien zur Geschichtswissenschaft“ (1972 ff.) und von „Geschichte und Gesellschaft. Zeitschrift für Historische Sozialwissenschaft“ (ab 1975).

Kuppe, Johannes L., Dr., Jahrgang 1935, Diplompolitologe, Leitender Redakteur der Wochenzeitung „Das Parlament“, bis 1991 Leiter des Referates „Politik und Zeitgeschichte“ des Gesamtdeutschen Instituts Bonn, zahlreiche Veröffentlichungen zu außen- und innenpolitischen Themen sowie bis 1990 zu den innerdeutschen Beziehungen.

Lange, Lydia, Dr., Jahrgang 1939. Wissenschaftliche Assistentin bzw. Oberassistentin an den Universitäten Jena und Berlin (Humboldt-Universität) auf den Gebieten Sozialpsychologie und Methoden der empirischen Sozialforschung. Zur Zeit wissenschaftliche Mitarbeiterin im Sekretariat der Enquete-Kommission „Aufarbeitung von Geschichte und Folgen der SED-Diktatur in Deutschland“ des Deutschen Bundestages in Bonn.

Meckel, Markus, Jahrgang 1952, Außenminister der DDR a.D. In den 70/80er Jahren an verschiedenen oppositionellen Aktivitäten beteiligt. Mit Martin Gutzeit Initiator der Gründung der SPD in der DDR. Febr./Sept. 1990 stellv. Vorsitzender, April/Juni 1990 amt. Vorsitzender SPD-Ost, März/Oktober 1990 Mitglied der Volkskammer, April/August 1990 Außenminister der DDR. Seit 1990 Mitglied des Bundestages. Mitglied im Auswärtigen Ausschuß, Vorsitzender der deutsch-polnischen Parlamentariergruppe des Deutschen Bundestages. Sprecher der SPD in der Enquete-Kommission „Aufarbeitung von Geschichte und Folgen der SED-Diktatur in Deutschland“. Veröffentlichungen: Verschiedene Aufsätze zur Außenpolitik und DDR-Geschichte; „Opposition in der DDR. Zehn Jahre Kirchliche Friedensarbeit – kommentierte Quellentexte“, Köln 1994.

Misselwitz, Hans-Jürgen, Dr., Jahrgang 1950; März – Oktober 1990 Mitglied der DDR-Volkskammer; 1990 Parlamentarischer Staatssekretär im Ministerium für Auswärtige Angelegenheiten der DDR; Oktober bis Dezember 1990 Mitglied des Deutschen Bundestages; seit März 1991 Leiter der Brandenburgischen Landeszentrale für politische Bildung, Potsdam; Mitglied der Grundwertekommission der SPD.

Neumann, Volker, Jahrgang 1942; Rechtsanwalt und Notar; seit 1983 Kreisvorsitzender der SPD Osnabrück; Mitglied des Bundestages in der 12. Wahlperiode; Mitglied im Auswärtigen Ausschuß, im Unterausschuß für Menschenrechte und Humanitäre Hilfe und im Untersuchungsausschuß Kommerzielle Koordinierung.

Potthoff, Heinrich, Dr., Jahrgang 1938; Historiker, langjähriger wissenschaftlicher Mitarbeiter der Kommission für Geschichte des Parlamentarismus und der politischen Parteien, stellv. Vors. der Historischen Kommission der SPD, zahlreiche zeitgeschichtliche Veröffentlichungen, u.a.: „Die SPD-Fraktion in der Nationalversammlung 1919 - 1920“, 1986; (zusammen mit Hermann Weber): „Freie Gewerkschaften 1918 - 1933“, 1987; „Die Sozialdemokratie von den Anfängen bis 1945“, Teil 1 von Kleine Geschichte der SPD, 7. Aufl. 1991; „Die SPD-Fraktion im Deutschen Bundestag 1961 - 1966“, 2 Bde., 1993; Verfasser eines Gutachtens für die Enquete-Kommission des Deutschen Bundestages über die Deutschlandpolitik der Regierung Kohl, die Haltung der Parteien und der Öffentlichkeit (Januar 1994).

Renesse, Margot von, Jahrgang 1940; Familienrichterin a.D.; Mitglied des Bundestages seit 1990, hier Mitglied in den Ausschüssen für Recht sowie für Familie und Senioren; in der Enquete-Kommission stellvertretende Vorsitzende; Vizepräsidentin der Evangelischen Aktionsgemeinschaft für Familienfragen (EAF), Bonn; Mitglied der Synode der Evangelischen Kirche von Westfalen. Langjähriges Mitglied der innen- und rechtspolitischen Kommission beim SPD-Parteivorstand.

Hartmut Soell, Prof. Dr. phil., Jahrgang 1939; Studium der Geschichte, Politischen Wissenschaft und des Völkerrechts. Zwischen Promotion (1963) und Habilitation (1974) mehrere Jahre Assistent der SPD-Bundestagsfraktion (u.a. persönlicher Mitarbeiter des damaligen Fraktionsvorsitzenden Helmut Schmidt); seit 1977 Professor für Neuere Geschichte an der Universität Heidelberg; seit Oktober 1980 Bundestagsabgeordneter. Veröffentlichungen u.a.: „Fritz Erler – Eine politische

Biographie" (1976), biographische Beiträge über Jean Monnet und Kurt Schumacher, „Der junge Wehner – Zwischen revolutionärem Mythos und praktischer Vernunft" (1991) sowie zahlreiche Aufsätze zur Geschichte des Parlamentarismus, der politischen Parteien und der Internationalen Beziehungen.

Weber, Hermann, Prof. Dr., Jahrgang 1928; emeritierter Professor für Politische Wissenschaft und Zeitgeschichte an der Universität Mannheim, Leiter des Arbeitsbereichs DDR-Geschichte im Mannheimer Zentrum für Europäische Sozialforschung der Universität Mannheim. Sachverständiges Mitglied der Enquete-Kommission „Aufarbeitung von Geschichte und Folgen der SED-Diktatur in Deutschland" des Deutschen Bundestages, Mitglied der Historischen Kommission beim SPD-Parteivorstand. Zahlreiche Veröffentlichungen zu Theorie, Politik und Geschichte des Kommunismus, des Sozialismus und der Arbeiterbewegung. Hauptwerke: „Die Wandlung des deutschen Kommunismus", 2 Bde., Frankfurt 1969; „Geschichte der DDR", München 1985. Letzte Veröffentlichungen: „Aufbau und Fall einer Diktatur", Köln 1991; „Das Prinzip links", Berlin 1992; „Die Gründung der KPD", Berlin 1993; „Die DDR 1945 – 1990", München 1993. Mitherausgeber des „Jahrbuches für Historische Kommunismusforschung" (JHK), Berlin 1993 ff.

Weisskirchen, Gert, M.A., Jahrgang 1944; Professor für Sozialpädagogik an der Fachhochschule in Wiesbaden. Zur Zeit Lehrbeauftragter an der Humboldt-Universität Berlin, Gründungsbeauftragter der Fachhochschule Potsdam zur Einführung des Studiengangs „Kulturarbeit". Bundestagsabgeordneter seit 1976, Mitglied des Auswärtigen Ausschusses. Obmann der SPD-Bundestagsfraktion im Unterausschuß „Vereinte Nationen/Weltweite Organisationen". Mitglied der Enquete-Kommission. Veröffentlichungen u.a.: „Ein schwieriges Bündnis. Das Verhältnis sozialistischer Parteien zur Friedensbewegung in Europa", Bonn 1988; „Paradoxien im Transit", in: Frankfurter Hefte/Die Neue Gesellschaft, 1992, H. 5; „Ambivalenzen der Entspannungspolitik", in: Deutschland Archiv, 1992, H. 5; „Europa im Aufbruch zu einer neuen Gemeinsamkeit", in: Aus Politik und Zeitgeschichte, 1992, B 31-32.